한국어로 내려온
New Bible

새로운
성 경

제31권

2부 | 총10부

하얀마음

하나님 말씀 중에서

1. 사랑의 하나님

- 세상을 창조하신 하나님은 모두를 사랑하신다. 인간만 특별히 더 사랑하지 않고, 우주 만물을 다 똑같이 사랑하신다. 그러니 하나님이 창조하신 천지 만물과 화친하고, 미물까지도 소중히 대하라.

- 하나님은 특정 종파나 민족만을 더 사랑하지 않으신다. 자기 자신만 구원받겠다는 욕심을 버리고, 자기 종파만 구원받는다는 편협한 교리에서 벗어나야 한다. 종파를 초월해서, 모두를 사랑하라.

- 원수까지 사랑하라 했으니, 이 세상에 사랑하지 못할 자가 누가 있겠는가? 종파가 다르다고 해서 부모 형제와 원수처럼 지내는 자는 인간의 근본을 모르는 자다. 가장 가까운 가족부터 사랑할 때 남도 진심으로 사랑할 수 있다.

- 한 사람을 원수같이 생각하던 마음에서 사랑하는 마음으로 돌리면, 자기 자신의 마음이 가장 기쁘고 행복하다. 하나님께서는 인간의 마음속에 무거움이 없이 기쁘고 행복한 삶을 살기를 바라신다.

- 이웃을 "내 몸처럼" 사랑하라 했으니, 마지막 한 장 남은 천국의 티켓도 이웃에게 양보하라. 자기 중심적인 신앙에서 벗어나서 남을 위해 살아야 한다.

- 독초도, 약초도, 이단도 사탄도 천사도 다 필요하기에 존재한다. 독초일지라도 극소량을 사용해서 생명을 살릴 수 있고, 약초라 하더라도 남용하면 생명을 잃을 수 있다.

- 세상 모든 것을 명약으로 활용하는 것은 인간의 지혜에 달렸다. 어떤 것이든 어떤 사람이든 적재적소에 꼭 필요한 명약으로 승화시키라.

- 사탄도 이단도 천사도 모두 하나님의 주관하에 존재한다. 진정한 하나님의 백성은 사탄과 마귀까지도 감화시켜서 천사로 거듭나게 한다.

2. 기도

- 하나님은 인간의 생각까지 모두를 다 알고 계신다. 우리의 소원도 이미 알고 계시기에, 소원의 기도를 할 필요가 없다. 우리가 받을 자격이 되면 내려 주신다.

- 죄를 짓고 아무리 회개를 해도 용서받지 못한다. 도둑질한 자는 용서해 달라고 기도하고, 도둑맞은 자는 도둑을 잡게 해 달라고 기도하면, 공의의 하나님은 누구의 편에 서시겠는가?

- 자기가 잘못한 것은 그 사람에게 직접 갚고 용서를 구하라. 그가 용서하면 하나님도 용서하신다. 땅에서 매면 하늘에서도 매이고, 땅에서 풀리면 하늘에서도 풀리는 이치다.

- "회당에서 기도하지 말고 골방에서 기도하라" 했다. 눈에 보이는 골방이 아니라, 골방과 같이 고요한 마음이다. 잡념을 버리고 하나님을 향해 마음을 집중하며, 사랑하고 용서하는 아름다운 생각만 나오도록 하라.

- "두드리면 열릴 것이다." 하는 것은 육의 소원을 위해 두드리라는 것이 아니라, 진리의 깨달음을 얻기 위해 두드리라는 것이다.

- 기도하는 방법: 생활 속에서 수시로 기도하는 삶을 살아야 한다.

- "저의 죄를 용서하여 주옵소서." 하는 회개의 기도를 하라.
- 범사에 "하나님! 감사합니다." 하라. 현재 가진 것에 감사하며, 과욕하지 말라. 자기 노력 이상의 것을 더 갖고자 기도하는 것은 도둑놈심보다. 공의의 하나님은 각자 노력한 만큼 주신다.
- "하나님 뜻대로 살아가겠나이다." 하며 마음의 각오를 다지라.

- 기도는 하나님의 말씀을 받아서 "행하는 것"이다. 하나님이 계심을 굳건히 믿고, 하늘을 향하여 한 점 부끄럼 없이 사는 삶 자체가 가장 위대한 기도이며, 삶이 곧 예배다.

3. 지도자

- 똑같이 사랑한다는 말을 해도, 순수하게 하는 말은 천사의 말이지만, 사기 쳐서 재산을 가로채려고 하는 말은 사탄의 말이다.

- 종교 지도자가 아무리 훌륭한 설교를 해도, 신도의 재물을 거둬서 더 큰 교회를 짓고 자기의 부귀영화를 바라며 설교하면 사탄의 가르침이 된다.

- "저희 교회는 만원사례요, 믿음은 다 같으니 이웃의 개척 교회에 가서 예배를 드리시오." 하며, 이웃 교회의 부흥을 먼저 생각하여 제 신도를 보내는 종교 지도자가 있다면 그를 따르라. 그가 하나님의 사랑을 실천하는 자다.

- "부자가 천국에 들어가는 것은 낙타가 바늘구멍을 통과하는 것보다 더 힘들다" 하였거늘, 지금의 교회에서는 부자가 되기만을 기도하고 소원하니, 이는 곧 천국을 포기하고 지옥 행 열차의 티켓을 사는 것과 같다.

- 예수는 빈손이었다. 종교 지도자가 예수보다 더 호화롭고 편안하게 살아간다면 잘못된 것이다. 부귀영화와 명예를 바라는 자는 절대로 갈 수 없는 좁고 협착한 길이 종교 지도자의 길이다.

- 종교 지도자는 유리로 비춰 봐 한 점의 부끄러움이 없이 살아야 한다. 의식주도 직접 일해서 해결하고, 예수의 가르침과 행함을 그대로 따라야 한다.

- 종말은 없다. 지금의 잘못 가는 종교 집단에게만 종말이 있다. 보이지 않는 하나님은 보이는 육의 종말은 관여하지 않으신다. 환경 파괴로 인간이 스스로 멸망을 자초하는 것이다. 종파끼리 싸우기 전에, 무너진 인성을 바로잡고 지구의 몸살을 해결하는 데 뜻을 모으는 게 급선무다.

4. 성전이란

- 이 세상 자체가 하나님께서 만드신 성전이다. 자연보다 더 아름다운 성전이 있는가? 보이는 건물이 성전이 아니라, 성스러운 마음가짐이 성전이다.

- 반석 위에 교회를 지으라 했다. 지상의 단단한 돌은 인간이 쪼갤 수 있으나, 마음속의 굳은 결의는 세상 무엇으로도 쪼갤 수 없다. 바르고 굳건한 믿음으로 성경의 가르침을 실천하는 것이 마음의 반석 위에 교회를 짓는 것이다.

- 손으로 지은 건물의 교회에 모여서 복음을 전하는 것이 아니라, 교회를 개인과 가정에 심어 주어야 한다. 무너지고 부서지는 건물을 짓지 말고, 마음속에 영원히 불변하는 참진리의 교회를 지으라.

5. 십계명

- 십계명은 인간이 죽어서 반드시 통과해야만 하는 열 개의 관문이다.

- 부모를 공경하지 아니한 자는 "네 부모를 공경하라." 하는 제5계명의 관문이 열리지 않으니 구원받을 수 없다.
- 살인, 간음, 거짓, 우상 등의 나머지 계명도 마찬가지다.

- 십계명은 하나님의 친필이다. 모기소리만 한 하나님의 음성이라도 들어 보겠다고 여기저기 찾아 헤매지 말고, 십계명부터 암송하고 지키라.

- 십계명은 영혼을 구원하는 양식이며, 십계명을 지키는 것이 구원을 받는 길이다. 인간이기에 지키고자 노력하고 또 노력한다면 지킬 수 있다.

- 십계명을 지키고 천사처럼 아름답게 살아가는 그 마음 하나면 세상에 이루어지지 않는 것이 없다.

6. 보물

- 하나님은 재물이 아니라 우리의 마음을 받으신다. 사랑을 실천하며 천사처럼 변하는 마음이 하나님께 바치는 보물이다.

- 보이지 않는 하나님께 재물을 바치려 하지 말고, 너희를 길러 준 부모에게 용돈 드리고, 찾아뵙고, 효성을 다하라. 그것이 하나님께 효도하는 것이다.

- 하늘에는 선과 악의 창고가 있다. 자기 창고에 선이 많으면 천국으로 구원을 받고, 악이 많으면 심판받아 지옥으로 간다. 그것이 바로 "선한 일을 행한 자는 생명의 부활로, 악한 일을 행한 자는 심판의 부활로" 나오는 것이다.

- "선악과를 따먹지 말라"는 것은 양심을 지키라는 것이다. 선과 악을 구분할 수 있는 양심을 최초에 인간에게 주셨다. 선한 열매는 취하고, 악한 열매는 버리며, 양심에 비추어 부끄럼 없는 삶을 살아가라.

- 가장 작은 거짓말을 하지 않고, 가장 작은 죄를 짓지 않으며, 가장 작은 선행을 하고, 가장 작은 악행을 멀리하는 것이 율법의 일점 일획도 빠뜨리지 말고 다 지키는 삶을 사는 것이다.

7. 우상

- 박물관에 있는 불상은 하나의 예술품이다. 그 조각품에 대고 제 소원을 빌 때 우상숭배가 된다. 십자가라 하여도 그 앞에서 소원을 빈다면 우상숭배하는 것이며, 하나님께 소원을 빈다면 하나님을 우상으로 전락시키는 것이다.

- 지금 기복신앙에 젖어 있는 모든 사람이 우상 앞에 절을 하고 있다. 조각품을 우상이라며 파괴하지 말고, 네 마음속에 있는 욕심의 우상을 무너트리라.

- 생수를 약초가 먹으면 약을 만들고 독사가 먹으면 독을 만든다. 같은 성경을 봐도 선한 지도자는 신도를 천사로 만드는 데 활용한다. 그러나 욕심이 가득한 지도자는 재물을 거두어들여 제가 부귀영화를 누리는 데 악용한다. 그가 바로 성경을 우상숭배의 도구로 전락시키는 거짓 선지자다.

- 성경을 한 획도 빼거나 더하지 말라는 것은, 그 가르침을 빠트리지 말고 온전히 지키라는 것이다. 성경 속에서 자기에게 유리한 구절만 보는 것은, 자기에게 불리한 구절들을 빼 버리는 것이다. 믿음이 제일이요, 행함은 구원과는 관계없다는 것은 자신에게 유리한 쪽으로 성경을 악용하는 것이다.

- 진정한 종교 지도자는 종파에 관계없이 어떤 종파든 어떤 책이든 접하고 보고 깨우쳐 견문을 넓히도록 인도한다. 참진리를 모르고 자신이 없는 자가 남을 이단이라며 배척하고, 신도들의 눈과 귀를 가린다.

8. 예수

- 예수의 재림은 없다. 예수가 다시 온다 해도, 과연 누가 그를 예수라고 믿겠는가? 예수와 같은 삶의 행함이 곧 예수의 재림이다. 각자 모두가 "재림 예수"가 되는, 차원 높은 믿음으로 가야 한다.

- 예수는 "주여 주여 하지 말고, 아버지의 뜻대로 행하라"고 했다. 예수가 전한 하나님의 뜻이 곧 "길이요, 진리요, 생명"이며, 그 가르침이 예수의 보혈처럼 소중한 것이다. 예수를 믿는 것은, 예수의 가르침을 믿고 따르는 것이다.

- 예수는 낮은 자로서 만백성을 섬기고자 했다. 만나는 모든 사람을 다 하나님이라 생각하라. 돈을 벌수록 겸손하고, 높은 지위를 얻을수록 낮아지라.

- 예수는 종파를 만들지 않았다. 인간이 만든 종교와 인간의 교리를 따르지 말고, 예수를 통해 전한 하나님의 참진리를 연구하고 따르라.

- 예수가 2천 년 전에 만백성을 위해 죽었으니, 지금 이 땅에는 예수의 가르침대로 사는 천사만 존재해야 한다. 예수가 죽어 가면서 바란 것은 만백성이 천사가 되어 예수의 자리를 채워 주는 것이지, 지금과 같이 재물을 바치면서 중언부언 제 소원만을 비는 백성들을 바란 것이 아니다.

9. 구원

- 천사가 사는 천국에는 천사만 갈 수 있으니, 천사 같은 마음을 길러야 한다.

\- "천국 열쇠를 네게 주리니 땅에서 무엇이든지 매면 하늘에서도 매일 것이라" 했다. 땅에서 천사같이 사는 자가 하늘에서도 천사가 되어 천국에 들어간다. 모든 사람에게 천사같다는 말을 듣는 삶을 살아야 한다.

- 천사의 곱고 아름다운 마음은 부모를 공경하고 어른을 어른으로 대접하는 데에서 출발한다. 효도하는 자는 형제와 화목하게 지내기에 가정이 화목해지고, 이웃과 화목해지고, 국가가 화목해지고, 온 인류가 화목해진다.

\- 그러므로 지상의 아름다운 소왕국은 가정에서부터 이루어야 한다.

- 선택된 14만 명만 구원받는 것이 아니라, 천사처럼 변하고자 하는 14만 명을 기초로 온 인류가 천사처럼 거듭나는 영적인 개혁이 시작되는 것이다.

- 천 년에 걸쳐서 하늘에서 이루어진 것같이 이 세상을 낙원으로 만들어, 만백성이 지상의 천국에서 살다가 죽어서 그대로 하늘의 천국으로 들어가는, 영원한 지상 낙원을 건설하는 것이 하나님의 계획이다.

- 이것이 구약과 신약에 이어 "새로운 성경"으로 역사하시는 하나님의 창조의 완성이다.

- 지금의 믿음으로 구원받을 수 있다면 그 길을 가라. 그러나 자신이 없다면 하나님께서 직접 내리신 160권의 "새로운 성경"을 읽고 구원의 길을 보라!

하나님 머리말씀

이 새로운 성경을 읽는 너희 모두는
이 율법에 따라 행하면 영원히 구원받을 것이니라.

너희 인간이 수년, 수십 년, 평생
성서를 공부하고 기도하는 것은
하늘나라 나의 곁으로 오고 싶은 소망일진대,

몇천 년 전의 너희 인성과 생각이
지금의 너희와는 판이하게 다르니,

꺾여 가고 병들어 가는 너희를 고칠 수 있는 길은,
오늘 내가 선지자에게 내리는 새로운 성경과 같이
너희가 변화되는 것뿐이니라.

나의 예수가 태어난 것처럼
내가 아들 선지자를 선택하여
나의 새로운 성경을 온 세계에 전하고자 하니,

묵은 것은 버리고 새로운 것은 취하여,
너희 모두는
'여호와 하나님! 저의 죄를 용서하여 주옵소서.'
하는 기도문으로 기도하고, 죄를 뉘우치라.

이 새로운 성경은
수천 년간 내려온 성서를 요약한 것이니,
너희는 이 책을 정독하여 쉽게 깨달음을 얻고,
이대로 실천하여 하늘에 오르라.

대역자 머리말

■ 하나님의 율법을 지키는 선지자로 선택을 받도다.

저는 남들처럼 그저 열심히 살아온 평범한 사람이었습니다. 그러나 50대 중반에 사업에 실패하여 많은 부채에 시달렸으며, 건강도 악화되어 눈이 잘 안 보이고, 걷기도 어렵고, 두통이 심해서 잠을 이룰 수 없는 고통의 나날을 보냈습니다. 그때 제가 선택할 수 있는 것은 육의 삶을 끝내는 길뿐이었습니다.

죽기 직전에 그동안에 죄를 지은 이들에게 용서를 빌고 인생을 끝내기로 작정하였습니다. 어려서부터 지은 죄를 빌고 빌다 보니 끝이 없었고, 죽음으로도 그 많은 죄를 용서받을 길이 없다는 생각에 하염없이 눈물이 흘렀습니다. 그 순간 '재래식 화장실의 구더기는 죄를 짓지 않는데, 나는 인간으로서 구더기만도 못한 삶을 살았구나.' 하는 생각이 들면서 괴로움에 몸부림칠 때, 갑자기 하나님의 음성이 들렸습니다.

"나는 여호와 하나님이니라. 너는 십계명을 암송하고 내가 내려 주는 메시지를 받아 책으로 만들어 만백성을 구하라." 하시며, 제 눈을 손으로 문지르게 하시고, 아픈 머리와 다리를 손으로 두드리게 하셨습니다. 그러고 나니 눈도 잘 보이고 걸을 수 있었으며 머리의 통증도 말끔히 낫게 되었습니다. 그때부터 십계명을 암송하고 나면 들려주시는 말씀을 기록하였고, 1999년 8월부터 2004년 7월까지 권당 288쪽, 총 160권을 받아서 "새로운 성경"이라는 책으로 펴내게 되었습니다.

그러한 저에게 죽기보다도 힘든 길이 시작되었습니다. 모든 교인들이 저에게 사탄이요, 이단이요, 악마요, 마지막 시대에 온 거짓 선지자라 하면서 공격하였고, 저를 짐승을 보듯이 대하는가 하면, 편협한 종교 지도자들의 선동으로 신도들이 이 책을 직접 읽어 보고 평가할 기회마저 막아 버렸습니다. 그래서 하나님의 말씀을 세상에 내는 데 많은 어려움을 겪으며, 피를 토하는 심정으로 책을 전하고 있습니다.

그러나 아무리 인간의 힘으로 막으려 해도, 하나님의 뜻이 세상에 전해지는 위대한 역사는 계속될 것입니다. 책으로 전해지는 "하나님의 말씀"은 세상 끝날까지 항상 우리와 함께하실 것입니다. 사람은 죽어도, 책에 기록된 말씀은 영원히 남으니까요.

■ 따뜻한 실천

하나님께서는 어려운 사람들에게 삶의 터전을 마련해 주고, 미래를 열어 주는 것을 기뻐하십니다. 어려운 이웃이 스스로 자립할 수 있도록 이끌어 주는 것이 진정으로 이웃을 돕는 것이라고 말씀하셨습니다. 그래서 일자리가 없는 제자들에게 작은 사업장을 만들어 주는 "달란트 사업"을 하고 있습니다. 식당, 반찬 가게 등을 차려 주고, 기존의 어려운 사업장이 자립할 수 있도록 돕고 있습니다(커피숍, 미용실, 의상실 등).

하나님께서는 교회에 나와서 모든 시간과 재물을 쏟기를 원하지 않으시고, 그 시간과 재물을 교육에 투자하여 스스로 미래를 열어 가기를 원하십니다. 그래서 제때 공부하지 못한 제자들에게 학업을 이어 가도록 하였습니다. 중화요리 주방장을 하며 초등학교 검정고시부터 공부하여 2012년에 방통대를 졸업한 36세 남성, 만학도들의 2년제 중학교에 입학해서 2007년에 명지대학을 졸업한 38세 여성, 중학교 검정고시를 시작으로 숭의여자대학을 졸업한 47세 여성 등이 있습니다. 그밖에도 많은 제자들에게 나이를 초월하여 배우고 깨우쳐서 사회 속의 당당한 일원이 되도록 인도하고 있습니다.

학자금 대출로 힘겨워하는 젊은이들을 위해 "따뜻한 바람 장학회"를 발족하여(2016년 12월) 대출받은 학자금 전액을 매월 갚아 주고 있습니다. 또한, 다문화 가정을 위해 "다문화 가족 랜드"를 조성하여, 각종 시설을 무료로 활용하도록 하고 있습니다.

이러한 따뜻한 실천이 아직은 미약합니다. 그러나 책의 수입이 늘고, 저와 뜻을 같이하는 분들이 늘어나면 계속 확대할 것입니다. 지도자로서 신도의 재물을 헌금으로 거둬들여 착복하는 것이 아니라, 하나님께서 기뻐하시는 일에 사용하도록 중매 역할만 하며 살아가고자 합니다. 이런 제가 과연 사탄이고 이단인가요? 하나님께서 기뻐하시는 일이라면, 저에게 사탄이라 하든 거짓 선지자라 하든 굽히지 않고 실천해 나갈 것입니다.

끝으로, 일상의 삶 속에서 "지금 내가 하는 행동이 과연 하나님께서 기뻐하실까, 슬퍼하실까?" 생각하고, 매사에 하나님께서 기뻐하시는 길을 택하기 바랍니다. 교회에 모여서 집단적으로 예배 드리는 것이 아니라, 개인이나 가정 단위로 새로운 성경을 읽어 스스로 깨우치고 그대로 행하면 충분합니다. 그것이 마음속에 성전을 짓고, 신령과 진정으로 예배 드리는 길입니다. 그러면 천국의 문에 들어서게 됩니다.

2017.2.1.

하나님 말씀 대역자 김용철

차 례

십 계 명

이 책은 십계명을 암송하고 나면 내려 주시는 "하나님의 음성"을 듣고 그대로 받아쓴 기록입니다. 하나님께서 십계명을 모세에게 내려 주셨지만, 그것은 만백성에게 내려 주신 것입니다. 마찬가지로 이 책의 모든 말씀도 저에게 내려 주셨지만, 만백성 각자에게 들려주시는 말씀입니다. 여러분도 이 책을 접할 때마다 십계명을 암송하고 나서 정독해 주시기 바랍니다.

제일은, 너는 나 외에는 다른 신들을 네게 있게 말지니라.

제이는, 너를 위하여 새긴 우상을 만들지 말고, 또 위로 하늘에 있는 것이나, 아래로 땅에 있는 것이나, 땅 아래 물 속에 있는 것의 아무 형상이든지 만들지 말며, 그것들에게 절하지 말며, 그것들을 섬기지 말라.

제삼은, 너는 너의 하나님 여호와의 이름을 망령되이 일컫지 말라.

제사는, 안식일을 기억하여 거룩히 지키라.

제오는, 네 부모를 공경하라.

제육은, 살인하지 말지니라.

제칠은, 간음하지 말지니라.

제팔은, 도적질하지 말지니라.

제구는, 네 이웃에 대하여 거짓 증거하지 말지니라.

제십은, 네 이웃의 집을 탐내지 말지니라.

나 여호와가 존재함을 믿는 그 자체가 구원의 길에 들어서는 기본이요, 근본이며, 나의 새로운 성경을 가슴에 안고 정독하는 자, 반석 위에 서서 하늘에 오르는 찬란한 빛을 보게 되는 영광을 얻게 됨이니라. 진정 나를 따르고 믿는 자는 감히 사탄이나 마귀도 근접하지 못하느니라.

〈하나님 말씀〉

2002년 5월

2,316 번째 하나님 말씀

2002년 5월 9일 08시 12분

1 사랑하는 선지자야!
2 "네, 여호와 하나님! 말씀하옵소서."
3 너는 오늘의 나의 피조물 만백성이 가
고자 하는 그 마음과 그들의 뜻과 그
속을 알기 위하여 예수의 시대를 바라
봐야 될 것이니라.
4 나의 아들 예수가 세상에 나가 나의
피조물 만백성을 구원하고자 할 때,
그는 말로써 모든 것을 다 전하였으
며, 나의 피조물 만백성을 이끌어 가
고자, 그리고 깨우치고자 하였느니라.
5 그리하여 그 당시 나의 백성은 그가
말로 전하는 것을 믿지 아니하였으며,
미친 자의 설법이며, 정신 나간 자의
설법이며, 사악한 자의 행위라며 그를
그리 핍박하고 몰아붙였음이니라.
6 그는 말로써 시간과 때와 장소를 가리
지 아니하고 그 당시 백성들을 깨우치
려 하였음이니,
7 그 말을 듣는 자 기록하지 아니하여
역사에 남지 아니하였으며 저희들의
가르침의 기본이 되지 아니하였음이
니라.
8 그리하여 말로 전하는 나의 아들 예수
를 그와 같이 핍박하여 죽게 하였음이
니,
9 지금의 나의 피조물 만백성이 나의 성
령을 접하는 것은 어찌 접하고 있는가?
10 예수와 같이 말로써 전하는 그 시대가
아니라 지금은 나의 성령을 너를 통하
여 내가 법전이라 하여 책으로 만들어
그 모든 내용을 기록하여 너희들 앞에
펼쳐 보이니,
11 이는 근거가 있으며 증거가 있으며 그
리고 이는 버릴 수 없으며, 또한 이를
기록한 자 대답해야 될 것이며,
12 나 여호와의 뜻인가 아닌가 하는 것을
나의 법전을 보고 들여다보고 연구할
수 있는 그와 같은 오늘의 시점에 와
있는 것이 너희들이니,
13 예수의 음성을 듣고 그 목소리를 듣고
강론하는 것을 듣고 그를 평가했던 시
대보다 너희들은 치밀하고 정확하게
분석하며 연구할 수 있는 자료가 있음
이니라.
14 그러나 지금 그러한 자료인 나의 법전
을 너희들 앞에 펼쳐 제시하나 너희들
은 이를 뭐라 하느냐?
15 사탄이요, 이단이요, 사악한 자가 하
는 짓이라 하니,
16 예수의 시대에 예수를 십자가에 못 박
아 죽게 한 그 백성보다 오늘의 나의
피조물 만백성이 더 간악하고 간교함
을 알아야 할 것이니라.
17 그리고 얼마나 더 사악한가를 너희들
은 알아야 할 것이니라.
18 예수의 시대처럼 말로써 지금 전한다
하면 너희들은 그를 미친 자라 하여
당장에 그보다 더 사악한 방법으로 그
를 버릴 것이며, 그 음성을 들으려 하
지도 아니할 것이며,

19 그가 가르치는 그 가르침을 갖다가 너
희들은 잘못된 자라 하여 세상에서 너
희들의 믿음을 결속하는 데 이용하고
활용했을 것이니라.
20 예수의 시대에 이와 같이 글로써 직접
만들어 나의 피조물 만백성에게 전했
다면 그 백성들은 예수를 십자가에 못
박아 죽게 하지는 아니하였을 것이니
라.
21 그러나 지금 너희들은 모든 것을 제시
하며 너희들이 보고 읽어 깨우치고 평
가할 수 있는 나의 성령으로 기록된
이 법전을 보고 접하면서도,
22 그보다 더 간악한 방법으로써 이 모두
를 태워 버리고 찢어 버리며 세상에
존재하지 못하게 하며, 사악한 자의
장난이라 그리 악을 쓰고 대듦이니,
지금의 나의 백성 너희들이 얼마나 사
악한 자인가를 알 것이며,
23 선지자 너는 그 당시 그 백성들의 흐
름과 지금의 나의 피조물 만백성이 가
지고 있는 그 사악한, 고도의 간악한
수법을 알고 이를 깨우쳐 행해야 될
것이니 그리 알라.
24 너의 제자들에게 또한 그 시대의 변화
와 지금의 변화와, 그 시대의 정황과
지금의 정황을 명확히 설명하여 깨우
쳐 주어야 되는 것이 중요함을 잊지
말라.

2,317 번째 하나님 말씀

2002년 5월 9일 10시 03분

1 사랑하는 선지자야!
2 **"네, 여호와 하나님! 말씀하옵소서."**
3 나의 법전을 읽는 나의 피조물 만백성
에게 물으라.
4 너희들은 정녕 나 여호와가 지키며 살
라 하는 그 십계명의 계명 중에 무엇
이 잘못된 부분이 있으며 무엇이 잘못
되었기에 너희들이 그를 지키지 아니
하여야 되며 너희들은 지킬 수 없다
그리 말하는가?
5 나의 십계명 중에서 잘못된 구절이 있
으며 지켜서는 아니 되는 구절이 있다
하면,
6 너희들이 이를 지키지 않고 살며 그와
같은 삶을 삶으로써 구원받을 수 있다
그리 말할 수 있을 것이니라.
7 그러나 그것이 잘못된 것이 없으며,
너희 인간의 도리상으로 너희 인간의
육신의 세계에서 살아가면서도 그를
지키는 것이 정도라 생각한다 하면,
8 너희들은 그를 지키는 것이 도리가 아
니겠느냐?
9 또 너희들이 구원받는 것은 창조주인
내가 말한 것을 지킴으로써 구원받는
그 길밖에는 다른 길이 없음을 알아야
될 것이니라.
10 너희들은 어린아이들에게 물어보라.
11 나의 십계명을 지키지 아니할 때 그
아이들이 '잘했다.' 혹은 '잘못했다.'
말하는 그것이 정답이니, 아이들은 그
를 지키고 사는 것이 옳다는 곳에 ○
표를 할 것이니라.
12 그리하여 너희들이 이를 지키기 어렵
고 힘들다 하여 인간으로서는 그리 지
킬 수 없다 말하니 지금과 같이 사악
한 시대가 이루어졌으며,
13 이제는 너희들이 더 이상 무너지려야

무너질 수 없는 이와 같은 형국에 와
있음이니,
14 부모가 자식을 다스리지 못하며, 어른
이 이웃의 어린이를 다스리지 못하며
그를 훈계하지 못하며 바른길로 인도
할 수 없는 이와 같은 세대는 얼마나
험악한 것이던가?
15 이는 살인하는 것과 마찬가지인, 그와
같이 형용할 수 없이 모든 사악한 것
이 극에 달해 있는, 목에까지 차 있는
형국이니라.
16 그리하여 내가 배운 자, 배우지 못한
자, 높은 자, 높지 않은 자, 가진 자, 갖
지 아니한 자, 누구든 나의 피조물 만
백성은 똑같은 나의 자식이기에,
17 너희들이 읽기만 해도 그를 터득할 수
있고 내용을 알 수 있고 깨우칠 수 있
는 그와 같은 방법으로써 나의 십계명
을 풀어서 세상에 내보내며,
18 이를 지키고 사는 것이 하늘에 오르는
길이요, 그리 살아 구원을 받으라 내
가 너희들에게 명함이니,
19 나의 법전이요, 나의 성령을 기록하여
내려가는 이 책 속에 십계명처럼 너희
들이 지키지 아니할 덕목이 있으며,
지키지 말아야 할 덕목이 있으며, 이
는 잘못되었기에 너희들이 지키지 아
니해도 되는 덕목이 있다 하면 그를
찾아내어 말하라.
20 그러나 그것이 아니고 어린아이들에
게 물어볼 때, 그들이 이는 정녕 옳은
말씀이라며 ○표를 치는 내용들만이
나의 법전에 기록되어 있다 하면,
21 너희들은 어린애만도 못한 사악한 자
들이 아니던가?
22 너희들은 이를 지키지 아니하고는 하
늘에 오를 수 없음을 알아야 될 것이
니라.
23 여기서 선지자를 따르는 제자들과 나
의 법전을 읽고 깨우치는 만백성 너희
들은 오로지 십계명을 지키는 것이 영
혼의 양식이요, 하늘에 오르는 길이라
하였으며,
24 이제 나의 성령을 나의 선지자를 통하
여 법전이라 하여 160권의 책으로 세
상에 내보내는 이 책의 내용을 지키지
아니하며,
25 이를 읽지 아니하고 이를 보고 깨달아
변하지 아니하는 자는 구원을 받을 수
없으며 구원의 길을 볼 수 없다 내가
말하고 있음이니,
26 이는 엄연한 사실임을 알아야 될 것이
니라.
27 이제는 이를 접하지 아니하고 이를 보
지 아니하며 이를 읽지 아니하는 자,
구원받을 수 없다 말함이니,
28 이 나의 법전이 나가 너희들에게 이와
같이 전하는 그 뜻을 듣고도 깨우치지
못한다 하면 너희들은 천금과 같은 그
기회를 놓침이니 그리 알아야 될 것이
니라.
29 내가 나의 선지자를 따르는 백성들에
게 말하여 명하였느니라.
30 너희들이 간음을 하거든 너희 자신의
목숨을 바쳐 나에게 죄를 사하라, 그
렇지 아니하면 너희들이 그 어려운 형
벌을 견딜 수 없다 내가 말하였음이니,
31 내가 정녕 사탄이요, 사악한 자로서
나의 선지자를 통하여 내리는 사탄이
라 하면 감히 너희들에게 그와 같이

지키기 힘든 그 길을 가라고 매질을
하겠는가?
32 이는 창조주인 너희 어버이이기 때문
에 사랑하는 나의 자식들에게 지키고
가야 할 그 도리를 가르침이니라.
33 너희들이 순결을 지켜 그리 결합하는
자, 그만이 나의 자식이요, 그 자식만
이 나의 피를 받는 자식이라 내가 말
하였으니,
34 이를 지키는 것이 너희들이 과연 쉬운
길이던가?
35 그러나 이를 지키는 자가 있음을 알라.
36 그리고 지키고 가야만 나의 자식이요,
나의 아들딸이라는 것을 너희들은 잊
어서는 안 될 것이니,
37 그것 하나 지키지 못하는 자는 나와는
관계없다 말하였으니,
38 너희들이 천날 만날 빌며 기도하고 성
전에 가서 금화와 은화를 바쳐도 너희
들의 이름이 사탄에게 기록되어 있으
니 그는 지울 수 없는 것이니라.
39 내가 도적질하고 거짓 하는 것을 두고
너희 이름이 사탄에게 기록됐다 말하
였느냐?
40 그리 말하지 아니하였느니라.
41 그것은 열 배로 갚으면 된다 하였으니,
42 너희 정신과 모든 몸속에서 이루어지
는 죄악의 행위가 간음이며, 너희 자
신을 더럽게 던져 버리는 것이니라.
43 그리하여 이는 용서받을 수 없으며,
돌이킬 수 없으며 회개할 수 없으며,
원상으로 만들 수 없는 죄이기에,
44 너희들이 이 죄만큼은 지어서는 아니
되며, 이 죄를 짓는다면 나의 자식이
아니요, 사탄에게 너희 이름을 파는
것이라 하였으니,
45 십계명 중에도 가장 중요한 대목임을
잊어서는 안 될 것이니라.
46 그리하여 너희들에게 어려운 길을 가
라 하며 어려운 것을 지키라 말하였음
이니,
47 사탄이라면 그와 같이 어렵고 힘든 길
을 너희들에게 가라 명할 수 있겠는가?
48 그저 너희들에게 그 즐거움을 취하며
살라 그리 가르치지 않겠는가?
49 내가 나의 성령이라 하여 나의 선지자
를 통하여 법전에 기록하는 그 내용들
의 구절구절을 너희들이 하나하나 음
미하고 읽어 보며,
50 이것은 인간이 쓴 것이 아니라 하늘에
서 너희에게 명하여 내리는 뜻이요,
글귀며 명령이라는 것을 생각하고 나
의 법전을 읽는다면 너희들 가슴속에
심어 주는 위대함이 있을 것이니 그리
알라.
51 그를 깨우치는 자, 그만이 나의 제자
요, 나의 백성이요, 나를 볼 수 있음이
니,
52 그를 깨우치지 못하고 그 내용의 짜릿
함을 너희들 몸으로 받지 못한다면 너
희들은 나의 법전을 건성으로 읽는 자
이니 그리 알라.

2,318 번째 하나님 말씀

2002년 5월 10일 08시 14분

1 사랑하는 선지자야!
2 "네, 여호와 하나님! 말씀하옵소서."
3 너는 오로지 다만 내가 너에게 명하는
것을 행하고 실천하면 되는 것을, 어

찌하여 네가 그리 나의 뜻을 실천하려
하지 않는가?
4 너는 '이기종'이라 하는 너의 제자가
그곳에서 등을 돌려 나의 성전에 와
너를 따르는 그 마음이 천 갈래 만 갈
래 찢어지고 아픈 그 뜻을 모르는가?
5 그와 같이 순박하고 그와 같이 깨끗한
자 없으며, 그와 같이 진실되게 살아
가고자 하는 자 없으며, 정녕 저를 위
하는 길이 아니라 믿음의 길이라면 그
모두를 다 바치고자 하는 그의 마음을
돌아다봐야 될 것이니,
6 너는 오늘 내가 내리는 이 내용을 기
록하여 그들에게 각자 그 임무를 정하
여 명하도록 하라.
7 나는 그를 사랑함이며 그를 내가 쓰고
자 함이니,
8 그에게 나로부터 축복의 은혜와 영광
이 있어야 할 것이니, 내가 그들에게
내리고자 함이니 이를 명심하여 시행
하도록 그리하라.
9 그의 장형인 부모와 같은 자에게 말하
라.
10 (제자 이기종의 형에게 주시는 말씀
입니다.)
11 1억이라는 너희들이 말하는 금화를
그에게 줄 것이며, 그 형제들이 모여
회의를 하기를, 지금의 저희 어머니가
기거하는 그 집에 그들을 이사시켜 그
부모를 평생토록 모시게 할 것이며,
그 집의 재산 또한 그 형제들이 마음
을 비워 '이기종'에게 전하도록 그리
하라.
12 그것은 너희들이 절대로 팔 수도 없는
집이며, 너희들이 팔아서 가질 수도
없으며, 남에게 줄 수도 없는 집임을
알라.
13 이는 내가 너희들에게 하늘의 비밀을
알림이니, 너의 아비의 마음임을 내가
그리 전해 주니, 이를 명심하여 들어
행하도록 해야 될 것이니 그를 행하라.
14 장자인 너는 지금 내가 전하는 이 뜻
을 알 것이니 이를 행하도록 하라.
15 나 여호와가 내가 사랑하는 나의 백성
을 위하며, 나의 선지자를 따르는 그
제자를 위하여, 그가 대업의 엄청난
일을 이룰 자이니,
16 그에게 너희들이 그리하지 아니하면
모두를 다 잃게 될 것이니라.
17 오늘 내가 너의 아비의 뜻을 전함이
니, 그 집은 절대로 팔아서도 안 되며
나누어져서도 아니 됨이니라.
18 너의 형제들이 그 집을 '기종'이에게
줘야 될 것이며, 그리고 너의 어미를
편하도록 모시게 할 것이며,
19 그 부인으로 하여금 직장을 나가지 않
도록 하라. 그리하여 너의 어미의 등
을 밀어 주며 등을 긁어 주며 말동무
가 되며, 그를 위하여 거기서 같이 항
상 행하도록 그리해야 할 것이니라.
20 이것이 네가 이루고자 하는 가장 큰
소원의 세 가지를 들어줌이니, 그리
알아야 할 것이니라.
21 너희들의 자식들은 내가 쓰고자 하여
다 선택된 자들이니라.
22 지금 돌아오지 아니하는 자들도 다 돌
아오게 되어 있음이니 그리 알라.
23 너는 현금의 1억이라는 것을 '기종'이
라는 너의 아우에게 줄 것이며, 그리
고 그 집에 그가 살도록 그리 만들어

줄 것이며, 그 재산을 그에게 다 주라.
24 이것은 너의 아비의 뜻이니, 팔 수도 없으며 누구를 줄 수도 없으며 누구에게 나누어 줄 수도 없음이니라.
25 너의 아비가 너희들에게 그와 같은 말을 할 자격이 없으며 그리 너희들에게 말할 수도 없으나, 너희들에게 간곡히 부탁하는 것은 너의 아비가 너희들 자식에게 못한 그 모든 정을 하늘의 뜻을 따라 행하고자 하는 것이 그 너의 아비의 뜻임을 알라.
26 이를 꼭 행하도록 그리하라.
27 그리하여 나의 피조물 만백성이 나의 법전의 이 대목을 읽고 형제의 뜻이 무엇이며, 형제의 나눔이 무엇이며, 배우지 못한 형제, 배운 형제, 어려운 형제들이 나누며 사는 것을 보이고자 함이니,
28 너의 형제의 근심을 덜어 주며, 네가 이루고자 하는 그 뜻을 갈 수 있는 것은 이것뿐이니 이는 너의 아비의 간곡한 뜻임을 알라.

2,319 번째 하나님 말씀

2002년 5월 10일 11시 08분

1 사랑하는 선지자야!
2 "네, 여호와 하나님! 말씀하옵소서."
3 사랑이란 무엇이더냐?
4 너희들이 나의 뜻인 그 사랑을 위하여 만백성을 구하고자 한다면 너희들 자신을 훨훨 털어 버려야 될 것이며, 높이 창공을 나는 새들처럼 모두를 다 날려 보내야 될 것이니라.
5 그리하여 너희들은 너희 자신인 '나'를 사랑함이 아니요, 상대방인 '너'를 사랑하는 마음으로 살아감이 중요함이니라.
6 내가 너에게 기도하는 방법을 뭐라 말하였더냐?
7 '하나님! 저의 죄를 용서하여 주옵소서.' 그리고 그저 '감사합니다.' 하고 기도하라 하였느니라.
8 너희들은 지금 어찌 기도하더냐?
9 수천 년 역사가 흘러온 지금의 너희들이 손으로 지은 그 성전에서 하늘에 오르는 종교 지도자들의 밑에서 배우고 가르치는 나의 피조물 만백성이 기도를 어찌하던가?
10 선지자 너는 너의 제자들에게 이를 일깨워 줘야 될 것이니라.
11 너희들은 기도할 때 이리 기도하라.
12 너희들이 하늘에 오르며 구원을 받기 위한 기도를 감히 어찌 드릴 수 있는가?
13 너희들은 나에게 감사 기도만 드리면 되는 것이니라.
14 너희들 죄를 용서해 달라 나에게 기도하라 했듯이,
15 너희들은 너희 생명이 세상에 태어나며, 육의 삶을 너희들이 즐겁게 살며, 그리고 너희들의 노력에 따라서 얼마든지 얻고 구할 수 있는 그 은혜를 다 주었으며,
16 그리고 내가 몇 가지 내린 그 계명을 지키고 영원히 사는 그 찬란한 낙원에 와 너희들이 살 수 있는 구원의 길과 그 방법까지 다 알려 주었음이니,
17 여기서 너희들이 어찌 무엇을 달라는 그 기도를 할 수 있는가?

18 그 부끄럽고 추한 모습을 너희들은 어
찌하여 돌이켜 보지 못하느냐?
19 너의 제자들과 나의 법전을 읽고 깨우
친 제자들에게, 그리고 나에게 선택된
백성에게 너는 가르치라.
20 오로지 그저 '감사하다'는 기도 외에
는 드릴 수 없음을 알려 주라.
21 내가 생명을 주었으며, 너희들이 살아
있으며, 그리고 살 수 있도록 해 주었
으니 '그 은혜에 감사합니다, 하나님!'
그리 기도하면 되는 것이거늘,
22 그 외에 무엇을 달라, 무엇을 이루어
달라 하며 너희들이 기복 신앙의 그와
같은 기도의 믿음으로써 지금까지 살
아왔음이니,
23 이는 정녕 나와 아무런 관계도 없는
그와 같은 신앙이요, 믿음을 가지고
살아온 백성이라 하였음이니,
24 그것이 바로 암흑의 죽음이 아니더냐?
25 너희들이 감히 어찌 나에게 무엇을 달
라 하는가?
26 나로부터 생명을 받아 세상에 나간 그
은혜 자체도 보답하지 못한 사람이 또
달라 한다 하면 이는 정녕 말이 되겠
느냐?
27 그러니 너의 제자들에게 이르라.
28 그저 나 여호와 하나님의 은혜에 감사
한다는 그 기도만을 드리라 하라.
29 '저의 죄를 용서해 주옵소서.' 하고 빌
며, '여호와 하나님께서 주신 이 모든
은혜에 보답하지 못하는 죄 많은 인생
이 이와 같이 살아갈 수 있음을 감사
드리오며, 그리고 영원히 사는 지상의
낙원에 나가 저희가 살 수 있는 그 은
혜를 주신 하나님께 감사드리며 그 은
혜에 감사합니다.'
30 그와 같은 마음으로써 너희들은 기도
드리며, 그 이상도 그 이하도 해서는
아니 된다 함을 깨우쳐 주라.
31 어찌 내가 너희들에게 베풀어 준 그
은혜에 보답도 못 하는 너희들 형편에
또 달라, 무엇을 이루어 달라 하는 그
추하고 더러운 기도를 나에게 드리는
가?
32 과연 너희들이 가슴에 손을 얹고 반성
하고 생각해 보라.
33 그와 같은 기도를 너희들이 나에게 드
릴 자격이 있는가?
34 그리고 또한 그와 같이 기도를 한다
하며 너희들을 자극시키는 종교 지도
자들의 그 사악한 모습의 형태를 한번
보라.
35 단상 높이 서서 하는 이야기가 무엇이
더냐?
36 아름다운 성전을 짓기 위해서 금화와
은화를 바치라 함이니, 그리고 또 무
엇을 하느냐?
37 저희들이 구원의 길을 인도하며 구원
을 받았다 하며 구원의 길을 인도한다
말하고 있음이니,
38 너희들이 나에게 받은 그 은혜의 감사
함도 땅에 코가 닿도록 절을 해도 다
갚지 못할 것이며 너희 손에서 피가
나도록 비벼 나에게 감사를 드려도 그
은혜를 다 갚을 수 없거늘,
39 그 은혜조차도 갚지 못하는 너희들이
달라, 준다, 줄 수 있다 그리 말하는
그것이 얼마나 사악한 것인지 알겠는
가?
40 말할 수 없이 사악한 자가 너희 앞을

가리고 있음이니라.
41 단상에 서서 너희들에게 설교하고 하
늘에 인도한다는 그자들이 대문짝보
다도 더 큰, 궁궐보다도 더 큰 사악한
모습을 하고 너희들을 가로막고 있음
이니라.
42 그 벽을 넘는 자가 바로 나에게 구원
의 길을 올 수 있음이니,
43 너의 제자들에게 이르라.
44 너희들은 아버지인 나에게 감사하는
기도를 먼저 드리라.
45 '이 모두를 주신 은혜에 감사드리며,
하나님께 감사드립니다.' 그리 기도를
하며,
46 너희들이 그 은혜를 나에게 다 갚았을
때 너희들은 나에게 달라 할 수 있는
기도와 구원할 수 있는 기도를 할 자
격이 있다 함을 일러 주라.
47 이와 같은 나의 하늘의 뜻을 나의 백
성들에게 깨우쳐, 그들이 스스로 부끄
러움을 알며 그들이 기도하는 방법을
알며 가는 길을 바로 깨우치도록 하
라, 선지자야!

2,320 번째 하나님 말씀

2002년 5월 10일 13시 44분

1 사랑하는 선지자야!
2 "네, 여호와 하나님! 말씀하옵소서."
3 너의 제자들에게 일러 일깨워 주라.
4 내가 나의 성령을 너를 통하여 너의
제자들에게 전해 주는 그 소중한 단어
들을,
5 지켜야 할 것 그리고 내가 지키라 하
는 것, 그 모두를 너희 가슴에 대못으
로 박듯이 하나하나 박아 놓는 그 아
픔을 안고 지키지 아니하면 너희들은
정녕 구원의 영광을 볼 수 없다 그리
전하라.
6 나의 법전에 기록된 너희들에게 지키
라 하는 그 하나하나를 대못으로 너희
들 가슴에 박듯이,
7 나의 십계명을 너희들 가슴에 심음이
아니요, 한 계명 한 계명마다 너희들
의 가슴에 못을 박는 마음으로 가슴에
깊이 심지 아니하면 이를 지키고 시행
하고 살아갈 수가 없음이니라.
8 이제는 너희들이 왜 그리 가야 하는지
알겠는가?
9 선지자는 변하여 가며, 나의 성전은
변하여 가며, 나의 법전은 세상을 덮
어 나감이니,
10 오로지 너희들이 그를 지키고 살아가
는 것만이 너희들 자신이 구원을 받는
길이요, 만백성이 너희들을 보게 되
며, 너희 후손들이 너희들을 보고 변
하여 가며 나의 낙원을 이루는 근본이
되기 때문이니라.
11 내가 너희들에게 지키라 명하는 것을
소홀히 듣지 말며, 흘러가는 말로써
듣지 말라.
12 너희들 가슴에 깊이깊이 대못을 박듯
이 하나하나 너희 가슴에 그를 박아야
될 것이며,
13 그가 빠지면 너희 피가 그 구멍으로
나와 너희들이 죽는다 생각하며,
14 그 박힌 못을 너희들이 뺄 수도 없는
그와 같은 아픈 마음으로 너희 가슴에
박으라.
15 그리하여 그들이 그 자리를 지키는 그

저려 오는 아픔의 생활 속에서 너희들
은 나에게 올 수 있으며 그리고 지켜
갈 수 있음을 알아야 할 것이니 그리
알라. 이를 명심하라.
16 내가 너희들에게 명하며 지키고 가야
할 그 모든 내용들 하나하나를 대못으
로 너희들 몸에 깊이 박으라.
17 그리해야만 그것이 너희들 몸에서 떨
어지지 아니하며 빠지지 아니하며 너
희들이 행할 수 있음이니, 그리 알라.

2,321 번째 하나님 말씀

2002년 5월 10일 21시 04분

(강론을 마치며)

1 사랑하는 선지자야!
2 "네, 여호와 하나님! 말씀하옵소서."
3 너희들의 대명이 무엇이냐?
4 내가 선지자를 통하여 너희들에게 명
을 내렸음이니, 이는 바로 너희들의
명패와 같음이니라.
5 너희들은 나의 이 지상의 낙원을 바꾸
어 놓는 것이 너희들의 임무이니라.
6 내가 너희들에게 말하여 모든 언어가
하나로 통할 것이며, 민족의 개념이
없으며, 너희들이 서로 얽히고설키고
한 형제라는 그 깨우침 속에서 새로운
나의 동산이 이루어진다 그리 말을 한
다 하면,
7 이것은 너희들에게만 떨어지는 명령
이요, 너희들에게만 전하는 것이 아님
을 알라.
8 내가 너희들에게 세상을 바꾸라 말하
였으면 그 세상을 바꿀 때 일을 할 수
있는 자들이, 너희들은 알지 못하나,
수천수만 군데에서 지금 그 작업이 같
이 이루어지고 있음을 알아야 할 것이
니라.
9 내가 너희들에게 언어가 하나의 공통
어로 된다 말을 한다면, 지금 너희들
보다 먼저 많은 사람들이 이 세상의
언어가 하나의 공통어로 이루어지며
한 민족으로서 간다는 것을 설법하는
자들이 지금 수없이 강론을 시작하게
되어 있음이니라.
10 그러하니 그들이 먼저 그 일을 하고
있음을 너희들은 알아야 될 것이니라.
11 여기는 핵심이요, 원본이니라.
12 선지자를 통하여 너희들 인간에게 의
문점이요, 어려운 것이며 미래를 통하
여 그 모두의 정답을 내려 주는 곳은
여기밖에 없음이니,
13 그 정답은 바로 무엇이더냐?
14 나 여호와의 성령의 뜻이기 때문에 그
대로 이루어지고 그대로 가고 있음을
너희들이 알아야 될 것이니라.
15 내가 여기서 너희들에게 지구가 갈라
진다 말을 하면, 그 지구는 벌써 금이
가기 시작하는 그와 같은 역사가 같이
이루어진다는 것을 너희들은 알아야
될 것이니,
16 그리하여 내가 너희들에게 내리는 그
명령을 가슴 깊이 간직하라 하였으며,
너희들이 나의 법전을 암송하다시피
그 내용을 알고 남들과 대화할 때 손
색없이 할 수 있는 그와 같은 깨달음
을 얻으라 하였음을 알라.
17 내가 지금 바다가 마른다 하면, 너희
들에게 명을 내리는 그 순간에 바닷물
은 말라 들어가고 있음을 알아야 될

것이니라.
18 나 여호와가 명령하며 내가 내리는 그
것이 미리 진행되고 시행되고 있음을
너희들은 알아야 될 것이니, 어찌하여
그 이치 하나도 깨우치지 못하는가?
19 그것이 바로 나 여호와요, 나의 성령
임을 너희들이 알아야 될 것이니라.
20 너희들이 말로써 아무리 소리 질러도
그것이 현실화되지 아니하며 변화되
지 아니한다면, 이는 나 여호와의 뜻
이 아니요, 사악한 자들의 뜻임이니라.
21 나 여호와의 성령이요, 나의 뜻이라는
것은 내가 명령을 내리며 선지자를 통
하여 너희들에게 전하는 것이 이 세상
에서 싹이 트고 움직이고 있다는 것을
알아야 될 것이니,
22 그러니 나의 법전에 내려온 그 모든
내용이 다 이 세상에 시행되고 있음이
니, 그 얼마나 많은 변화가 이루어지
고 있겠는가?
23 그와 같은 변화가 없이는 이 세상을
바꿀 수 없는 것임을 너희들은 정녕
모르고 있는가?
24 너희들은 이를 깨달아야 할 것이니라.
25 내가 나의 아들 예수를 통하여 이 세
상의 만백성을 구하듯이, 지금 나의
선지자를 통하여 나의 성령을 세상에
내려보내니,
26 이는 진리요, 정답이요, 증거이니라.
27 그 모두는 다 지금 세상에서 같이 변
하고 있음이니라.
28 너희들이 지금 바라보는 푸른 나무가
잎이 마른다 하면 한쪽에서 이미 말라
들어가고 있음을 너희들은 알아야 할
것이니라.
29 그리하여 선지자를 통하여 내려가는
그 성령이 소중함이며,
30 나의 법전에 기록된 모든 내용들은,
그는 다 정답이며, 그에 대한 증거를
보여야 될 것이며, 그와 같이 변해 가
는 것이 나의 성령의 뜻임을 알아야
할 것이니라.
31 누가 미래를 예언하며 미래에 이루어
질 역사를 알며 미래를 통하여 너희들
에게 알려 줄 수 있는가?
32 내가 너희들에게 말하여 천 년에 걸쳐
서 이 세상에 사악한 무리가 없어지며
낙원이 시작된다 하였음이니,
33 이는 벌써 그리 시행되고 있음을 너희
들은 알아야 될 것이니라.
34 여기서 너희들은 나의 선지자를 통하
여 내리는 나의 법전을 세상에 전하는
것이 너희들의 임무이니,
35 너희들이 세상에 전하는 그 나의 법전
을 접하는 자, 이미 그를 행하고 있으
며 이는 정녕 나 여호와의 뜻이라는
것을 그들이 깨닫고 이 법전이 세상에
퍼지니,
36 그리하여 그때 구름 떼처럼 나의 성전
에 모여드는 역사가 이루어짐을 알라.
37 나의 선지자를 통하여 내리는 그 내용
들은 모두 시행되고 있음이니, 너희들
은 그 무서움을 알아야 될 것이니라.
38 이 세상을 바꾸는 모든 기초의 원본은
너희들이니라.
39 계명을 지키고 사는 마음이요, '내가
아닌 남을 위하여' 사는 그와 같은 마
음 자세로써 행하는 것이 너희들이니
라.
40 지금 세상에 내가 너희들에게 명한 그

모두는 행하고 이루어지고 있음이니,
41 그들이 바로 그 근거를 찾는 것은 선지자가 있는 이 성전이니라.
42 그들이 하나하나 그를 확인하기 위해서는 여기를 와야 될 것이니라.
43 예수가 탄생했을 때 동방 박사라 하여 저희들이 그 귀한 것을 가지고 그곳을 찾아갔듯이,
44 그들이 지금 전해져 알고 깨닫고 남으로부터 들어 세상이 어찌 변한다는 것을 다 알고 있음이니,
45 그 원천의 샘이 성전이며, 선지자이니라.
46 그리하여 그들은 언젠가는 선지자를 확인하며 이 성전을 확인하려 여기에 올 것이니,
47 그 선지자를 만나기 전에 너희들부터 먼저 확인하게 됨이니, 이 이치를 너희들이 깨우쳐야 할 것이니라.
48 그리하여 너희들이 이 세상을 바꾸는 대명을 받은 자들이라 함이니,
49 내가 너희들에게 뭐라 말하느냐?
50 어렵고 힘든 그 길을 가는 것은 미래의 역사를 열기 때문이니라.
51 이를 너희들이 깊이 깨우쳐 행하여야 될 것이며, 내가 선지자를 통하여 내리는 그 모두는 지금 시행되고 있음을 알라.

2,322 번째 하나님 말씀

2002년 5월 11일 01시 16분

1 사랑하는 선지자야!
2 "네, 여호와 하나님! 말씀하옵소서."
3 나의 아들 예수가 세상에 나가 나의 성령을 받아 만백성을 구하고자, 나 여호와가 하늘에 존재하며 그는 나의 명을 받아 나의 피조물 만백성 너희들을 구하러 세상에 내려왔다 그리 가르쳤음이니라.
4 그러나 그 당시의 그 백성들은 어찌하였는가?
5 그를 믿지 아니하며, 그는 정녕 거짓된 자며 위선된 자라 그리하여 그와 같이 처참한 형국으로 그의 숨을 거두게 하였음이니,
6 그것이 너희들이 가진 마음이며 너희들의 그 형태이니라.
7 그것이 얼마나 분노된 행위이며, 그게 얼마나 나 여호와를 거역하는 일이며, 나의 가슴에 그들이 어떠한 행위를 했는가 너희들은 생각해 봐야 될 것이니라.
8 그와 같이 내가 너희들을 구하고자 나의 성령을 나의 사랑하는 아들을 통하여 전하였으나 너희들은 그를 처참하게 죽였음이니,
9 그것이 바로 너희들 인간의 본능의 그 자세이니라.
10 그리하여 지금까지 너희들이 나의 아들을 통하여 세상에 전하고자 했던 그 성령의 뜻을 듣지 못하였으며,
11 내가 내리고자 하는 그 뜻을 너희들이 받을 수 없는 그 세상이요, 암흑의 세계에서 살아왔다 하였음이니, 너희들은 이를 믿지 아니함이니라.
12 정녕 내가 나의 뜻을 펴고자 했을 때, 너희들이 이를 거절하며 이를 받지 아니하였으며, 그를 가지고 가 나의 대임을 하는 자를 죽게 하였음이니,

13 그리하여 지금까지 너희들이 2천 년
이라는 그 세월 속에 죽음이요, 암흑
의 세계가 이루어졌음이니,
14 그 속에서 이루어졌던 그 모두는 다
나와는 아무런 관계가 없는 그와 같은
형국이 되었음이니라.
15 선장이라는 사람이 죽어서 그 배의 키
를 잡을 사람이 없음이니, 망망대해에
흘러가는 그 배처럼 그와 같이 너희들
이 2천 년의 역사의 세월이 흐르는 속
에 살았다 하면, 너희들은 과연 그를
믿겠는가?
16 그것이 지금까지 온 너희들의 삶의 세
계이니라.
17 그 속에서 너희들이 아우성치며 하늘
에 오르는 길이라 하며, 하늘에 오르
는 길에 깨우쳐 인도자라 하여 나의
피조물 만백성을 가르치고 인도했던
그 역사는 나와 아무런 관계도 없는
그와 같은 형국에서 이루어졌다 하면
과연 너희들은 이를 믿겠는가?
18 이는 정녕 나의 뜻이며, 나의 성령이
기록되어 나가는 이 모두는 진실임을
알아야 할 것이니라.
19 그 암흑의 속에서 살아가는 너희들의
그 처참한 형국을 더 이상 볼 수 없어,
20 나 여호와가 나의 선지자요, 나의 아
들인 그를 통하여 다시 나의 성령을
세상에 내려보내어 법전이라 하여 너
희들이 보고 깨우쳐 하늘에 오르라 하
여 지금 내려보냄이니,
21 이를 만들고 이 역사를 기록하는 너의
제자들 또한 얼마나 소중한 대임을 맡
은 것인가를 알아야 될 것이니라.
22 2천 년 만에 내가 다시 내려가 나의
성령을 기록하며 이를 법전으로 만들
어 세상에 전하는 임무에 선택된 너의
제자들이요, 나의 백성이 과연 얼마나
위대한 것인가를 너희들이 생각해야
될 것이니라.
23 나의 아들 예수가 전했으며 그가 행했
던 것을 그 제자들이 기록하고 전한
것을 나의 피조물 만백성 너희들이 하
늘에 오르는 길이요, 깨우치는 채요,
너희들을 인도하는 그 길로 믿고 그를
행한다 하여 하늘에 오르고자 하였으
니,
24 이는 진정한 내가 행하고자 했던 뜻과
너희들이 지켜야 함을 모르며, 그저
예수가 행했으며 그가 전하고자 했던
그것을 그 제자들이 기록한 내용을 가
지고 너희들은 그것이 정녕 나의 뜻이
라 하여 가르치나,
25 그가 행한 것은 너희들의 기초를 잡아
주며 너희들이 잘못 가는 것을 바로잡
는, 그 길들이는 채와 같은 역할을 하
고 있었음이니라.
26 이제 내가 성령을 직접 내려보내어 나
의 피조물 만백성을 심판하며 재판하
며,
27 그리고 누구나 하늘에 오르는 길을 보
고 깨우치며 읽고 깨우치고 알기 쉽도
록 세상에 내보내는 나의 법전을 만드
는 것이 얼마나 위대한 대명인가를 너
의 제자들이 알아야 할 것이니라.
28 너희들이 하나를 잘못하며 하나를 잘
못 깨우침으로 인해서 나의 성령이 잘
못 전해짐이니,
29 이는 나의 피조물 만백성이 깨우침이
요, 못 깨우침에 너무나도 큰 격차가

있음이니라.
30 그로 인하여 나의 법전이 다 잘못됨이 있으며, 전하고자 하는 그 뜻을 잘못 전한다면, 또한 그 세월이 얼마나 암흑과 같은 세상이 되겠는가?
31 내가 이루고자 하며 내가 전하고자 하는 그 뜻을 만들고 기록하는 너희들이 너희 임의대로 잘못 가르치며 잘못 기록하여 만든다 하면 그는 나의 법전이 아니니,
32 암흑의 세계가 연속됨을 알아야 할 것이니라.
33 그러하니 나의 법전을 만드는 데 선택된 너의 제자들이 얼마나 막중하며 얼마나 소중한 것인가를 그들이 깨우쳐야 할 것이니라.
34 그리고 후세에 너희 백성들은 알 것이니라, 그를 만드는 자들의 그 노고를.
35 그리고 160권의 마지막에 나의 법전을 만든 너의 제자들의 이름을 기록하여 길이 그들의 영광을 기릴 수 있도록 그리하라, 선지자야!

2,323 번째 하나님 말씀

2002년 5월 11일 01시 40분

1 사랑하는 선지자야!
2 "네, 여호와 하나님! 말씀하옵소서."
3 사람이 어려울 때 그를 바라보는 것과 그가 풍성해졌을 때 그를 바라보는 것 중에, 나의 피조물 만백성 너희들은 어려운 자 돌아다보며 그를 돕는 것이 너희들의 근본이며 기본이며 행할 사랑의 기초이건만,
4 너희들은 어려운 자를 돌아다봄이 아니요, 가진 자, 권력 있는 자를 찾아 그들에게 너희 모두를 다 바치려는 것이며 그들과 더불어 한 세상을 살아가고자 하는 것이 너희들이 살아가는 심성이니,
5 이는 정녕 내가 원하는 그 길이 아님을 알아야 할 것이니라.
6 너희들의 살아가는 작은 그 모습 속에 사랑을 베풀며 나눔을 베풀며 살아가는 것은 너희들보다도 더 어려운 자, 힘든 자, 그리고 가난한 자를 위하여 나누며 베풀며 사는 것이 진정한 내가 너희들에게 바라는 사랑인 것이니라.
7 그러나 너희들은 어찌 살아가는가?
8 너희들은 정녕 내가 원하는 방향으로 살아가는가, 내가 원하지 않는 그 방향으로 살아가는가?
9 지금 그와 같은 것이 너희들 백성이요, 나의 피조물 만백성이 가지고 있는 생각이며 살아가는 형태이니라.
10 네가 나의 성령을 받아 조그만 다락방에서 나의 법전을 기록하여 세상에 냄이니, 누구도 이를 바라보지 아니하고 누구도 이를 나의 성령의 뜻이라 바라보지 아니하며,
11 그리고 너를 도와주기 위하여 내가 세상에 미리 터치하여 내보냈던, 나로부터 깨달음을 받은 그들이 다 저희들이 제왕이며 저희들이 세상을 지배하고 통제하는 것같이 그리 광분하고 살아감이니라.
12 내가 너에게 내린 법전의 한 쪽의 분량도 받지 못한 그들이 세상 것을 다 얻은 양 그리 말하고 있음이니,
13 그들은 지금 네가 세상에 나와 나의

법전을 전하는 것을 돕고 너를 인도하
고 안내할 자들이거늘 저희들의 직분
을 잊어버리고 있음이니,
14 지금은 네가 나의 성령을 기록하여 나
의 법전이 세상에 나가 만백성을 구하
는 그 역사가 이루어져 가고 있는 단
계이며 지금 서서히 살아 성장해 나가
는 그 나무처럼 그와 같이 커 가고 있
음이니,
15 너를 돌아다보는 자가 없으며 너를 돕
고자 하는 자가 없으며, 너의 어렵고
힘든 그 길을 돕도록 나로부터 능력을
받은 자들이 모두 그 능력을 너를 위
하여 쏟고 있지 아니함이니라.
16 그러나 그들은 반드시 네 앞에 올 것
이니라.
17 그리고 네가 변하여 성장하고 커 감으
로 인해서 너의 그 모습을 보는 순간
에 그들은 너에게 와 온갖 갑론을박을
다 할 것이니라.
18 저희들이 받은 것이 이러이러하니 이
를 나의 법전에 기록해야 할 것이라
말할 것이며, 그리고 저희들이 더 높
은 경지에서 깨달음을 가지고 있으니
저희 뜻을 따라야 된다 말할 것이며,
19 저희들이 한두 가지 받은 그 내용을
갖고 너에게 강요할 것이며, 그들이
네 위에 군림하고자 할 것이며, 그들
이 너보다 더 많이 모든 것을 다 지배
하고 받은 자처럼 그리 말할 것이니,
20 네가 성장하여 나의 성령이 세상에 나
가 나의 피조물 만백성을 깨우치며 너
를 따를 때, 그들은 그와 같은 제왕적
인 행동을 네 앞에 와서 하려 할 것이
니, 너는 그들과 대적하지 말라.
21 그저 네가 지금 성장하는 과정에서 너
를 돕는 자, 너를 도우며 너에게 협력
하는 자, 너의 길을 안내하는 자는 너
를 따라서 그들이 구원을 받을 것이나,
22 지금 저희들이 제왕인 것처럼, 저희들
이 나로부터 이 세상을 구하는 대명을
받은 자인 것처럼 너를 돌아다보지 아
니하며 너를 돕지 아니하여 그리 보는
자,
23 네가 성장하여 정녕 네가 나로부터 선
택된 선지자라는 것을 만백성이 깨달
을 때 그들은 네 앞에 와 더 군림하고
자 하며, 저희들의 위치를 찾고자 하
며 저희들의 명분을 찾으려 할 것이며,
24 그리고 너를 돕도록 내가 저희들에게
깨우쳐 주었던 그 내용을 갖고 그들은
너에게 와 너를 지배하는 대명을 받은
자인 것처럼 그리 말할 것이니,
25 그들에게 네가 갑론을박하지 말며 그
들의 형태에 신경 써서는 아니 될 것
이니, 그 모두를 접어 두어야 될 것이
니라.
26 너희 인간사가 어려운 자를 돕는 것이
아니요, 풍성한 자, 능력 있는 자가 와
서 교류하기를 원하며 그와 더불어 어
울려 살아가고자 하는 그 심성처럼,
27 네가 어렵고 힘든 이 고비를 갈 때 그
길을 인도하고 안내할 자라 예언자들
을 내가 보냈건만 그들이 저희들이 이
세상을 지배하는 자인 것처럼 그리 광
분하고 있음이니라.
28 그들은 네가 성장했을 때 네 앞에 와
오만 가지의 추태를 다 벌일 것이니,
그 추태에 네가 귀를 기울이지 아니해
야 될 것이며, 보지도 말아야 될 것이

며, 그들과 네가 갑론을박을 해서는
아니 됨이니 이를 명심하여 깨우치며,
29 너의 제자들 또한 그와 같은 자들에게
현혹되어 흔들리는 일이 없도록 그리
가르치고 깨우쳐 주어야 될 것이니,
그리 알라.
30 너의 제자들이 잘못 가르치는 그와 같
은 자들에게 귀를 기울이며 그들을 따
라가 너에게 등을 돌리는 자들이 있는
것은 네가 잘못 단속하며 네가 잘못
깨우친 그 죄임을 알아야 할 것이니
그리 알라.

2,324 번째 하나님 말씀

2002년 5월 11일 07시 34분

1 사랑하는 선지자야!
2 "네, 여호와 하나님! 말씀하옵소서."
3 나로부터 선택된 백성들이요, 정녕 저
희들이 나를 찾으며 하늘에 오르고자
하는 마음의 그 애절한 기도며, 십계
명을 지키며 나의 법전대로 살아가고
자 하는 그 백성들에게는 의식주의 고
통이 없음이니라.
4 내가 너희들이 이 세상에 생명으로써
살아갈 수 있는 것을 너희들에게 주었
으며, 60점이라는 그 점수에서 세상
것을 모두 너희들이 관장하며 노력하
는 만큼 얻고 살아가도록 그리 내가
너희들에게 은혜를 내렸거늘,
5 나로부터 선택된 백성들이 어찌하여
의식주의 고통과 시련 속에서 살아간
다 하는가?
6 이는 나로부터 선택된 백성들이 아님
이니라.
7 너희들은 모든 시련과 고통이 있은 다
음에 부귀와 영화가 있음이니, 나 여
호와가 너희들을 시험한다 그리 말하
지 말라.
8 나는 너희들을 시험하지 아니한다 하
였음이니라.
9 이제는 나를 따르는 백성이요, 나의
미래를 위하여 내가 이루고자 하는 그
뜻에 참여한 모든 제자들과 백성들은
의식주의 고통이 없는 삶을 살아가도
록 내가 너희들을 보살핌이니,
10 이는 부모가 자식에게 유산을 내림과
같음이니라.
11 너희들은 나를 볼 수도 없고 나를 만
질 수도 없으며 나의 음성을 들을 수
없다 하여 그리 너희들이 살아감이니,
이는 너희들이 어쩔 수 없는 길임을
알아야 할 것이니라.
12 내가 나의 피조물 만백성을 구하기 위
하여 나의 아들 예수를 통하여 나의
성령을 세상에 전하여 나의 백성들을
구하고자 했으며, 그들이 기도하는 것
을 예수를 통하여 내가 거둬들인다 하
였으며,
13 지금은 2천 년의 역사가 흐른 이 시점
에 나는 나의 선지자요, 나의 아들을
세상에 다시 보냈으니,
14 그를 통하여 내가 성령을 내려보내며
그를 통하여 법전으로써, 글로써 너희
들을 깨우치는 것을 내려보냄이니,
15 이는 그를 통하여 내려보내며 그를 통
하여 너희들의 모든 기도를 상달하여
내가 거둬들이는 하나의 통로이니라.
16 그 길밖에는 없음을 알아야 할 것이니
라.

17 그러하니 너희들이 나를 만질 수도 없
고 볼 수도 없고 나의 음성을 들을 수
도 없으나, 너희들을 만지며 너희들을
보며 너희들의 음성을 듣고 있는 나
여호와가 있음이니,
18 너희들의 어렵고 힘든 그 모두를 내가
알고 있음이니 그를 다 거두어들임이
니라.
19 선지자 너는 내가 명하는 것을 시행해
야 할 것이니라.
20 '홍철화', 내가 그를 도우라 하였음이
니, 내가 너에게 도우라 한 그는 그가
하는 사업이 인간의 생명과 직결되는
사업으로,
21 그는 그 길을 가는 것을 고통스러워하
며 괴로워하고 있으며, 자신을 속이지
아니하면 아니 되는 그 업종에서 그가
지금 괴로워하고 있음이니,
22 그를 그곳에서 손을 떼도록 그리하여
그 마음을 편안히 다스리도록 하라.
23 그리하여 '이기종'과 더불어 그가 하
고자 하는 그 사업을 이루도록 네가
해 줄 것이며 그는 업종을 그리 바꾸
도록 하며,
24 그리고 '홍종철'을 통하여 네가 하고
자 하는 그 사업은 '철종'이와 그의 가
족이 같이 운영토록 하며, 그는 2년
이상의 긴 세월로써 거기에 계약을 해
야 할 것이며,
25 거기에 두 사람의 도사리고 있는 함정
이 있음을 알아야 될 것이니라.
26 그곳에서 너희들이 또한 열심히 살아
가는 그로 인하여 너희들의 의식주를
해결하도록 하고자 하며,
27 내가 나의 법전을 깨우친 나의 백성이
편안하게 살아가는 길을 열어 주는 것
을 지금 바로 너희들에게 하나하나 은
혜를 내리고 있음이니 그리 알 것이며,
28 또한 너에게 와 기도하여 내가 그의
명을 다스려 준 그 사람들이 너를 찾
아와 말하거든, 너는 '대전'이라는 곳
에 하나의 거점을 만들어 그 거점에서
나의 법전을 전하며 많은 백성들을 구
원할 수 있도록 그를 만들어 그에게
도움을 주도록 그리하라.
29 이를 시행하여 하나의 오차도 없이 행
하여야 할 것이며, 그리하여 나를 따
르는 나의 백성들이요, 또한 내게 선
택된 백성들은 너희들이 나를 보지 못
하며 음성을 듣지 못하며 만지지 못하
는 그 너희들의 답답한 마음을 이제는
지워야 할 것이니라.
30 내가 너희들을 만지며 내가 너희들의
음성을 들으며 바라봄이며, 너희들의
어렵고 힘든 그 생활 속에 내가 이제
사랑과 은총을 내려 너희들의 의식주
를 해결하며,
31 나의 법전에 매진하여 나의 피조물 만
백성을 구하는 데 너희들이 모두를 바
칠 수 있도록, 너희들이 그리 갈 수 있
으며 마음이 하나가 될 수 있는 자들
이기 때문에 그와 같은 상을 내가 내
림이니,
32 이는 부모가 자식에게 내려 주는 유산
과 같은 것이니, 너희들은 즐거이 받
아 최선을 다하여 뜻을 이루도록 그리
가르치라, 선지자야!

2,325 번째 하나님 말씀

2002년 5월 11일 08시 17분

1 사랑하는 선지자야!
2 "네, 여호와 하나님! 말씀하옵소서."
3 나의 제자요, 나의 선지자를 통하여
모두를 깨우친 너의 제자들이 이 일을
해야 할 것이니라.
4 지금 나의 성령을 통하며 나의 선지자
를 통하여 나의 음성을 직접 들으며
또한 나의 법전을 읽고 깨우친 너희들
은,
5 나 여호와의 진정한 뜻이 무엇이며 내
가 이루고자 하는 것이 무엇인가 알고
있는 너희들은 지금 어찌 행해야 되는
가?
6 너희들은 나의 성령을 통하여 깨닫고
나의 법전을 읽고 깨우쳐 깨달은 그만
큼 나의 피조물 만백성을 구하는 데
너희들의 모든 것을 다 경주할 때가
되지 아니하였던가?
7 나의 성령을 통하여 깨달을 수 있는
나의 법전을 읽고 깨달은 너희들이 그
를 가지고 나의 피조물 만백성을 일깨
워 하늘에 오르는 길로 인도하지 아니
하는 것은,
8 내가 나의 아들 예수를 통하여 그 성
령으로써 나의 피조물 만백성을 구하
고자 했던 그 시대에 나의 예수를 단
죄하여 그를 처참한 죽음의 길로 만들
어 나의 성령이 세상에 전해지는 것을
중단시켰던 그 사악한 자들과 같음이
니,
9 지금 나의 성령을 듣고 깨우쳐 깨달음
을 얻은 너희들이 그 깨달음의 그 뜻
을 나의 피조물 만백성에게 전하지 아
니한다면 너희들이 흐르는 것을 막는
그 죄를 짓고 있음을 알아야 될 것이
니라.
10 물이 위에서부터 아래로 흘러 그 역사
가 이루어지듯이, 너희들의 그런 머뭇
거림은 썩어 있음이 아니던가?
11 너희들이 나로부터 깨달음이 무엇이
며 하늘에 오르는 길이 무엇인가를 정
녕 깨닫고 알고 있음이니,
12 그 아는 것만큼 너희들 가슴에 묻어
두는 것이 아니요, 나의 피조물 만백
성을 하늘에 오를 수 있는 그 길로 인
도하고 안내하는 것이 너희들이 하여
야 할 일이니,
13 이에 너희들이 게을리해서는 아니 됨
을 알아야 될 것이니라.
14 이제는 너희들이 해야 할 것이며 너희
들이 이루어야 할 것이니라.
15 너희들은 들어야 할 것이니라.
16 나의 깨달음을 아는 자요, 나의 미래
를 아는 자 너희들은, 너희들이 하나
를 깨우치며 하나를 실천하며 하나를
나의 피조물 만백성에게 깨우쳤다 하
여 너희 소임을 다 했다 생각해서는
아니 되는 것이니라.
17 나로부터 선택되며 내가 이루고자 하
는 그 뜻의 깨달음을 알고 있는 너희
들은 바람이 불어 부서지는 파도의 그
물방울까지도 바로잡아야 될 것이며,
18 그들에게도 뜻을 깨우쳐 주고 그 가르
침을 가르쳐 주어야 되는 그와 같이
중요한 대명이 너희들에게 있음이니,
19 이 세상의 모든 동식물이요, 너희들과
살아가면서 부딪치는 모든 그 속에 너

희들이 깨달음을 심어 줘야 되는 그와
같은 너희들의 대명이요, 소중함을 알
아야 될 것이니라.
20 너희들이 한두 가지의 깨달음을 나의
피조물 만백성에게 전하고 깨우치는
것이 아니요,
21 이 지상의 내가 만든 모든 그들을 바
로 갈 수 있도록 깨우치고 지도하는
것이 너희들이라 생각한다면,
22 너희들이 생활 속에서 얼마나 많이 나
의 피조물 만백성에게 너희들의 깨달
음을 전해야 그 흐르는 물을 중단하지
않도록 하는 것인가를 알아야 할 것이
니라.
23 지금 수천 년 동안 저희들이 구원의
길이요, 믿음의 길이라 하여 온 그들
이 어찌 생각하는가?
24 그 종교 지도자들이 지금 구원의 길로
인도한다 하여 가르치는 그들을 따르
는 나의 백성들은 어찌 생각하는가?
25 그들은 말하느니라.
26 특별한 방법으로써 믿음의 길을 가는
저희들만이 구원을 받는 것이며, 특별
히 선택된 저희들만이 구원을 받는다
그리 생각하느니라.
27 그러나 나 여호와는 나의 피조물 만백
성을 똑같이 사랑하며, 모든 나의 백
성들에게 똑같은 자격과 권리가 있음
을 알아야 할 것이며,
28 나는 너희들을 차별화하여 사랑하지
아니함이니라.
29 이제는 너희들이 깨달음을 얻었으며,
그 속에서 나의 뜻이 무엇인가를 알게
되어 있는 너희들은 지금 어찌하여 잠
자는 그 세월을 풀어야 되는가?
30 특별한 방법으로써 믿음의 길을 가며
특별히 선택된 저희들만이 구원을 받
는 자들이며, 저희들의 성전에 와 기
도하고 경배하는 자들만이 구원을 받
는다 그리 생각하고 있는 그들을 그
망상에서 너희들이 깨우쳐 줘야 될 것
이며, 그들이 잠에서 깨어나야 될 것
이니라.
31 그들이 지금 망상 속에서 잠을 자고
있음이니라.
32 잘못 비추는 허황된 그 빛을 찬란한
빛이라 하여, 저희들의 구원의 길이라
하여 가는 그들을 지금 너희들이 그
망상에서 깨워 줘야 될 것이며, 그들
은 지금 죽음의 세계로 가는 그 잠을
자고 있음이니라.
33 그 죽음의 세계에서 지옥으로 가는 그
길을 가면서 저희들이 특별한 방법으
로써 특별히 구원받은 자라 믿고 가는
그들을 깨우치는 것이 너희들의 임무
이며 대명임이니,
34 너희들이 나로부터 듣고 배운 그 깨달
음이요, 성령으로써 선지자를 통하여
내리는 그 음성을 듣고 깨달은 것이
요, 나의 법전을 듣고 깨닫고 깨우친
그 모두를 나의 피조물 만백성에게 전
하는 데 조금도 소홀히 해서는 아니
됨을 알며, 이것이 너희들의 대명임을
알라.

2,326 번째 하나님 말씀

2002년 5월 11일 08시 23분

1 사랑하는 선지자야!
2 "네, 여호와 하나님! 말씀하옵소서."

3 내가 너희들이 쓰고 있는 문자요, 그
언어가 세상의 공통어로써, 모든 나의
피조물 만백성이 한 길로써 한 믿음이
요, 그 모든 생활의 문화권이 하나로
이루어지도록 내가 그리 이끈다 하였
으며, 그것이 나의 뜻이라 말하였음이
니라.
4 그리하여 천 년에 걸쳐 모든 것이 하
나로 이루어지며, 나의 지상의 낙원이
이루어진다 하였음이니,
5 너희들은 나로부터 선택된 백성이라
말하나 너희들은 정녕 이를 믿지 아니
하려 하며,
6 너희들은 이를 믿지 않고 불안한 마음
으로써 너희들이 과연 그리 될 것인가
하는 그와 같은 마음의 자세를 가지고
있음이며,
7 나의 법전에 기록된 그 내용 자체도
너희들이 지금 불안한 마음으로 그를
읽고 깨우쳐 가고 있음이니,
8 너희들은 알아야 될 것이니라.
9 내가 너희들에게 선택된 백성이라 말
함은 너희 백성과 같은 성격과 기질을
가진 민족이 이 세상에 없음을 알아야
할 것이니라.
10 너희들은 짧은 시간 속에서라도 어떠
한 종파요, 어떠한 뜻이 세상에 나가
너희들에게 전해지는 그와 같은 깨달
음이 있다 할 때,
11 너희들 백성처럼 동참하는 그 열성이
있는 백성이 없으며, 그리고 또 빨리
거기에 젖어드는 백성이 없음이니라.
12 너희들만큼 짧은 시간 속에서 그와 같
이 모든 종파에 참여하며 그에 귀 기
울이는 백성이 없으며 그리 빨리 퍼지
는 백성이 또한 없음이니라.
13 그런가 하면 너희들은 모두 종파를 다
하나씩 가지고 있는 백성이니라.
14 심지어 너희들이 가지고 있는 종파의
뜻이 없다면 큰 돌을 보고 바위를 보
면서도 거기에 너희들이 기복의 신앙
을 가지며, 나무 하나를 보고도 너희
들이 거기에 모든 기복 신앙의 행사를
치르니,
15 너희들 마음속에 하나의 종교의 믿음
을 갖지 아니한 백성이 없는 것이 너
희들이니라.
16 이것이 너희들이 지금 가고 있는 형태
이며, 너희 백성의 특성이며, 너희들
백성만이 가지고 있는 것이니라.
17 이와 같이 너희들이 젖어 있는 그 속
에서 지금 바로 나 여호와요, 나의 뜻
을 내가 선지자를 통하여 너희들에게
전파하고 깨우치는 것은 너희들이 선
택된 백성이라는 그 뜻을 알게 될 것
이니라.
18 너희들처럼 모두를 빨리 받아들이며
그리고 빨리 망각하며 빨리 지워 버리
는 백성이 세상에 없음을 알아야 될
것이니라.
19 그리고 너희 마음속에 하나의 어떠한
믿음이나 기복 신앙을 갖고 있는 것이
너희들이니라.
20 그리하여 너희들이 나에게 선택된 백
성으로서 지금까지 살아왔으며, 너희
들의 성격이 그리 훈련되어 왔음이니
라.
21 이제는 너희들 가슴속에 가지고 있는
모든 종파를 다 지워 버리고, 나의 법
전을 너희들의 안방에서 읽고 깨우쳐,

22 너희들이 정녕 이것이 하늘에 오르는
그 길이라는 것을 깨닫게 될 것이니,
23 그리하여 나의 법전을 세상에 전하며
내가 천 년에 걸쳐 역사를 이루는 데
선택된 백성들로서 너희들이 선택되
었음을 알아야 할 것이니라.
24 그리하여 너희들이 선택되었음이니,
너의 제자들과 나의 법전을 읽는 모든
백성들은 모든 언어가 공통어로써 이
루어지며, 생활 습관이 이루어지며,
25 너희들을 기본이요, 기초로 하여 선택
된 백성들의 위대함을 잊어서는 아니
될 것임이니,
26 이를 믿고 선지자를 따르는 데 조금도
주저함이 없이 그리 행동하라.

2,327 번째 하나님 말씀

2002년 5월 11일 08시 29분

1 사랑하는 선지자야!
2 "네, 여호와 하나님! 말씀하옵소서."
3 내가 너의 제자들에게 명하여 이르기
를, 너희들이 하늘에 오르는 그 진리
를 알며 그 뜻을 알며 내가 이루고자
하는 그것을 깨달아 지금 가슴에 새기
며 하늘에 오르는 그 길을 향하여 달
려오는 너희들이 과연 하여야 할 일이
무엇이라 내가 말하였던가?
4 모든 백성들에게 나의 법전을 보고 깨
달아 일깨울 수 있도록 그와 같이 역
사를 이루는 것이 너희들의 대명이라
내가 말하였음이니라.
5 그리고 너희들이 가지고 있는 모든 깨
달음을 위에서 아래로 물이 흐르듯이
그와 같이 나의 피조물 만백성에게 전
해야 하는 것이며,
6 너희들이 그를 가슴에 안고 있는 것은
죽은 물이요, 나의 아들 예수가 전하
고자 한 그 뜻을 막은 자들과 다름이
없다 말하였으니,
7 이것이 너희들이 깨달음을 나의 피조
물 만백성에게 전하여야 할 것임을 알
아야 할 것이니라.
8 그리고 내가 이루고자 하는 그 모든
뜻을 너희들이 만백성에게 알려야 함
을 너희들은 다시 한 번 깊이 새겨야
할 것이니라.
9 이는 곧 내가 이루고자 하는 새 시대
를 이루는 그 역사는 몇몇 사람의 깨
달음이요, 몇몇 사람이 하늘에 오르는
그 길을 먼저 봤다 하여, 그 길을 안다
하여 그들을 데리고 이룰 수 있는 역
사가 아니기 때문이니라.
10 몇몇 선택된 사람으로서, 몇몇 사람이
하늘에 오르는 길을 깨달으며 나 여호
와가 존재함을 알고 깨닫는다 하여 그
들을 가지고 이룰 수 있는 역사가 아
니기 때문이니,
11 그리하여 모든 나의 피조물 만백성에
게 나의 법전을 전하여 읽고 깨우치도
록 그리하여야 하는 것이 너희들의 대
명임을 알아야 할 것이니라.
12 사랑하는 선지자야!
13 너의 제자들에게 일러 명하라.
14 지금의 형태로 더 간다 하면 너희들의
미래는 더 이상 변할 수도 없으며, 너
희들의 미래도 없으며, 내가 천 년에
걸쳐 너희들을 바로잡아 영원한 나의
왕국을 이루고자 하는 그 변화하는 힘
마저도 너희들에게 없게 됨이니,

15 내가 지금 그리하여 나의 법전을 세상
에 내려보내며, 나의 이 법전을 만백
성에게 전하는 데 너희들이 그 대명을
다하며 너희들의 모두를 아끼지 말며
다 던져 이루라 하는 것이 여기에 있
음이니라.
16 너희들이 지금 이 형태로 좀 더 전진
하여 살아간다면 너희들은 변화할 수
있는 그 능력과 그 힘마저도 없음이니,
17 그리하여 그 모두를 상실하게 되며,
오로지 너희들은 잘못 가는 종교 지도
자들의 그 세 치 혓바닥에 현혹되어
지옥의 길로 가는 그것밖에는 갈 길이
없음이니라.
18 너희들이 지옥의 길로 가면서 그것이
구원의 길이라 그리 믿고 가고 있음이
니,
19 그와 같은 길로 가는 너희들을 너희
스스로 바로 세우고 깨우치고, 그리고
그들에게 미래의 희망을 심어 주는 그
와 같은 능력이요, 역사를 이루는 그
것까지도 너희들이 상실하게 됨이니
라.
20 이제 더 이상 이와 같은 형태로 이루
어진다면 너희들은 재기 불능이며, 새
로운 역사를 이루는 그 길에 동참할
수 있는 힘과 능력까지도 모두를 다
상실하여 그저 지옥으로 가는 그것만
이 너희들에게 남아 있는 길이니,
21 그리하여 지금 내가 나의 선지자를 통
하여 제3의 시대에 역사를 이루어 이
성령을 전하며 나의 법전이라 기록하
여 전하는 것에 모두를 다 바치고자
하며,
22 그에 따라 너희들이 가지고 있는 정신
력이요, 노동력이요, 시간이요, 그리
고 너희들의 깨달음의 지혜요, 그 모
두를 나의 백성들을 일깨우는 데 투자
하는 너희들이 되어야 한다는 것을 내
가 그리 강조함이니,
23 나의 뜻을 깊이 깨우쳐 행하도록 그리
하라.

2,328 번째 하나님 말씀

2002년 5월 11일 10시 48분

1 사랑하는 선지자야!
2 "네, 여호와 하나님! 말씀하옵소서."
3 내가 너희들에게 일러 말하기를, 너희
들의 육신이 운명하기 전에 나의 법전
이요, 나의 성령이 진정한 나의 뜻임
을 너희들이 알게 된다 하였음이니라.
4 너희들은 거짓 하지 아니하고 사는 것
이 얼마나 위대한 것이며 진실이 얼마
나 위대한 것인가를 알지 않는가?
5 진실이라는 것은 세월이 흘러도 그보
다 더 당당한 것이 없으며 그보다 더
아름다운 모습이 없으며, 변하지 않는
것이 진리가 아니던가?
6 거짓과 위선은 너희들이 보기에 당장
은 호화롭고 화려한 것 같으나 그는
재가 되어 없어짐이며 그 모두는 쓰러
지게 되어 있음이니라.
7 지금 내가 나의 선지자를 통하여 성령
을 기록하여 내리는 이 법전을 너희들
은 진정한 나의 뜻이며 나의 성령이라
믿지 아니하는가?
8 그렇다면 이는 곧 무엇이던가?
9 창조주인 나 여호와가 만들어 너희들
에게 내리는 이 성령의 법전은 바로

이것이 법이며 진리이니라.
10 그리하여 이는 변하지 아니하며, 이는
세월이 흐른다 해도 바뀜이 없음이니
라.
11 그러면 이는 어찌 되겠는가?
12 진실이라는 것은 없어짐이 아니요, 사
그라짐이 아니요, 무너짐이 없음이니
라.
13 그러니 굳건한 그 진리요, 나의 성령
이요, 창조주인 나의 뜻은 변함이 없
을 것이니,
14 이는 한 사람 한 사람 서서히 너희들
이 말하는 전염병이 전파되듯이 한 사
람씩 나의 법전이란 걸 깨우쳐 가 이
세상을 다 덮게 됨이니,
15 이는 진실이고 진리이기 때문이니라.
16 그리하여 너희들이 정녕 나의 진리의
위대함을 알게 된다 내가 말하였으며,
너희들의 육이 끝나기 전에 모두를 본
다 말하였음이니라.
17 내가 세계의 공통어로써 너희들의 생
활 습관을 하나로 만들어 나의 에덴동
산의 낙원을 만들고자 한다면, 이를
이루지 아니하면 이룰 수 없다는 것을
너희들 자신이 잘 알고 있지 아니하는
가?
18 많은 종파요, 모든 단체들이 제 뜻이
옳다고 부르짖으며 그들이 각자 추구
하는 그 목적이 다를 때 이루어지는
것은 아무것도 없음이니,
19 이를 하나로 묶는 것이 가장 소중함이
니라.
20 이는 무엇으로써 그를 묶을 수 있다
하겠는가?
21 스포츠라는 너희들의 경기 종목으로
써 하나로 묶을 수 있는가, 너희들의
음식 문화의 생활로써 하나로 묶을 수
있는가?
22 아니니라.
23 모든 소통이요, 생활의 근본이 되는
너희들의 언어로써 하나가 만들어지
게 됨이니라.
24 나의 진리가 1, 2, 3부가 세상에 나가
각국의 언어로써 번역되어 그들이 깨
우치며,
25 그다음에 그들이 나의 진리를 깨닫고,
이게 참진리요, 하늘에 오르는 나 여
호와의 음성이라 생각할 때, 그들은
그를 탐구하기 위하여 너를 찾을 것이
니,
26 그때 너희들은 4부에서 10부까지 한
국어인 너희들의 글이요, 너희들의 말
로써 기록하여 세상에 내보내는 역사
를 이루게 됨이니라.
27 이것이 바로 하나가 되는 길이니,
28 나의 진리는 변하지 아니하기 때문에
영원히 존속되며,
29 너희들이 하나하나 전염병에 걸려 전
염병이 퍼지는 것보다도 더 무섭게 나
의 진리는 나의 피조물 만백성의 가슴
에 심어질 것이며,
30 그들의 가슴을 울릴 것이며, 그들의
마음을 변화시킬 것이며, 그들의 생활
을 변화시킬 것이니,
31 생활의 변화를 얻은 자, 마음의 변화
를 얻은 자가 나의 법전을 들고 또 이
웃에게 전하니,
32 이와 같이 전하여져 가는 나의 법전의
160권이 세상에 나왔을 때는 온 세상
을 다 덮는 역사가 이루어지는 것을

알라.
33 그리하여 너희들이 승자이며, 이것은
나 여호와의 진정한 성령의 뜻이라 말
하였음이니라.
34 진정한 나의 성령이요, 진정한 진리가
아니며 진정한 깨우침이 아니라면 그
와 같이 역사가 이루어질 수 없음이니
라.
35 중간에서 끊어지며 중간에서 태워지
며 중간에서 무너지게 되어 있으나,
36 이는 창조주인 나의 성령의 진리이기
때문에 무너짐도 없으며 태워짐도 없
으며 절단되는 것도 없음이니,
37 그저 너희들이 흐르듯이 펴져 가는 역
사를 이룰 것이니 그리 알라.
38 그리하여 너희들이 승자라 하였음이
니, 이 법전이 나의 성령이요, 나의 진
리요, 나의 뜻이요, 나의 모두를 다 담
아 내려보내는 것이니,
39 너희들부터 이는 나의 형체요, 나의
음성이요, 나의 마음이라는 것을 알아
서 깨우쳐야 될 것이니라.
40 이를 잊지 말고 행하도록 그리하라.

2,329 번째 하나님 말씀

2002년 5월 11일 12시 28분

1 사랑하는 선지자야!
2 "네, 여호와 하나님! 말씀하옵소서."
3 너희들이 그 귀하고도 귀중한 생명을
나로부터 받아 세상에 나가니, 노력하
는 만큼 살 수 있는 그 모두를 내가 너
희들에게 주었다 하였음이니라.
4 그리하여 너희들이 세상에 나갈 때 나
로부터 너희들의 그 생명의 시간을 초
로 계산하여 받아 가지고 나간다 하였
으며, 너희들은 내가 감아 오는 그 줄
위에 서 있음이니,
5 이는 비켜 갈 수도 없으며 쉬어 갈 수
도 없으며 남이 대신할 수도 없으며
너희들이 피할 수도 없는 그러한 길의
운명이라 내가 말하였음이니라.
6 그러나 너희들은 운명이라 하는 것을
말하지 말라.
7 너희들이 어찌 노력하며 어찌 깨우쳐
가느냐에 따라서, 나 여호와를 향하여
너희들이 경배하며 내가 원하고 내가
가르치고자 하는 그 계명을 따르며 나
의 율법에 따라 살아가는 데 너희들이
변화된다 하면,
8 그 운명은 너희 스스로 바꿀 수 있음
을 알라.
9 너희들이 정해진 운명이요, 그 운명대
로 살아가니 너희는 어찌할 수 없다
그리 말하지 말라.
10 다만 나의 뜻에 따라 나의 피조물 만
백성을 많이 구원하고 인도하는 역사
를 이루는 너희들이라 할 때,
11 내가 어찌 그 필요한 나의 백성을 그
리 쉽게 거둬들일 수 있다 말하는가?
12 나의 영으로써 나의 성령이 임한 나의
백성 너희들은 나의 도구로써 쓰이는
것이며, 내가 원하는 그 길을 간다 하
지 아니하는가?
13 나의 길을 오지 아니하며 나의 성령으
로 임하지 아니한 백성은 저희들 마음
대로 살며 저희들의 운명으로 그냥 가
나,
14 나의 성령이 임한 백성 너희들은 어찌
노력하며 어찌 역사를 이루느냐에 따

라서, 그 공에 의해서 너희 운명은 스
스로 바뀜이니,
15 이건 창조주 나 여호와만이 할 수 있
는 길이니라.
16 그리하여 너희들이 영으로써 나의 성
령이 임한 백성이요, 성령이 임한 백
성은 자기 삶이 아니라 나의 뜻에 의
하여, 나의 주관에 의하여 나의 길을
간다 하였으니,
17 그만큼 너희들이 어려운 길을 가는 동
시에 너희들에게 내가 내려 주는 상이
반드시 있음을 알아야 될 것이니라.
18 나의 진리요, 나의 뜻이라는 것은 가
면 오는 것이 있으며, 주면 받는 것이
있으니, 이것이 나 여호와의 철칙이며
하늘의 뜻이라 말하였으니,
19 너희들은 너희 스스로 나의 법전을 어
찌 전하며 세상의 나의 백성들을 어찌
깨우치느냐에 따라, 백 명을 깨우칠
자가 천 명을 깨우치고 만 명을 깨우
칠 수 있는 것은 그가 노력함이니, 그
운명을 내가 어찌하겠는가?
20 만 명을 구할 수 있는 자가 천 명을 구
하지 못하며, 백 명을 구하지 아니하
며, 나의 뜻대로 살지 아니하며 그가
잘못 갈 때, 그를 내가 어찌하여야 되
겠는가?
21 그를 나는 버림이니라.
22 그리고 백 명을 깨우칠 자가 천 명이
요, 만 명을 깨우치며 그 역사를 이룰
때, 나 여호와가 그를 버리겠는가?
23 창조주로서 내가 그 운명을 바꿀 수
있으며 바꿔 줌이니라.
24 이것이 성령이 임한 나의 백성의 다른
길이며 선택된 백성이 다름을 너희들
은 알아야 할 것이니라.
25 나 여호와의 성령이 임한 나의 백성이
가진 그것이 차별화됨이니라.
26 내가 너희들에게 이르노니 이를 잊지
말라.
27 이는 오로지 창조주인 나 여호와만 할
수 있음이니, 성령이 임한 너의 제자
들과 나를 따르는 그 백성들에게 운명
을 탓하지 말며 운명론에 얽매이지 말
라 그리 이르라.
28 주어진 그 임무의 역사를 더 할 때, 내
가 그의 명을 연장할 것이며, 그가 더
역사할 수 있도록 그를 기억하여 그에
게 기회를 주는 것은 창조주 나 여호
와가 할 수 있음을 알라.
29 이 시간 이후부터 나의 성령으로 임한
너의 제자들은 운명론이라는 그 운명
에 좌우되지 말라.
30 오로지 너희들이 나의 뜻에 따라, 나
의 계명에 따라, 나의 율법에 따라 곧
고 바른 백성으로서 너희 후손들이 너
희들을 보고 깊이 깨우칠 수 있는 모
범이 되며,
31 그들에게 본보기가 되는 인생을 살며,
나의 법전을 나의 피조물 만백성에게
전하는 자, 그 운명을 내가 바꿔 줌이
니, 너희들은 이를 알 것이며,
32 이것이 너희들이 선택된 영광이며 은
혜와 은총이니,
33 그 누구도 할 수 없으며 사탄이요, 사
악한 자들이 할 수 없는 그 은혜와 영
광의 은총을 나만이 내릴 수 있고 너
희들만이 받을 수 있음을 그리 알라.
34 내가 그리하여 죽을 자를 미리 알려
주며 병들 자를 미리 알려 줌이니,

35 이는 나의 성령이 임한 백성들이기 때
문에 내가 하늘의 뜻을 너를 통하여
그들에게 깨우쳐 주니,
36 이것을 이루는 나 여호와가 너희들의
운명을 바꾸지 못하겠는가?
37 만 명을 이룰 자가 하나도 이루지 아
니하며 하나도 이룰 수 없는 자가 자
리를 차고 들어와 만 명의 역사를 이
루는 그 공을 세울 때,
38 나는 그를 돌아다보게 되어 있음이니
그리 알라.

2,330 번째 하나님 말씀

2002년 5월 12일 05시 53분

1 사랑하는 선지자야!
2 "네, 여호와 하나님! 말씀하옵소서."
3 나의 피조물 만백성이 어떠한 길을 가
는가?
4 너는 정녕 그를 모르느냐?
5 "네, 여호와 하나님! 알고 있사옵나이
다."
6 나의 피조물 만백성 너희들에게 지금
나의 성령을 태워 내려보내어 법전이
라 하여 책으로써 너희들을 구원하고
자 하니, 이를 보고 깨우치는 자와 이
를 읽지 아니하고 덮으며 찢어 버리는
자가 있느니라.
7 그러나 이 법전이 너희들의 심판임을
내가 너희들에게 명확히 말하였으니,
8 너희들이 나로부터 심판을 받고 안 받
는 것은 너희들의 행위에 달렸음을 알
아야 할 것이니라.
9 이제 세월이 지난 다음에 나의 법전이
세상을 다 덮을 때, 그 법전은 환난의
불꽃이 됨이니라.
10 나의 법전이 세상을 덮어 모든 지구상
에 내가 만든 낙원에 그들이 불꽃이
됨이니라.
11 화산 밭처럼 그들은 화산이 되어 그
위치에서 그들이 있음을 알려 줌이니,
12 이 나의 법전이 모든 나의 집이요, 온
갖 그 자리에서 화산이 터질 수 있는
그 연기가 되어 세상으로 오름이니,
13 그곳을 지나는 나의 피조물 만백성 중
에 용서받을 수 없는 자 지나갈 때 그
화산은 터져 불꽃이 되어 그를 녹일
것이며,
14 용서받을 수 있는 자 그곳을 비켜나
나의 선지자 너를 따라 하늘에 오르는
그 영광의 길을 가게 됨이니,
15 이것이 바로 심판의 근본임이니라.
16 그와 같은 형국으로써 너희들이 심판
됨을 알아야 할 것이니,
17 내가 그리하여 10년 안에 이 법전이
세상을 덮을 것이며,
18 그 10년 후에 너희들이 하나가 되기
위한 작업이 시작될 것이며, 너희들은
모든 것이 다 하나가 되어 가게 되어
있음을 내가 말하여 주었음이니, 그
뜻이 여기에 있음이니라.
19 나의 법전이 세상에 나가 전해지는 그
곳이 바로 그 화산의 연기가 나오는
곳이며, 이것이 곧 화산이 터질 곳임
을 암시하게 됨이니,
20 너희들이 아무리 그곳을 피해 가고자
해도, 죄 많은 자 그곳을 지나갈 때 그
화산이 용암으로 변하여 그를 자취도
없이 쓸어 갈 것이며,
21 그리하여 나의 법전을 읽고 깨우친 자

그곳을 지나 나의 선지자가 가는 그
길을 따라 하늘에 오르는 빛을 보고
구원을 받는 그와 같은 역사가 이루어
지게 됨이니,
22 너희들은 피할 수도 없으며 벗어날 수
도 없는 그 나의 법전의 심판을 받게
되어 있음을 알아야 될 것이니라.
23 그리하여 나의 법전이 그와 같이 심판
의 역사가 이루어짐을 너희들은 알아
야 될 것이니,
24 이를 너의 제자들에게 일깨워 줘 그
제자들 또한 나의 피조물 만백성에게
나의 뜻을 전해 주며,
25 앞으로 행하고 이루어질 그 형태를 미
리 알려 줌이니, 그를 그들에게 전해
주라.
26 그리하여 나의 피조물 만백성 중에 구
원할 자와 구원하지 못할 자가 구분되
게 되어 있음이니 이를 알라 이르라.

2,331 번째 하나님 말씀

2002년 5월 12일 06시 07분

1 사랑하는 선지자야!
2 "네, 여호와 하나님! 말씀하옵소서."
3 내가 너희들에게 일러 깨우쳐 주었노
라.
4 너희들이 모든 각종 종파에서 믿고 행
하여 왔던 그 방법과 그 형태로써 나
의 선지자를 그 틀에 넣으려 하지 말
라 하였음이니라.
5 이는 내가 나의 아들 예수를 통하여
이 세상의 만백성을 구하고자 했던 그
뜻처럼 지금은 오로지 나의 선지자를
통하여 이 세상 나의 피조물 만백성을
구하고자 함이니,
6 오로지 나의 성령이요, 나의 뜻을 받
아 기록하는 자, 그 한 사람뿐이니라.
7 그리하여 그를 내가 직접 통제하며 그
를 내가 관리하며 그에게 내가 성령으
로써 모두를 지시하여 일깨워 주고 있
음이니,
8 너희들은 나의 뜻을 거역하는 그러한
행위를 하지 말라 내가 너희들에게 일
렀음이니라.
9 이는 곧 무엇이더냐?
10 너희들이 지금까지 믿어 왔고 따라왔
던 모든 종파의 그 믿음의 형태나 너
희들이 가고 있는 그와 같은 모든 형
태의 그 모습을 다 이곳에 와서 지워
버리지 아니하면 너희들이 깨달음의
그 높이에 오를 수 없음을 내가 너희
들에게 말하여 줌이니라.
11 너희들이 믿는 종파의 그 세속에서,
그 세상의 그 형태를 그대로 너희들이
지워 버리지 못하고 적응하지 못하고
있다 하면 너희들은 아직도 깨달음이
없음을 알아야 될 것이니라.
12 이는 곧, 내가 너희들에게 무엇을 말
하고자 하는가?
13 너희들이 나의 성령의 음성을 선지자
를 통하여 직접 들으며 나의 법전을
가지고 공부하고 깨우치니,
14 너희들은 한 권의 법전을 읽는 만큼,
한 번의 강론을 듣는 만큼 변하여져
나에게 올라오는 그와 같은 생활을 해
야 됨이니라.
15 너희들이 나를 향하여 한 계단 한 계
단 오르는 만큼 너희들은 또한 무엇이
변해야 되겠는가?

16 세속에 살아가는 너희들의 생활의 인간사의 그 습성을 접어 두며 그를 버리고,
17 너희들이 나의 나라의 뜻이요, 내가 이루고자 하는 성령의 세계를 바라보아야 할 것이니라.
18 너희들이 한 계단 한 계단 나에게 오르면서도 인간 세상의 세속의 그 삶의 형태나 그 생각이나 그 모습이나 너희들이 살아가는 그 작태를 다 버리지 못하며,
19 너희들이 한 계단 한 계단 나에게 오르면서도 그와 같은 생각 속에서 생활을 한다 하면, 너희들은 결국 무엇이 더냐?
20 너희들의 생각은 오고 있으나 너희들의 육신은 추락하여 있음이니, 이를 어찌 추슬러 너희들이 나에게 오를 수 있다 말할 수 있겠는가?
21 너의 제자들에게 이르라.
22 너희들은 나의 법전을 한 권을 읽고 두 권을 읽으며, 한 번의 강론을 듣고 두 번의 강론을 듣는 만큼,
23 너희들의 영적인 성장은 한 계단, 두 계단 하늘을 향하여 올라와 나에게 향하고 있음이니,
24 너희들은 그와 같이 나에게 오르는 그 계단을 오른 만큼 세상사를 내려다보는 그와 같은 자유로운 눈빛과 자유로운 마음의 심성이 너희 가슴에 뿌리내려야 될 것이니,
25 너희들이 살아가는 인간의 형태요, 인간의 생각이요, 그 모습을 버리지 못하고 있다 하면 너희들은 정녕 올라오는 사람이 될 수 없음을 알아야 될 것이니라.
26 오늘부터 너의 제자들에게 이르라.
27 너희들이 나의 법전을 읽고 나에게 오른 만큼 너희들은 세상을 자유로운 모습으로 내려다보아야 될 것이며,
28 모든 나의 피조물 만백성을 그리 사랑으로 감싸며, 그들과 너희들이 똑같이 시비를 걸며 그 속에서 엉클어져 싸움 속에 휘말리며 그 생활 속에 허덕이는 그와 같은 너희들의 모습으로 되어서는 아니 됨을 명심하여 행하도록 하라 그리 일러,
29 너의 제자들 스스로 깨우쳐 하늘에 오르고 있는 너희들의 위치를 알며, 너희들의 그 위치에 따라 너희들이 행하고 살아가는 그 모습이 변화되어야 하는 것을 잊지 말라 이르라.

2,332 번째 하나님 말씀

2002년 5월 12일 06시 18분

1 사랑하는 선지자야!
2 "네, 여호와 하나님! 말씀하옵소서."
3 내가 나의 법전에 기록하여 일렀느니라.
4 지금의 너를 따르는 제자(이기종)를 그 집으로 옮겨 그곳에 살며 그를 관리하도록 하라 하였음이니,
5 그리고 그 형제가 모아 그를 그에게 줌으로 인하여 형제의 우애가 무엇이며 세상사 인간이 살아가는 도리가 무엇인가를 나의 피조물 만백성에게 거울삼게 하고자 하였으나,
6 그를 그들이 버리며 그를 부수고 그곳에 새로운 무엇인가를 이루고자 한다

함은 그들이 나의 뜻을 거역함이니,
7 그곳에 나의 피조물, 세상의 만백성이
다 거쳐 갈 것이며 그곳의 위대한 그
빛을 볼 것이며 그를 산 증거의 산물
로 남기고자 하는 것이 나의 뜻이며,
8 그리하여 그의 자손들이 나에게 선택
받으며 축복된 자식으로서 그 후손들
이 그로 인하여 부귀영화를 누리는 인
생을 살아갈 수 있도록 그리되는 그
성전의 본보기이거늘,
9 이를 가지고 재물에 따라 갑론을박을
하며 계산을 두며 그를 헐어 버리려
하는 그들은 저희들의 가장 소중함을
잃게 됨을 알아야 될 것이니, 이는 그
들의 뜻이니라.
10 내가 나의 법전에 기록하는 한 건물을
지적하여 주었으며, 그 건물을 영원히
보존하며 헐지 말라 하였으며,
11 그 건물로써 세상의 모든 백성이 그
형제의 우애와 사람이 살아가는 도리
며 인간의 도리가 무엇인가를 본보기
로 삼도록 그를 남기고자 하였거늘,
감히 그를 놓고 그들이 재물로써 계산
함이니,
12 이는 저희들의 후손이 그로 하여금 모
든 부귀와 영화를 얻을 것이며,
13 본보기의 나의 백성으로서 살아가는
한 줄기의 한 폭을 이루려 하였음이
나, 이를 그들이 버리고 파괴하려 함
이니,
14 이 또한 저희들의 뜻이니, 너희들이
나의 뜻을 거역하여 버리는 만큼 너희
들의 그 소중함을 잃는 것을 알아야
할 것이니라.
15 그곳에는 나의 깊은 뜻이 있으며, 나
의 생각이 있으며, 그 모든 산들과 동
산이 하나로 변하는 그 역사의 계획을
그들이 저버리고자 함이니,
16 이는 그들이 나를 거역하고자 함이니
라. 이를 그들에게 전하라.
17 '감히 나의 뜻을 거역하지 말며, 천 년
의 역사를 이루는 그 동산이 나의 계
획에 의해서 변해져 가고 있음이니,
그 변하는 역사를, 너희들이 어찌 나
를 거역하려 하는가?' 이를 그의 가족
들에게 전하여,
18 그들이 마음 자세를 바르게 잡을 수
있도록 그리 전하는 임무를 너는 소홀
히 하지 말라.

2,333 번째 하나님 말씀

2002년 5월 12일 06시 49분

1 사랑하는 선지자야!
2 "네, 여호와 하나님! 말씀하옵소서."
3 이제 너의 제자들에게 일깨워 줘야 될
것이며, 너의 제자들의 가슴에 심어
주며, 너의 제자들의 손에 쥐여 주어
야 할 때가 오지 아니하였는가?
4 너의 제자들은 선지자 네가 편하기를
바라며, 네가 더 오르기를 바라며, 네
가 더 많은 기적의 역사를 이루기를
바라며,
5 또한 그들 자신이 모두가 나로부터 은
혜와 영광이 있기를 바라는 것은 그들
의 마음이니라.
6 그러나 그들에게 이제는 심어 줄 때가
되었음을 알라.
7 선지자 너는 나 여호와가 너로 하여금
갈 수 있는 길을 잡으며 너를 내가 이

끌고 감이니, 그리고 내가 너에게 모
두를 명하여 지시하여 있음이니,
8 이는 그들이 왈가왈부할 수 있는 문제
가 아님을 알라 이르라.
9 선지자 네가 변하고 변하지 못하며,
너희들이 지금 역사를 이루고 못 이루
는 것은 오로지 너의 제자 그들에게
달렸음을 그리 알려 줄 때가 되었음이
니라.
10 선지자의 제자 너희들이 무엇인가를
바라는 마음과 너희 스스로 시기하고
질투하는 그와 같은 마음을 가슴속에
갖고 있고,
11 그리고 너희들이 나의 피조물 만백성
과 차별화하는, 너희들만이 구원을 받
는다는 그와 같은 교만한 마음을 가지
고 있는 자들이니, 이를 어찌하여야만
되겠는가?
12 너희들이 시기하는 마음, 질투하는 마
음에서 행동하며, 나의 성전에 찾아와
너희들이 무엇인가를 구하고자 하는
그런 마음의 씨앗을 갖고 있다 하면
정녕 선지자가 오를 수 없음을 알라.
13 너희들이 시기하고 질투하는 그 마음
이 곧, 선지자가 날고자 하는 그 머리
위에 너희들이 그물이라는 것을 쳐 놓
는 그와 같은 형국이니,
14 선지자의 제자 너희들이 하늘에 오르
고자 하는 선지자의 머리 위에 시기하
는 마음, 질투하는 마음, 그리고 교만
한 그와 같은 마음으로써 그물을 치고
있으니,
15 아무리 비둘기가 날아 하늘을 오르고
자 해도 그를 뚫을 수 없음이니, 지금
의 너희들의 형국이 그러한 것이니라.
16 너희들이 과연 너희 스스로 질투하고
시기하는 마음에서 서로를 음해하며
서로를 욕하며 서로를 탓하며 사랑으
로 감싸지 못한다 하면,
17 너희들은 지금 잘못 가는 종교 지도자
들이 하늘에 오르는 길에 구원을 받았
으며 나 여호와와 가장 가까이 있다는
작태와 추태를 부리는 그것과 무엇이
다른가?
18 그리하여 너희들이 믿음의 세계에서
젖어 왔던 그 형태를 버리라 함이니라.
19 나의 성전에 와 너희들은 다소곳이 고
개를 들며 내가 나의 선지자를 통하여
내리는 그 성령의 뜻을 들어 너희 것
으로 만들어 세상에 나가 행하는 것에
거울삼아야 될 것이며,
20 나의 법전의 한 구절 한 구절을 읽고
깨우쳐 나가 행하며 나의 피조물 만백
성을 일깨워 주고 가르쳐 주기도 바쁜
그 형국이니,
21 감히 나의 성전에 와 앉아 있는 자, 너
희들이 시기하고 질투하는 그와 같은
말을 전하며 음해의 음성이 여기서 들
린다 하면,
22 너희들은 하늘에 오르고자 하는 선지
자의 그 머리 위에 그물을 쳐 놓고 그
를 오르지 못하도록 하는 그와 같은
사악한 자들이 될 것이며,
23 정녕 나의 뜻을 이루고자 하는 그 선
택된 백성이 아님을 알라.
24 너희들은 어떠한 명분이든 간에 서로
시기하고 질투하고 음해하고 손가락
질하며 저주하는 그와 같은 자들이 있
어서는 아니 될 것이니,
25 자기는 천사요, 상대는 사악한 자요,

상대는 사악한 자요, 자기는 천사라
하는 그와 같은 단어를 생각하며 말로
써 그를 전하는 자, 내가 용서치 아니
할 것이니라.
26 나의 성전에 찾아오는 자, 사탄이 없
으며 마귀가 없으며, 사탄과 마귀가
있어 선지자를 쓰러뜨리고 음해할 자
있다 해도 그 마음을 돌려 바로 가는
자로 인도하는 것이 너희들의 대명이
니,
27 내가 선지자에게 그를 핍박하고 공격
할 자를 알려 주는 것 또한 그들의 마
음을 돌려 그들을 바로 일깨워 주는
역사를 이루고자 함이라 하였음이니
라.
28 하늘에서는 알고 있으며 천사가 알고
있으며 사악한 자들이 알고 있음이니
라.
29 그들을 너희들이 돌려놓는 것이 하늘
에서 경탄하고 감탄하며 천사도 놀라
며 사탄들도 감히 너희들에게 공격하
고 질투할 수 없음이니,
30 나의 성전에 오는 너희들이 시기하는
마음, 질투하는 마음인 자, 남의 이름
을 거론하는 자, 이 성전에 발을 들여
놓아서는 아니 될 것임을, 이를 명심
하라.
31 너희들은 성전에 들어와 고개를 숙여
나의 법전을 들으며 나의 성령의 그
음성을 선지자를 통하여 듣는 것으로
써 모두를 다 영광의 축복이라 할 것
이며,
32 고개 숙여 조용히 너희 마음을 다스리
며 너희들이 나가 행할 것을 다스리
며, 나의 피조물 만백성을 구하고 그
들을 이끄는 그것 외에 딴생각을 갖는
다는 것은 내가 너희들을 용서할 수
없음이니, 이를 알라.
33 그렇다면 너희들이 지금 2천 년 동안,
또 수천 년 동안 잘못 믿어 온 그 종파
들의 사악한 무리들과 조금도 다름이
없음이니,
34 너희들이 어찌 그와 같은 사악한 자들
의 작태를 나의 성전에서 이루려 하
며, 감히 나의 선지자 앞에서 그를 갑
론을박하며 나의 선지자의 마음을 동
요시키며 그에게 파장을 이루려 하는
가?
35 선지자는 내가 통제하며 내가 관리하
며, 수십억 인구 중에서 오로지 나의
성령을 받는 자가 그 하나며 그를 통
해 너희들의 기도가 상달되어 들리니,
36 그와 같은 너희들의 사악한 마음으로
써 드리는 그 기도가 나에게 들린다
생각하는가?
37 날고자 하는 선지자의 그 머리 위에
감히 너희들이 시기와 질투의 그물을
쳐 놓듯이 너희들의 그 기도는 들리지
아니함을 알라.
38 오로지 너희들은 나의 성령을 들으며
나의 뜻을 따르며, 선지자가 잘못 가
며 잘못함이 있을 때 너희들이 그를
질타할 수는 있음이니라.
39 그러나 그는 내가 조정함이며, 그가
나의 법전의 뜻을 위배하고 안 하는
것은 너희들의 눈으로 봐서 알 수 없
으며 너희들의 머리로 생각해서 알 수
없음이니라.
40 내가 그리하여 너희들의 머리로 생각
하여 평가하지 말라 하는 뜻이 여기

있음이니라.
41 너희들은 오로지 나의 뜻이 잘못 전달
되며 나의 성령이 잘못 전달되며 잘못
가르칠 때 너희들이 감히 나에게 거부
할 수 있음을 알라.
42 그러나 나의 성령이요, 나의 법전이
너희들의 머리 위에 있으며, 너희들을
이끌어 가는 지표요, 나의 성령이라는
것을 안다 하면,
43 다소곳이 고개 숙여 그를 너희들 가슴
속에 새겨 너희 것으로 만드는 것에만
너희들이 연구할 것이며, 남을 보지
말라.
44 내가 너희들에게 뭐라 가르치는가?
45 너희들이 먼저 구원을 받는 것이 소중
함이요, 남이나 형제의 구원을 받는
것을 지금 생각할 단계도 아니 되었다
내가 너희들에게 일깨워 주었거늘,
46 너희 스스로 바로 서는 데 몸과 마음
의 정신적인 훈련을 다하여 오로지 영
혼의 구원을 받는 그 길만을 보라.
47 너희들 자신이 지금 바로 설 수 없으
며 너희들이 서지도 못하는 형국에서
감히 앞에 있는 사람의 그 심성을 모
르면서 평가하지 말며,
48 그가 가고자 하는 그 믿음의 깊이를
모르면서 그를 사탄이라 저주하며 평
가하지 말라.
49 이와 같은 자, 내가 용서치 아니할 것
이니 그리 알라.
50 나의 성전에서 너희들의 불평과 불만
의 음성이 들려서는 안 될 것이며, 너
희들이 정녕 불평과 불만의 음성을 높
이고자 하며 남을 시기하고 질투하는
자, 그 말을 참지 못하는 자, 그를 밖
에 나가 하늘을 향하여 나에게 소리
지르라.
51 그는 곧 나를 너희들이 욕되게 함이니
그리 알아야 할 것이니, 이를 깨우쳐
시행하도록 하며, 너의 제자들에게 이
대목을 오늘 들려주도록 그리하라, 선
지자야!

2,334 번째 하나님 말씀

2002년 5월 12일 08시 30분

1 사랑하는 선지자야!
2 "네, 여호와 하나님! 말씀하옵소서."
3 너희들이 백 년도 안 되는 그 육의 삶
의 인연인 자식과 부모라는 그 사이가
있음이니, 부모는 어떠한 마음을 가지
고 살아가는가?
4 그가 이루고 만든 그 업적을 자식이
잘 관리하고 잘 써 주기를 바라며, 또
한 그의 업적을 길이 빛내 주기를 바
라는 것이 너희들 인간의 마음이 아니
던가?
5 이 세상의 창조주인 나 여호와의 마음
은 어떠하던가?
6 나는 너희들을 위하여 이 세상에 낙원
을 짓고자 하였음이며, 또한 하늘나라
의 너희들이 상상할 수 없는 그 찬란
한 영광을 세상의 너희들에게 주고자
함이니,
7 내가 너희들에게 바라는 것이 무엇이
던가?
8 육의 자식이 부모의 뜻에 따라 그 부
모의 유업이요, 그 부모가 이룬 업적
을 잘 관리하고 소홀함이 없이 또 그
후손에게 전하여 그 업적을 남기고자

하는 것이 너희들 인간의 심리라 내
말하였으니,
9 나 여호와는 나의 아들딸인 너희들을
위하여 이 낙원을 만들며 너희들이 상
상할 수도 없어 그릴 수도 없는 이 낙
원에 와 살도록 하고자 하는 것이 나
의 소망이요, 그를 만들어 놓고 그곳
에 와 살 수 있는 너희들을 기다리고
있으니,
10 내가 열 손가락도 안 되는 그 내용을
지키며 살다 나에게 오라 너희들에게
간곡히 간절히 부탁하고 유언하건만,
어찌하여 너희들은 나의 뜻을 듣지 아
니하는가?
11 너희들을 내가 버릴 수 없는 것이며,
내가 너희들을 버리지 못하는 이유가
여기에 있음이니라.
12 지상의 낙원이요, 하늘의 낙원의 모든
역사는 사랑하는 나의 아들딸, 너희들
을 위하여 만든 것이며, 너희들을 위
하여 내가 존재하도록 하였음이니,
13 그곳에 와 살 수 있는 너희들을 기다
리는 나 여호와의 부모의 마음은 어찌
할 수 없는 것이 아니던가?
14 너희들이 나의 이 뜻을 생각한다 하
면, 너희들이 나의 이 애절한 마음의
뜻을 생각해 본다면 과연 지상에서 험
하고 험난한 육신의 삶을 살아갈 수
있는가?
15 그리고 믿음이라는 그 허울 속에서 금
화와 은화를 거둬들여 나의 피조물 만
백성을 혼란에 빠뜨리는 그와 같은 사
악한 짓들을 너희들이 할 수 있는가?
16 그저 너희들은 나의 계명을 읽고 시간
나면 기도하며 때와 장소를 가릴 것
없이 나를 찾아 너희들이 나의 뜻대로
살다 나에게 와 하늘의 찬란한 영광의
그 모두를 누리며 살라 하는 것이 나
의 간곡한 뜻이니,
17 나의 애절한 뜻을 너희들이 안다 하
면, 과연 너희들이 삶을 어찌 살아야
되는가 한번 생각해 봐야 될 것이니라.
18 지금 나의 수십억 인구 중에서 수천
년의 역사가 흘러온 지금에 와 나의
동산에 살 수 있는 그 백성을 내가 알
곡식을 고르듯이 고르고자 함이며,
19 나에게 와 살 수 있는 자와 살 수 없는
자를 구분하는 그 역사가 지금 시작되
었으니,
20 거기에 나에게 와 살 수 있는 선택된
너희들이라면, 너희들이 두려울 것이
무엇이 있으며, 무서울 것이 무엇이
있는가?
21 너희들이 주저할 것이 무엇이 있는가?
22 너희들이야말로 선택된 나의 백성이
요, 내가 만든 그 찬란한 낙원에 와서
살 수 있는 권한을 얻었으며 살 수 있
는 자격을 받았음이니,
23 이제는 너희들이 나가 너희 형제를 구
원하는 데 주저하지 말며, 그들의 손
을 잡고 나의 동산에 와 내가 원하는
그 뜻을 이루어 주기를 바라는 것이니,
24 바로 이것이 나의 효자요, 효녀인 딸
과 아들임을 잊지 말라.

2,335 번째 하나님 말씀

2002년 5월 12일 12시 11분

(강론을 마치며)

1 사랑하는 선지자야!

2 "네, 여호와 하나님! 말씀하옵소서."
3 너의 제자들에게 물어 이르라.
4 너희 육의 형제가 살아가며 부모와 자
식 간에 살아가는 그 생활 속에서 너
희들이 열 자식을 두었다 하자.
5 그런데 아홉의 자식이 잘못되어 부모
의 속을 썩이고 부모의 말을 듣지 아
니하며 사악한 형태로써 세상을 살아
가는데,
6 하나의 자식이 부모의 뜻을 따르며 부
모의 가업을 계승하며 순종하고 살아
간다 하면 그 부모의 마음은 어떠하겠
는가?
7 지금 나의 피조물 만백성이 수천 년
동안 믿음의 길이요, 하늘에 오르는
길이라, 저희들이 구원을 받는다 가르
치는 그들이 어찌 가르치고 있는가?
8 그들은 미래의 변화를 모름이니라.
9 그리하여 저희 조상서부터 지금의 종
교 지도자들이 또한 그들의 후손까지
도 가르치는 방법이 저희들이 성서라
는 그것 하나를 가지고 계속 가르치
며, 그것으로써 깨우치고 또다시 가르
치는 그와 같은 반복의 현상이 있음이
니, 그들의 미래가 없음이니라.
10 그리하니 정녕 나로부터 선택된 백성
은 나의 성서를 가지고, 오늘과 내일
과 천년만년이 흐르는 그 속에 그걸
가지고 가르치고 또 가르치는 그와 같
은 형국으로써 가르침이 아니니라.
11 나에게 선택된 백성은 미래를 통할 수
있으며, 미래의 역사를 알려 주며, 너
희들이 가야 할 길과 너희들이 행하여
야 할 그 답을 줌이니,
12 이것이 바로 변화하는 것이며, 새로운
역사를 이룰 수 있는 나로부터 선택된
나의 선지자요, 나의 아들이 가는 길
임을 알아야 할 것이니라.
13 지금 종교 지도자들이 어찌 가고 있는
가?
14 저희들이 정녕 잘못 가고 있음이요,
이것이 하늘에 오르는 길이 아님을 그
들이 알고 있음이니라.
15 그들은 이를 너무나 잘 알고 있으며,
이 길로 가서는 아니 된다는 것을 종
교 지도자 스스로 잘 알고 있음이니라.
16 그러나 그들은 나로부터 받는 것이 없
으며, 나로부터 듣는 것이 없으며, 나
로부터 명령을 받지 못하기 때문에 수
천 년 전의 가르침이나 수천 년 후의
가르침이나 똑같은 그와 같은 방법으
로써,
17 너희들이 말하는 끓이고 또 끓이는 재
탕이요, 재탕하는 그와 같은 방법으로
써 다람쥐가 쳇바퀴 도는 그 역사만
이루며,
18 그곳에 와서 구원받겠다고 기도하고
헌금을 하며 모두를 바쳤던 그 육신이
죽어 감으로 인하여 선배의 관계를 모
르는 그 후배는 또 그와 같은 역사를
가는 것이 너희들의 형태이니,
19 그를 가르치는 자들은 알고 있음이니
라.
20 그들이 지금 어떠한 형국에 있는지 아
는가?
21 지금 종교 지도자들이 너희들을 이끌
어 가는 그 방법의 형태가 어떠한지
알겠는가?
22 나 여호와가 하늘에서 내려다보는 그
들의 작태가 이러하니라.

23 늪이라는 곳에 사람이 빠지면 움직이면 움직일수록 점점 그리 빠져 들어가 그는 결국 거기서 죽게 됨이니,

24 그 종교 지도자가 늪에 빠져서 지금 제가 죽어 가는 걸 알면서 앞에 있는 사람에게 뛰어들라 말하느니라.

25 그리고 이 늪은 시원하며 만병통치의 특효약이 있는 곳이라 하며 그리 너희들에게 들어오라 손짓을 하니,

26 그걸 모르는 나의 백성들이 그 속으로 뛰어드는 이와 같은 형국이니, 바로 죽음이요, 그는 지옥 불로 가는 것이니,

27 그 사악한 종교 지도자가 너희들을 끌어내어 발밑에 깔아뭉개 제가 살아가고자 하는 그와 같은 사악한 생각으로써 지금 나의 피조물 만백성을 이끌고 가는 것이 내가 하늘에서 내려다보는 그들의 그 작태이니라.

28 내가 2천 년 동안 너희들을 버려두었으며 암흑의 세계에서 너희들이 살아왔다 했음이니, 나와는 아무런 관계가 없다 말하였느니라.

29 지금으로부터 내가 너희들에게 나의 성령을 나의 선지자를 통하여 내리는 것은 잘못된 자식 중에 한 자식이 바르게 가고자 하여 그 가업을 이루고자 하는 것과 같으니,

30 이보다 천배 만배 더 소중한 그 역사를 이루고자 하는 것이니, 너희들이 바로 나에게 소중하며 선택된 백성이니라.

31 나로부터 선택된 백성의 창조주인 내가 이 세상의 모두를 다 나의 주관하에 이루거늘,

32 너희들을 어찌하여 시험에 넣으며 너희들을 고통 속에 넣으며 너희들에게 어렵고 힘든 그 인생을 살아가도록 한다 하느냐?

33 그와 같이 말하는 자, 종교 지도자가 아니니라.

34 정녕 나로부터 선택된 나의 백성은 편안하며, 나를 믿음과 나를 향하여 하늘에 오르는 그 길을 만백성에게 전하는 그 능력을 내가 부여함이며 모두를 내가 풀어 줌이니라.

35 내가 너희들에게 말하는 것은 세상에서 이미 이루어진다 말하였음이니라.

36 내가 너희들에게 말하기를, 의식주를 갖추며 가정이 평화롭게 살아가는 것이 너희들의 근본이라 하였음이니라.

37 너희들이 의식주를 해결하기 위해 나의 성전을 떠난다 해도 내가 너희들을 버리지 아니하며, 너희가 돌아올 때까지 내가 기다린다 하였음이니,

38 그 이치를 알며 그 뜻을 아는 창조주인 나 여호와가 어찌하여 너희들에게 의식주를 이루어 주지 아니하겠는가?

39 돌이켜 생각하면 이는 나 여호와가 사랑과 은총으로써 너희들에게 의식주를 내릴 것이니 걱정하지 말라 하는 그 뜻이 여기에 있음이니라.

40 너희들의 마음 자세를 바로잡아야 할 것이니라.

41 내가 너희들에게 말하였느니라.

42 너희들이 시기하고, 질투하고, 사랑하지 않는 그 마음으로 이 성전에 모일 때, 너희들의 그 마음이 거미줄처럼 나의 선지자의 머리 위에 그물망을 이룸이니,

43 선지자가 그 그물망을 뚫고 하늘로 날아올 수 없다 하였음이니,
44 이 나의 애절한 뜻을 깊이 새겨 너희들이 행하여야 될 것이니,
45 오늘 이후 너희들이 여기 와 사랑하는 마음, 그 한 가지만 가지고 살아가며, 앞에 있는 자를 사랑하며 뒤에 있는 자를 사랑하며, '나는 너를 사랑한다.' 그리고 '나는 너를 내 목숨보다 더 사랑한다.' 이 뜻을 너희들이 부르짖고 살도록 그리할 것이며,
46 너희들이 살아가는 생활 속에서 '당신을 사랑합니다.' 이 뜻을 너희들의 생활에 모든 지표로 삼으라.

2,336 번째 하나님 말씀

2002년 5월 12일

(강론을 마치며)

1 사랑하는 선지자야!
2 "네, 여호와 하나님! 말씀하옵소서."
3 너의 제자들에게 이르라.
4 내가 작든 크든 너희들에게 들려주며 명하는 그것은 너희들이 그 문제가 크고 작으며 그 내용이 크고 작음을 따지지 말라.
5 비록 내가 너희들에게 내리는 명령이 작은 것일지라도 그 뿌리가 깊을 수 있으며, 내가 내리는 명령이 큰 것이어도 그 뿌리가 짧을 수도 있음이니,
6 너희들은 내가 내리는 그 모든 명령을 소홀히 들어서는 아니 될 것이며, 너희들 가슴속에 깊이 새겨 행하여야 될 것이니라.
7 내가 너희에게 하나를 주었으되 너희가 그를 이루지 아니하면 둘을 줄 수가 없음이니라.
8 너희들은 나이 들어 자라면서 한 살부터 두 살, 세 살, 네 살, 이리하여 너희들이 80살을 먹어 가지 않는가?
9 한 살에 70이나 80의 나이를 먹을 수 없는 이치가 여기에 있음이니라.
10 아이가 한 살 먹고 80살로 뛸 수 없듯이, 너희들이 이룰 수 있는 작은 하나를 내가 명할 때는 너희들이 가장 급하며 너희들이 꼭 이루어야 되며 꼭 실행해야 되기 때문에 나 여호와가 너희들에게 명령을 내림이니,
11 이 나의 뜻을 어찌하여 너희들이 그리 소홀히 듣는가?
12 내가 나의 선지자를 통하여 너희들에게 내림이니라.
13 이 세상 수십억 인구 중에서 나 여호와의 뜻을 나의 선지자를 통하여 세상에 내려보내며, 너희들이 기도하고 너희들이 원하는 그 모두를 나의 선지자를 통하여 내가 상달하여 받아들인다면,
14 너희들은 믿지 아니할 것이나 이는 엄연한 사실이니라.
15 너희 형제가 너희들에게 명하는 것이 아니요, 너희 부모가 너희들에게 명하는 것이 아니요, 인간 세상의 너희 스승이요, 너희 상관이 명하는 명령이 아니라,
16 창조주인 나 여호와가 나의 선지자를 통하여 너희들에게 명하는 그 명령이니,
17 너희들의 목숨보다도 소중히 지키고 따라야 한다는 그 마음의 자세를 너희

들은 오늘부터 가져야 될 것이니라.
18 이 나 여호와의 명령이요, 나의 성령
이 얼마나 위대하며 소중한 것인가를
너희들은 알아야 될 것이니,
19 그를 너희들이 깊이 깨닫는다면 내가
선지자를 통하여 너희들에게 전하는
그 뜻을 너희들이 소홀히 들을 수가
없으며, 그를 시행하여 다음의 단계가
이루어짐을 알아야 할 것이니라.
20 나 여호와가 나의 피조물 만백성을 구
하기 위하여 나의 아들 예수를 통하여
성령이요, 나의 뜻을 전하였으며,
21 나의 아들 예수의 이름으로써 기도를
거둬들였음이니, 그는 나의 아들 예수
를 통하여 내가 받았음이니라.
22 그리하여 2천 년이라는 역사의 죽음
의 세월이 흘러 지금 나의 성령을 태
워 나의 선지자로부터 나의 법전을 기
록하게 하여 세상에 전하여 나의 피조
물 만백성을 이끌어 하늘에 오르는 길
을 인도하며,
23 천 년의 역사 후에 낙원을 지상에서
이루고자 하는 이 대업을 맡아 이루는
나의 선지자요, 나의 아들인 그를 통
해서만 나의 모든 성령을 지상에 내리
며,
24 지상의 너희들의 모든 기도를 나의 선
지자를 통하여 내가 받아들이고 있다
하면, 너희들은 이를 어찌할 것인가?
25 세상의 나의 피조물 만백성 너희들이
하루아침에 화산이 터지는 것보다 더
혼란한 그 광란이 이루어질 것이니라.
26 그러나 이는 엄연한 사실임을 알라.
27 나의 선지자를 통하여 나 여호와가 너
희들에게 직접 내리는 그 어떠한 작은
명령도 너희들은 소홀히 받아들이는
그와 같은 자세를 가져서는 아니 될
것이며,
28 그와 같은 마음의 자세로써 나의 선지
자를 따르며 나의 성전에 와 기도하는
자, 이 성전에 들어올 자격이 없음이
니라.
29 너희들은 사랑으로써 모두를 이끌어
나가며, 시기와 질투하는 마음이 나의
선지자의 가는 발목을 잡는다 하였음
이니,
30 이와 같은 뜻과 너희들이 깊이 깨우쳐
야 할 의미가 있음을 알아야 될 것이
니라.
31 내가 나의 선지자에게 내리는 그 모든
뜻을 거역하는 자, 이 나의 성전에 들
어올 자격이 없음이니라.
32 그러한 자, 나의 선지자가 오르고자
하는 그 머리 위에 그물을 치는 자와
마찬가지니, 그는 이 성전에 올 자격
이 없음을 너희들은 오늘 알아야 될
것이며,
33 너희들이 하얀 마음으로써 내가 내리
는 그 모든 명령을 너희 목숨을 바쳐
지키겠다는 그 각오와 굳은 결의가 있
는 자만이 나의 성전에 와 나의 성령
을 내가 나의 아들을 통하여 너희들에
게 전하는 그 뜻을 받아들이고 시행할
수 있기 때문임을 알아야 할 것이니라.

2,337 번째 하나님 말씀

2002년 5월 13일 07시 54분

1 사랑하는 선지자야!
2 "네, 여호와 하나님! 말씀하옵소서."

3 내가 나의 백성들을 구하기 위하여 모세에게 써 내린 그 십계명이 무엇이더냐?

4 그건 진리이니라.

5 그리고 내가 나의 아들 예수를 통하여 만백성을 구하고자 했던 그 나의 성령의 전달함이 무엇이었더냐?

6 그게 진리이며 사랑의 실천이었음이니라.

7 이제 선지자 너는 알아야 할 것이니라.

8 네가 벌써 나의 법전의 1부요, 2부를 끝내고 곧 3부에 들어가니, 네가 전하는 것, 네가 행동하는 것, 네가 하는 말 그 모두는 다 진리며 사랑이어야 됨을 알아야 될 것이니라.

9 네가 누구이던가?

10 나를 대변하는 자이니라.

11 내가 너의 육신을 빌려 나의 성령으로써 나의 모두를 다 너에게 전달하여 네가 나의 성령을 법전이라 하여 하나하나 기록함이니, 바로 네가 누구냐?

12 나의 임무를 대행하는 자가 아니던가?

13 예수 또한 나의 아들로서 나의 임무를 대행하였으며 내가 하고자 하는 것을 대행하였음이니라.

14 너 또한 지금 육을 가진 나의 선지자요, 나의 종이요, 나의 아들로서 네가 지금 나의 뜻을 대행하고 있음이니,

15 네 입에서 나오는 것, 네가 행동하는 것, 그 모두는 진리에서 어긋나서는 아니 됨이요, 바로 너는 진리만을 탐구하며 그 길만을 가야 함이니라.

16 그리고 네가 행하는 것은 모두가 사랑이니라.

17 그리하여 네가 무엇을 어찌 살아야 될 것이며, 작은 죄가 무서우며, 거짓 하지 말며 그리 살라는 훈련과 훈련의 기간이 거듭되어 왔음이니,

18 이제는 너는 네가 하는 모두는 다 진리이며 순리이며 사랑에 의하여 이루어지는 것임을 알아야 할 것이니,

19 그 이상의 것도, 그 이하의 것도 네 입으로 말이 나오며 네가 행동하는 것이 그리 비춰져서는 아니 됨이니라.

20 이제 너의 제자들 또한 그리 알아야 될 것이니라.

21 세상사 살아가는 모두가 다 너의 제자들의 행함이 곧 법이요, 그게 진리이니라.

22 그리고 그것이 순리이니라.

23 너의 제자들이 지금 나의 많은 피조물 만백성과 차별화하여 다른 점이 무엇이더냐?

24 너희들이 말하며 너희들이 행하는 것이 다 진리이기 때문이니, 그를 너의 제자들에게 일깨워 줘야 될 것이며,

25 그들이 행하는 모든 것이 법의 기준이며 질서의 기준이며, 육의 세상에 살아가는 만백성이 그를 보고 따르고 깨우치는 그와 같은 법의 기준에 의하여 너희들이 살아가야 하기 때문이니 그를 잊지 말라.

26 너희들 인간사에 법을 집행하는 자, 질서를 지키는 자가 그 행위를 하지 못하며 지키지 못하면 남들에게 지키고 행하라 할 수 있겠는가?

27 이제 선지자 너를 통하여 나의 법전을 읽고 깨우쳐 너의 제자라 명한 그 나의 백성들은 바로 무엇이더냐?

28 이 세상 나의 피조물 만백성을 일깨워

내가 이루고자 하는 그 역사를 지도하는 자며 가르치는 자이니라.
29 법을 집행하는 자요, 질서를 지키는 자요, 사랑을 베푸는 자요, 그 육의 세계에서 행하는 것이 너의 제자들이니,
30 그들이 잘못 행하고 잘못 갈 때 그는 아무런 가치가 없음이니, 그 백성이 구원을 받을 수 없음이니라.
31 그러니 너희들이 손 하나 움직이는 것, 너희들이 말 한 마디 하는 것, 눈 한 번 떴다 감는 것, 식사 한 번 하는 것,
32 그 모두를 얼마나 아름답고 질서에 의하여, 또 진리에 의하여 생활해야 되는 것인가를 이제는 너의 제자들에게 일깨워 줘야 될 것이며,
33 너희들이 곧 법이요, 질서라는 것을 그들에게 심어 주어, 그들이 행함에 한 점의 부끄러움이 없는 생활을 할 수 있도록 그리 가르치라, 선지자야!
34 이제는 너희들이 가야 할 길이 그 길이며 행하여야 할 길이 그 길이니라.
35 그리하여 너희들은 운명이 없으며, 너희들이 이미 낙원에 구원된 자라 하였으니, 그 구원의 명패 앞에 설 수 있는 자격을 하나하나 너희들이 갖추어야 됨이니,
36 이는 곧 너희들이 말하고 행동하는 그 모두가, 생활 속에서 이루어지는 그 모두가 질서요, 진리요, 그리고 사랑으로써 이루어져야 되는 것이니, 이것이 너희들의 몸체이니라.
37 내가 이루고자 하는 그 생활에 맞춰 가는 그와 같은 역사를 이루는 것이 성령으로 임한 백성이라 하였음이니,
38 그리하여 너희들이 성령으로 임한 나의 백성이며, 성령으로 임한 자체의 생활이 없으면 아니 되며,
39 너의 제자들 모두에게 나의 성령이 그득히 임하여 그들을 따르고 그들의 갈 길을 내가 알려 주고 있음이니, 이를 거역하면 아니 됨을 알라.
40 내가 너희들에게 명하여 깨우쳐 주지 아니하였던가?
41 성령으로 임한 자는 착하고 선한 것을 느끼고 깨달을 때 그리 행하는 것이라 하였으며,
42 행하지 아니하는 것은 나의 성령이요, 나의 뜻을 거역하는 자라 하였음이니라.
43 내가 너희들에게 내리는 명령은 작든 크든 얼마나 소중하고 귀한 것인가를 깨달아야 되니,
44 너희들은 지금 진리만을 탐구하고 진리 속에서만 살아가야 될 것이니,
45 그리하여 너희들이 움직이는 것이 모든 백성이 보고 깨우치고 따라야 하는 법이요, 질서라는 것을 잊지 말라.
46 너희들은 법의 기준에서 움직이는 자들이니라.
47 그리고 진리 속에서 움직이는 자들이니라.
48 그리고 사랑을 행하며 사는 자들이라 함을 잊지 말라 그리 일깨워 주라, 선지자야!

2,338 번째 하나님 말씀

2002년 5월 13일 08시 09분

1 사랑하는 선지자야!

2 "네, 여호와 하나님! 말씀하옵소서."
3 너의 제자들의 힘들고 어려운 그 길을
내가 아노라.
4 먼저 온 자와 늦게 온 자의 차별화가
있으며, 먼저 온 자 또한 내가 나의 은
혜로 내리는 금화와 은화로써 그들을
도와주되,
5 그들이 발전적이고 생산적인 곳에 쓸
수 있는 그 계획하에 네가 나의 금화
와 은화요, 은총으로 내린 것을 전해
줘야 됨을 명심하여 사용해야 될 것이
니라.
6 내가 금화의 한 닢을 줬을 때, 그를 쓰
는 자가 아니요, 그 금화를 살리는 자
에게 너는 내가 내리는 그 은혜의 금
화를 전달하여 그들이 생산성 있는 곳
에 쓰도록 해야 될 것이며,
7 그가 변화되며 내일의 발전이 있는 그
길에 그러한 자를 도와야 할 것이니
이를 명심하라.
8 그리하여 그가 변하고 발전되어 또한
그가 힘을 모아 너의 제자요, 어려운
자요, 또 미래에 발전이 있는 자요, 금
화의 한 닢을 가지고 두 닢을 만들도
록 노력하고 연구하는 그와 같은 너의
제자들을 길러 내야 되는 것이 내가
너희에게 내리는 금화요, 은화의 쓰는
방법임을 너는 알아야 될 것이니라.
9 네 마음에 의하여, 너를 따르는 제자
의 구분에 따라, 네 마음에 따라 생산
적이고 발전적이지 않은 곳에 나의 금
화를 쓰며 그에게 준다는 것은 나의
뜻에 어긋남을 알아야 될 것이니라.
10 하나의 금화와 은화를 내가 너에게 내
려 그를 너의 제자에게 전할 때, 그가
희망이 있고 미래가 있고 생산적이며
그리고 생산적인 미래의 그 꿈을 이루
어 또 그가 어려운 너의 제자를 도와
줄 수 있는 그와 같은 힘의 원동력으
로써 네가 나의 금화와 은화를 써야
될 것이며,
11 그 금화와 은화를 죽은 금화요, 사장
되는 금화와 은화로써 네가 써서는 아
니 됨을 알아야 될 것이니라.
12 그와 같이 너희들이 힘을 합쳐 어렵고
힘든 그 제자들을 도와줄 수 있는 그
와 같은 곳에, 너는 내가 내리는 그 금
화와 은화를 그러한 제자들에게 내려
주어 그가 일어설 수 있도록 그리 도
와주는 것에 네가 지금 모든 신경을
써야 될 것이며, 거기에 모든 초점을
맞춰야 될 것이니라.
13 너는 그를 선별할 줄 알 것이니라.
14 그리고 내가 명해 줄 것이니라.
15 그러니 그러한 자를 선별하여 내가 하
늘에서 내리는 모든 금화와 은화의 그
영광을 그가 노력하는 만큼 거둬들일
수 있는 자, 그를 가지고 열심히 살아
가는 자, 그리고 미래를 위하여, 내일
을 위하여 열심히 행하고 행동하며 순
종하는 자, 그리고 그 금화를 죽은 금
화가 아니요, 산 금화로써 활용하는
자,
16 그와 같은 자를 도와주는 데 네가 모
든 역점을 맞추어 그리 행하도록 하는
것이 나의 뜻임을 알라.
17 죽는 돈이요, 죽는 금화요, 죽는 곳에
쓰는 자를 네가 도와주어서는 아니 됨
이니라.
18 그는 스스로 제가 갈 길이 있으며 그

러한 자는 아니 됨이니, 그러한 자에
게 지금 내가 너에게 내리는 그 금화
와 은화의 은혜를 줄 수가 없음이니라.
19 그는 노력하지 아니하는 자이니라.그
리고 순종하지 아니하는 자이니라. 그
리고 미래가 없는 자이니라. 그리고
그는 또한 어려운 그들을 도울 능력이
없는 자이니라.
20 내가 너에게 내리는 금화와 은화는 그
들이 노력하여 한 닢을 두 닢으로 만
들어 그 한 닢을 나누어 또 너의 제자
들을 구하는, 그와 같이 역사하는 자
에게 내려야 될 것이니,
21 이를 엄연히 선별하여 그리 사용하도
록 하라, 선지자야!

2,339 번째 하나님 말씀

2002년 5월 13일 08시 22분

1 사랑하는 선지자야!
2 "네, 여호와 하나님! 말씀하옵소서."
3 내가 나의 성령을 태워 사랑하는 나의
아들이 법전이라 하여 기록하여 나의
피조물 만백성을 구하고자 하는 그곳
에 내가 뭐라 기록하였더냐?
4 사랑이라는 것은 하나를 받을 때 둘을
주는 것이며, 그리고 너희들이 또한
선물을 받을 때 돌려줄 선물이 없으면
그를 가능한 한 사양하라 그리 너희들
에게 가르쳤음이니,
5 이것이 어디 사탄의 장난이요, 이것이
사악한 자가 할 수 있는 행위더냐?
6 성서에 기록되어 있지 아니한가?
7 너희들이 5리를 같이 가고자 하는 자
가 있거든 10리를 같이 가라 하였음
이니,
8 성서에 기록된 내가 너희들에게 전하
고자 하는 그 뜻을 너희들이 깨우치지
못함이니,
9 바로 5리는 무엇이며 10리는 무엇이
더냐? 5리라는 것은 10리의 반이 되
지 않는가?
10 그 반의 거리를 가고자 하는 자가 있
거든 그 배의 거리를 가라 했으니, 이
것이 바로 무엇이더냐?
11 너희들이 이 뜻을 깨우치지 아니하며
이 뜻을 실천하지 아니하며 이를 행하
지 아니하기 때문에,
12 내가 너희들에게 손에 쥐여 주는 가
르침을 위하여 떡을 하나 받은 자가
있으면 떡을 둘을 주라 하였음이니,
이게 사랑이라 내가 말하였음이니라.
13 이미 성서에 내가 기록하여 너희들에
게 그리 살라, 그리고 행하라 가르쳤
건만 너희들이 그리 행하지 아니하고
그와 같은 삶을 살지 아니함이니,
14 하늘에서 보는 나 여호와가 오죽이나
답답하고 너희들이 가련하고 불쌍하
면 나의 선지자를 통하여 이 성령의
모두를 태워 법전이라 기록하여, 사랑
이 무엇이라는 기초부터 가르치게 되
었던가?
15 내가 뭐라 하였느냐?
16 떡 하나를 받으면 둘을 주는 것이 사
랑이라 하였으니, 은화의 한 닢을 받
으면 두 닢을 주는 것이 사랑이요, 그
게 하늘에 오르는 길의 기초라 하였음
이니,
17 나의 성서에 그리 기록되어 있지 아니
하던가?

18 5리를 가고자 하는 자, 너희가 10리를 손을 잡고 걸어가 주라 하였음이니, 이게 바로 그 이치이거늘, 너희들은 이것을 깨우치지 못하는 우매한 삶을 살기 때문이니라.

19 내가 너희들에게 뭐라 말하였느냐?

20 너희들에게 구걸하는 자, 그리고 너희들에게 무엇인가를 원하고자 하는 자에게 그의 뜻을 들어 베풀라 하였음이니, 그가 오죽하면 그와 같이 너희에게 와 어떤 것을 구걸하겠느냐?

21 내가 뭐라 말하였더냐?

22 너희들에게 끼니때가 되어 찾아오는 자에게 거절하지 말며 한 끼의 식사를 대접하라 하였음이니,

23 너희들이 무엇인가를 얻고자 무엇인가를 꾸러 오는 자에게 거절하지 말라 하였으나,

24 너희들은 이 뜻을 그저 읽어 지나가며 너희들 피부로 느끼지 못하고 실천하지 못함이니,

25 내가 나의 선지자를 통하여 너희에게 일깨워 주기를, 배고픈 자가 너희들을 찾아오거든 그 한 끼의 밥을 같이 먹으며 거절하지 말라 하였음이니,

26 이리하여 내가 이제는 나의 피조물 만백성이 성서라는 그 구절을 그저 읽고 지나가며, 가르치는 자가 그 뜻을 몰라 잘못 가르침이니,

27 이를 해석하고 깨우쳐 너희들에게 가르치는 것이 나의 법전이니라.

28 내가 성서에 모든 것을 기록하여 너희들에게 깨우쳐 가라 그리하였으나, 가르치는 자들이 이를 잘못 가르치고 왜곡되게 가르치며, 그리고 저희들에게 불리한 것을 가르치지 아니하니,

29 나의 성서의 빛은 죽어 가며 이 성서는 죽음만을 지금 너희들에게 전하고 있고 잘못되는 것만을 전하고 있으니,

30 또한 잘못 전하는 그 자체도 너희들이 왜곡되게 이해하고, 너희들이 나의 뜻이요, 내가 그들에게 원하는 그 비유의 뜻을 모르고 전함이니,

31 이리하여 내가 나의 법전을 세상에 내려보내어 배우지 못한 자, 갖지 못한 자, 능력 없는 자 읽고 깨우쳐 그곳에서 하늘에 오르는 길을 보고 깨닫고 오르게 하기 위하여,

32 너희들에게 5리를 가고자 하면 10리를 같이 손을 잡고 걸어가라는 것을 떡 하나를 받으면 둘로 주는 것이 사랑이라 이리 가르쳤음이니라.

33 그리고 너희에게 무엇인가를 구하러 오는 자, 그를 들어주라 내가 성서에 기록하였음이니,

34 이 또한 내가 너희들에게 끼니때가 됐을 때 찾아오는 자 거절하지 말며 배고픈 자에게 밥을 주는 그와 같은 마음이 사랑을 실천하는 것이며,

35 나에게 오르는 길이라 상세히 기록하여 너희들에게 내려보내는 나의 이 수고로움이며 나의 이 고통스러움을 너희들은 어찌 그리도 모르는가?

36 어찌 이것이 정녕 사탄이 하는 짓이요, 이 세상에 마지막 오는 거짓 선지자가 하는 짓이요, 사악한 자가 너희들을 유혹하기 위하여 가르치는 것이라 말하는가?

37 성서에 기록된 그 내용은 나의 뜻이요, 한 자의 한 획도 고치지 말라 하며,

38 나의 성서를 통하여 기록된 그 모두를
너희들이 알기 쉽고 듣기 쉽고 깨우치
기 쉽게 하기 위하여 내가 법전이라
하여 성령을 기록하여 내려보내는 것
이,
39 그 뜻과 이 뜻이 같다 하면 이는 나 여
호와의 뜻이라는 것을 어찌 그리 받아
들이지 아니하며,
40 그리 사악하게도 잘못하고 추악한 종
교 지도자 너희들의 그 모습을 감추기
에 급급하여 이를 이단이요, 사탄이
요, 사악한 자가 하는 행위라 그리 말
하는가?
41 너희들이 나의 피조물 만백성이 나의
법전을 보고 깨우쳐 하늘에 오르고자
하는 그들의 길을 막는 그 죄가 얼마
나 무서운가를 죽어 내 앞에 와서 알
것이니,
42 지금이라도 나의 법전을 읽고 깨우치
는 종교 지도자 너희들은 들어야 할
것이니라.
43 성서에 기록되어 있는 그 이치와 내가
법전에 기록한 그 이치가 일치한다면,
44 그 방법론과 행하는 것이 다르다 하
면, 지금 성서에 기록되어 있는 것보
다는 나의 법전을 통하여 기록하는 것
이 새로운 것이며 쉽게 깨닫고 쉽게
알도록 내려보냄이니,
45 너희들은 이를 깨달아, 내가 제3의 시
대에 마지막으로 너희들을 구원하고
자 하는 나의 뜻이 여기 담겨 있음을
깊이 깨우쳐 너희들이 반성하고 돌아
서는 자만이 구원의 길을 볼 수 있음
이니 그리 알라.
46 너희들은 나의 피조물 만백성을 구하
는 길로 인도하는 것이 아니라 너희
스스로 먼저 구원을 받는 그 길을 찾
도록 하라, 불쌍하고 사악한 종교 지
도자들이요, 잘못 가르치는 자들아!

2,340 번째 하나님 말씀

2002년 5월 13일 09시 24분

1 사랑하는 선지자야!
2 "네, 여호와 하나님! 말씀하옵소서."
3 성서에 일러 너희들에게 말하기를 '원
수를 사랑하라.' 하였으며, '너를 핍박
하는 자를 위하여 기도하라.' 기록되
어 있어 너희들이 그를 배웠음이니,
4 그를 너희들은 어찌 생각하는가?
5 너희들이 그를 보고 그냥 지나치며 너
희 피부로 느끼지 못함이니, 그리고
내가 너희들에게 그와 같이 깨우쳐 하
늘에 오르라 했으며 그리 행하여 구원
의 길을 찾으라 하였으나,
6 너희들은 지금 어찌 생각하는가?
7 정녕 너희들이 원수를 사랑하는가?
그리고 너희들을 핍박하는 자를 위하
여 기도하는가?
8 너희들이 그리 살아오지 아니하고 그
리 행하지 아니하였음이니, 내가 나의
선지자를 통하여 나의 법전에 그 내용
이요, 그 뜻을 기록하여 상세히 너희
들에게 전함이니,
9 이를 가지고 너희들은 갑론을박해서
는 아니 됨이니라.
10 내가 '원수를 사랑하라.' 하는 것은 뭐
라 말하였느냐?
11 나의 아들을 죽인 나의 피조물 만백성
너희들을 구하고자 내가 너희들에게

내리는 그 사랑이요, 나의 사랑을 너
희들이 깨달으라 하였음이요,
12 그것이 정녕 사랑의 기본이요, 근본이
라 내가 너희들에게 그리 일깨워 줘
가슴에 경종을 울리는 나의 법전을 기
록하여 세상에 내보내며 내가 너희들
에게 뭐라 말하였느냐?
13 너희들을 욕하는 자, 너희를 저주하는
자, 그가 다 너희 스승이라 너희들에
게 일깨워 가르쳐 주지 아니하였던가?
14 너희들이 작은 죄를 지어 너희들을 법
의 심판대에 올려놓은 사람이 정녕 너
희 스승이요, 너희를 위한 은인이라
내가 말하였음이니라.
15 그리하여 그들에게 감사하며 그들에
게 고마움을 표시하는 것이 너희들이
해야 할 일이라 내가 상세히 기록하여
주었음이니,
16 이는 너희들이 지금 성서에 기록되어
있는 그 내용을 알면서 실천하지 아니
하며 너희들이 피부로 직접 느끼지 못
하기 때문에 이를 못 깨우쳤음이니라.
17 작은 잘못을 하여 작은 죄를 지은 너
희들을 법의 심판대에 세운 자로 하여
금 너희가 그 심판대에 서서 깨우치기
를,
18 '이 작은 죄로써 내가 이와 같이 법의
심판을 받아 법의 두려움을 알거늘,
내가 더 큰 죄를 앞으로 짓지 아니하
며 큰 실수를 하지 아니할 것이다.' 하
며 그 삶을 다시 살아가기 위하여 너
희 마음에 다짐하고 각오할 것이며,
19 그리고 너희가 또 큰 죄를 지은 것이
있어 만인이 모른다 하나 너희는 그
죄를 용서받고 대가를 면제받기 위하
여 많은 노력을 스스로 하여 많은 사
람 앞에, 법 앞에 서는 그와 같은 길을
두 번 다시 행하지 아니하는 그와 같
은 마음 자세요, 깨달음을 얻게 된다
하였음이니라.
20 그리하여 상세하고 세부적으로 내가
너희들을 지금 가르치는 이 수고로움
을 행하고 있음이니,
21 이를 보고 깨우치는 너희는 직접 이제
는 행해야 할 것이며, 너희 피부에 닿
으며 너희 가슴을 울려 주는 그와 같
은 나의 마지막 제3의 시대의 나의 성
령이라 하였음이니라.
22 내가 왜 제3의 시대요, 마지막 나의
성령이라 했는지 알겠는가?
23 성서는 비유로 되어 너희들에게 깨우
치도록 그리 되었으나, 너희들이 비유
하는 것을 잘못 왜곡하며 너희들이 좋
고 유리한 쪽으로 해석할 기회를 너희
들에게 주었으며, 너희들이 힘들고 어
려운 것은 그저 비켜 가며 그저 흘러
가는 그와 같은 습성이 있음이니,
24 이제는 너희들이 흘러갈 수도 없으며
비켜 갈 수도 없으며 돌아갈 수도 없
는 그와 같은 깨달음으로, 누구나 다
알아 이를 깨우칠 수 있도록 내가 쉽
게 풀이하여 나의 법전이라 하여 세상
에 내려보냄이니,
25 이를 가지고는 배운 자, 능력 있는 자
가 나의 피조물 만백성을 기만할 수
없으며, 종교 지도자들이 속일 수 없
으며, 저희 마음대로 임의로 생각할
수 없도록 내가 풀이하여 세상에 내보
냄이니,
26 이것이 그리하여 마지막 나의 성령의

뜻이며, 마지막 너희들을 일깨워 주고
자 하는 것이며, 계주에서 첫 번째 주
자에서부터 두 번째, 세 번째, 이와 같
은 마지막 주자가 달려가는 그 뜻을
내가 너희들에게 설명하였으니,
27 이는 직접 누구도 이를 가지고 왜곡되
게 가르칠 수 없으며, 속일 수가 없으
며, 제 마음대로 해석할 수가 없기 때
문에 마지막 주자이니라.
28 마지막 주자는 달려서 그 영광의 테이
프를 끊느냐 안 끊느냐 하는 것이 달
려 있어 그 모두를 질주하여 달려가는
길밖에 없듯이, 지금 내가 마지막으로
나의 성령을 내려보냄이니,
29 이는 어떠한 종교 지도자도 나의 피조
물 만백성을 우롱할 수 없으며, 저희
입맛에 맞춰 이끌어 갈 수 없으며, 장
난칠 수 없으며, 금화와 은화를 거둬
들일 수 없는 그와 같이 상세히 기록
되어 있는 것이니,
30 이를 너희들이 깨우쳐 알아야 될 것이
며, 이대로 행하면 너희들이 구원을
받는 것이니라.
31 그러나 너희들은 지금 이 틀에서 벗어
날 수 없으며, 나의 법전을 따라다니
며 장난칠 수 없으며 사기 칠 수 없으
며, 나의 피조물 만백성을 너희 입맛
에 맞춰 들로 산으로 끌고 갈 수 없는
그와 같은 기록이 되어 있기에,
32 너희들은 이게 사탄이요, 사악한 자가
만든 것이며 마지막 거짓 선지자가 세
상을 혼란케 하는 그와 같은 말이라
그리 뒤집어씌우고 욕하며 이를 저주
하고 찢어 버리고 태우려 하는 것이니,
33 너희들이 또 한 번 사악한 죄를 짓고
자 함이니라.
34 너희들의 방법으로써는 도저히 구원
을 받을 수 없으며 하늘에 오를 수 없
다는 그것을 수습하고자 종교 지도자
너희들이 살아나가는 그 길을 위해서
는 어떠한 방법과 수단을 가리지 아니
함이니,
35 이와 같이 나의 성령을 제3의 시대에
마지막 나의 피조물 만백성을 구하고
자 하여 성서에 있는 뜻을 쉽고 아름
답게 풀어 너희들에게 내려보내나,
36 이를 가지고 너희들은 너희 스스로 지
탱하기 위하여 사탄이요, 사악한 자라
그리 몰아붙이니,
37 나의 피조물 만백성을 잘못 인도한 그
죄도 너희들이 죽어 내 앞에 와 감당
키 어려울 것이거늘,
38 또 내가 나의 피조물 만백성을 직접
구원하고자 나의 아들, 나의 선지자를
통하여 내려보내는 나의 성령의 이 법
전을 사악한 자의 장난이라 하여 나의
피조물 만백성이 하늘에 오르는 길을
막고 있으니,
39 그 죄, 너희들이 어찌 감당할 것인가?
40 이제는 내가 마지막 시대라 하는 것은
배우지 못한 자, 모르는 자, 가진 것
없는 자, 나이 먹은 자, 젊은 자, 모두
가 그 자리에서 읽고 깨우치면 스스로
하늘에 오르는 길을 볼 수 있도록 풀
어서 내려보냈음이니,
41 이게 바로 너희들을 심판하는 법전이
라 명하였음이니 그리 알라.

2,341 번째 하나님 말씀

2002년 5월 14일 06시 51분

1 사랑하는 선지자야!
2 "네, 여호와 하나님! 말씀하옵소서."
3 나의 피조물 만백성이 계명을 지키고
율법을 지켜 하늘에 오르는 그 길을
보고 깨우쳐 그들이 구원을 받음은 다
각자의 노력이 있음이니,
4 그러나 선지자 너는 내가 너에게 명하
는 모든 작고 큰 그 뜻들을 그대로 행
하고 실천하는 것이 너의 근본이요,
너의 본분임을 알아야 할 것이니라.
5 너는 내가 너에게 일렀듯이, 작든 크
든 모든 내가 너에게 원하고 명하는
것, 그리고 너를 따르는 제자들에게
명하는 것, 또 나의 법전을 읽고 깨우
친 백성들에게 명하는 것,
6 그 모두를 네가 본보기로서, 또 근본
으로서, 그를 지키고 행하는 사람으로
서 바로 서야만 할 것이니라.
7 그것이 되지 아니하며 그리 실천하지
아니한다면 모두는 다 쓰러짐이니라.
8 너희들이 나의 법전을 읽고 깨우치는
것과 내가 직접 선지자에게 내리는 그
음성을 듣고 깨우침이 다르듯이,
9 모든 피조물 만백성이 선지자 너의 행
동과 너의 가는 모습을 보고 깨우침이
또 그보다 더 크니라.
10 제일 큰 역사를 이루는 것은 선지자
네가 바로 서며 바로 깨우치며 바로
행하는 그것이 제일 큰 깨우침이요,
11 두 번째는 나의 성령으로써 내린 그
음성을 직접 듣고 그들이 깨우침이 또
한 위대함이요,
12 마지막으로 나의 법전을 읽고 깨우치
는 백성들이 그 위대함을 알게 됨이나,
13 이 모두 중에서 네가 스스로 행동함이
얼마나 소중한가를 알아야 할 것이니
라.
14 지금 나의 아들 예수를 나의 피조물
만백성 너희들이 추앙하고 따르는 것,
또한 그가 나를 통하여 내린 나의 성
령의 뜻의 가르침도 소중하나,
15 그의 행동이 얼마나 바르고 곧았느냐
하는 그 역사가 지금도 증명하고 있음
이니라.
16 이와 같은 이치를 깨우쳐 너 또한 그
리 바로 서야 될 것이며 네 제자들 또
한 그리 바로 서야 됨을 너는 잊어서
는 아니 됨을 알라, 선지자야!
17 사랑하는 선지자야!
18 "네, 여호와 하나님! 말씀하옵소서."
19 바로 서야 될 것이니라.
20 세상사 모든 그 나의 인연이 무엇이던
가?
21 천 년의 역사에 걸쳐서 나 여호와가
마지막 제3의 시대에 너를 선택하여
나의 성령을 법전이라 하여 내려보낸
그 역사를 이루는 너는 조용히 내가
내리는 모든 명을 그대로 실천하고 따
르는, 세상에 단 하나밖에 없는 사람
으로서 되어야 함이니, 이를 잊지 말
라.

2,342 번째 하나님 말씀

2002년 5월 14일 06시 55분

1 사랑하는 선지자야!
2 내가 나의 아들 예수를 통하여 너희들

에게 일렀음이니라.
3 너희들은 나에게 기도할 때 골방에 들
어가 조용히 은밀한 중에 기도를 하라
하였으며, 나 여호와에게 모두를 바치
라 하였음이니라.
4 피보다 더 진한 마음으로써 너희들이
골방에서 기도함으로 그를 내가 다 거
둬들이고 받아들인다 하였음이니라.
5 그러나 지금 너희들이 가고 있는 작태
는 어떠하던가?
6 너희들이 만든 성전이라는 그곳에 시
간에 맞추어 너희들이 모여 광란의 짓
을 하며 기도하고 울부짖고, 나에게
원하는 것을 부르짖음으로써 얻는다
하고 있음이니,
7 이는 정녕 이룰 수 없다 하였음이니라.
8 내가 너에게 일러 깨우치기를, 나의
피조물 만백성에게 너희들 스스로 소
중함을 알며, 각자 개인으로서 기도하
며, 일하다 쉬다 나에게 기도드리라
하였으며,
9 그리고 너희들이 가족 단위로 나에게
기도하고 경배하면 그게 축복이라 하
였음이니라.
10 나 여호와가 존재함을 믿는 그 자체로
써 너희들이 구원의 길에 들어서고 있
음이니, 그러한 자 나의 계명을 지키
고 살면 그 모두가 이루어진다 하였으
니,
11 너희들이 그리 가르쳤더라면 지금과
같은 사악한 시대는 열어지지 아니하
였을 것이니라.
12 내가 너희들에게 골방에서 은밀히 나
에게 기도함으로 인하여 그 정성의 기
도는 내가 들어준다 하였거늘,
13 너희들은 금화와 은화를 바쳐 너희들
이 원하는 그 성전을 지어야 될 것이
며, 나 여호와를 만나기 위하여 나의
피조물 만백성이 살고 있는 집보다도
더 호화찬란하게 이루어야만 나에게
오른다는 그와 같은 해괴망측한 방법
으로 가고 있음이니,
14 이 구절을 나의 법전에 내려 기록함이
니 너희들은 그 뜻을 알고 깨우쳐야
될 것이니라.
15 내가 골방에서 기도하라 함은, 너희들
스스로 일하다 쉬다 그저 나 여호와를
생각할 때 기도하는 그 기도가 가장
소중하며, 진실함이 거기 있다 하였음
이니라.
16 그리고 가족 단위로 기도하라 하였음
이니라.
17 이와 같은 나의 뜻을 너희들이 깨우쳐
행하여야 한다 함은 지금도 성서라는
것을 들고 너희들 인간이 만든 그 성
전에 가.무엇인가를 구하고 얻는다는
그 기도를 드리고자 가는 자,
18 그 백성은 나와 아무런 관계가 없음을
여기서 다시 한 번 너희들에게 일깨워
주는 것이며,
19 금화와 은화를 거둬들이고자 발버둥
치는 그 사악한 자들의 입에서 나오는
그 뜻은 내가 너희들에게 가르치고자
하는 것과는 전혀 관계도 없는 것으
로, 그들이 나의 피조물 만백성을 우
롱하고 희롱함이니,
20 내가 지금 선지자를 통하여 너희들에
게 골방에서 기도하라 하는 것을, 나
의 아들에게 명하여 기록된, 그리고
그를 전파하였던 그 세부 기록의 그

뜻을 내가 상세히 너희들에게 알려 줌
이니,
21 이를 듣고도 너희들이 발길을 돌려 나
의 성전에 와 나의 선지자를 통하여
내가 내리는 그 강론을 듣지 않고 나
의 법전을 읽지 않는 자는 영원히 구
원의 길이 없음을 알아야 할 것이니라.

2,343 번째 하나님 말씀

2002년 5월 14일 07시 07분

1 사랑하는 선지자야!
2 "네, 여호와 하나님! 말씀하옵소서."
3 내가 너희들에게 이르기를, 나의 아들
예수를 통하여 성서에 기록되어 있음
이니라.
4 '너희들이 기도할 때 이방인과 같이
중언부언하지 말라. 저희는 말을 많이
하여야 들으실 줄 생각하느니라.' 하
여 내 그리 기록하였음이니,
5 그는 나의 아들 예수가 너희들을 깨우
치기 위하여 기록하였음이니라.
6 이를 너희들이 말하기를 이방인을 어
떤 사람이라 말하는가?
7 나 여호와를 믿는다 하며 지금 잘못
가는 종교 지도자들의 가르침에 따라
금화와 은화를 바쳐 하늘에 오르는 그
구원의 복을 사려 하는 너희들을 제외
한 나머지 백성들을 이방인이라 너희
들이 생각하고 있을 것이니라.
8 그러나 그렇지 아니함을 알아야 할 것
이니라.
9 지금 내가 나의 선지자를 통하여 성령
으로써 나의 법전에 기록하여 이를 너
희들에게 바로 깨우쳐 주고자 함이니
너희들은 알아야 될 것이니라.
10 이방인이라 함은 지금 나의 계명을 지
키지 아니하며, 지킬 수 없다 말하며,
성전이라 하여 저희 손으로 지은 그곳
에서 추악한 짓을 다 하는, 금화와 은
화를 거둬들이고자 하며 저희 육신을
위하여 나의 피조물 만백성을 그리 이
용하는 그 사악한 자들이 바로 이방인
임을 알아야 될 것이니라.
11 내가 선지자에게 뭐라 가르쳐 말하였
느냐? 그리고 나로부터 성령이 임한
백성들이 기도하는 것을 뭐라 말하였
느냐?
12 '하나님 아버지! 저의 죄를 용서하여
주옵시고, 아버님의 뜻에 살 수 있는
용기를 주옵소서.' 그리 기도하라 하
였음이니라.
13 그리고 내가 너희들에게 2년이라는
그 세월이 지난 다음에 또 하나의 기
도문을 주었음이니 바로 무엇이더냐?
14 '하나님 아버지의 그 모든 은혜에 감
사합니다.
15 하나님께서 내려 주신 그 모든 은혜에
감사합니다.' 그리 기도하라 하였음이
니라.
16 나에게 기도하는 그 대목 한 절을 내
리기 위하여 내가 2년 동안을 너희들
을 훈련시켰으며, 너희들이 나에게 깨
우쳐 공부하였으며, 나의 뜻을 알고자
너희들이 노력하는 그 속에서 내가 다
시 한 번 한 구절을 내려보냈음이니,
바로 무엇이더냐?
17 간단하게 나의 뜻에 따라 기도하는 것
이 나의 선택된 백성이니라.
18 저희들이 말로써 만들며 무엇을 달라,

구원하라, 누구에게 무엇을 주라, 그
리고 은혜를 주라, 천 번 만 번 저희
생각대로 지껄이며,
19 나의 피조물 만백성을 자극하여 그들
에게 금화와 은화요, 손에 끼고 있는
황금의 반지까지도 빼 던지고 가게 하
는 그 사악한 자들이 바로 이방인임을
알아야 될 것이니라.
20 지금 기도를 할 때 누가 어찌 말하는
가?
21 누가 과연 중언부언하며 저희들의 생
각대로 그저 뇌까린 대로 지어서 한
시간이고 두 시간이고 시부렁대는가?
22 그것이 바로 이방인이요, 사악한 이들
이 행하는 것이니라.
23 이방인이 무엇이냐?
24 나와는 관계없는 자들이며, 나의 뜻을
거역하며 나의 백성을 쓰러뜨리고자
하는 것이 이방인들이니라.
25 그들이 바로 이방인임을 알아야 될 것
이니라.
26 지금 나의 성령이요, 나의 뜻을 기록
하여 내리는 나의 법전을 깨우치고 있
는 너의 제자들과 그 백성이 나의 성
령이 임한 백성이며,
27 그리고 믿음은 없으나 나 여호와가 하
늘에 있음을 은근히 마음속에 그리며
선하게 사는 그들이야말로 나에게 선
택된 백성이며 바르게 갈 수 있는 백
성들이니라.
28 저희들이 지은 성전에 가 광란의 짓을
하고 소리 지르며 악을 쓰며, 무엇을
달라, 무엇을 이루게 해 달라 소원하
며, 그리고 은혜를 받았다, 축복을 받
았다 성령을 받았다 발광을 하는 그
백성들이 바로 이방인이니라.
29 그들이 중언부언하고 지껄이는 소리
를 한번 들어 보라.
30 몇천 년 전이나 지금이나 똑같은 소리
로 지껄이고 또 지껄여, 저희들의 육
신이 죽어 와 지옥으로 떨어지는 그와
같은 형국을 이루고 있는 그들이니라.
31 바로 그들이 이방인임을 너의 제자들
과 나의 피조물 온 백성들에게 전하
여, 그들이 이방인의 세계의 뜻이 무
엇이며 이방인이 누구이며 나 여호와
로부터 버린 자식들이 누구인가를 깨
우치도록 그리 가르치라, 선지자야!
32 이것이 너희들이 가야 할 길이며 너희
들이 행하여야 할 길임을 명심하여 행
하도록 그리하라.

2,344 번째 하나님 말씀

2002년 5월 14일 07시 19분

1 사랑하는 선지자야!
2 "네, 여호와 하나님! 말씀하옵소서."
3 나의 아들 예수가 지금의 시대를 위하
여 너희들에게 전하여 내려온 것이 성
서에 있음이니라.
4 지금의 너희들을 위해 내려진 그 내용
들임을 알아야 될 것이니라.
5 그리하여 성령의 진리란 과거와 현재
와 미래를 다 총괄할 수 있는 그 뜻이
여기에 들어 있다 하였음이니라.
6 나의 아들 예수가 너희들에게 말하여
주었느니라.
7 '그러므로 저희를 본받지 말라. 구하
기 전에 너희에게 있어야 할 것을 하
나님 너희 아버지께서 아시느니라.'

그리 전하여 주었음이니라.
8 그러나 이 뜻 또한 너희들이 마음대로 해석하며 깨달음이니,
9 이는 오늘의 나의 성령이요, 나의 법전이 세상에 내려가 너희들이 행하여 갈 때 지키도록 되어 있는 대목임을 알아야 할 것이니라.
10 내가 너희들에게 뭐라 말하였느냐?
11 나 여호와 아버지라 찾으면서 너희들이 생각하고 원하고자 하는 것이 무엇이니 너희들에게 달라, 그리고 이루어 달라 기도하는 그 순간에 나와는 아무런 관계도 없는 나의 백성이라 말하였으니,
12 선지자 너는 그를 구하지 말라 하였음이니라.
13 그러나 지금 나의 피조물 만백성을 이끌어 가는 종교 지도자 그들이 과연 어떠한 길로써 사악하게 나의 피조물 만백성을 이끌어 가고 있는가?
14 그들의 작태가 오늘과 같이 이루어질 것을 나 여호와가 알았기에 그들의 가는 모습을 본받지 말라 내가 나의 아들 예수를 통하여 전해 이 성경에 기록되어 있음이니,
15 이것이 지금의 세대를 위하여 너희들에게 내리는 나의 성령의 뜻임을 알며,
16 이를 바로 실천하며 이를 나의 피조물 만백성이 바로 깨우치도록 인도하는 것이 나의 법전임을 너희들이 알아야 될 것이니라.
17 너희들은 누구를 본받지 말라 내가 하였겠는가?
18 나의 계명을 지키며 나의 율법을 지키며 살아가는 너희들을 본받지 말라 하였겠는가?
19 나와는 아무런 관계도 없이 나의 아들 예수의 보혈로써 구원을 받았으며 저희들이 내가 열어 주는 하늘의 그 문을 열었다 하는 그와 같은 자들,
20 그리고 평생 금화와 은화를 바치며 모두를 다 사악한 방법으로 거둬들이며 그저 재물을 바치고 기도하면 구원을 받는다는 자들,
21 그리고 저 자신이 구원을 받지도 못하며 제가 어느 지옥으로 가는지 그 자체도 모르면서, 나로부터 성령이요, 나의 음성이요, 나로부터 어떠한 것도 듣지 못한 자가 그저 마냥 앵무새처럼 지껄이고 있는 그 형국 속에 가는 그들의 자세를 본받지 말라 함이니라.
22 나의 사랑하는 아들, 선지자를 통하여 너희들에게 전하지 아니하였는가?
23 궁궐 같은 성전을 짓고 그곳에서 광란의 짓을 하는 자, 그와 같은 지금 사악한 길로 가는 너희들의 모습을 배우지 말라 하였으며 그를 따르지 말라 하였음이니라.
24 내가 나의 선지자를 통하여 뭐라 말하였는가?
25 그저 비를 피할 수 있는 곳에서 나의 선지자가 너희들에게 전하는 그 성령을 들을 수 있는 넓은 장소면 된다 하였으며,
26 그 속에서 전하는 것이 나의 진리요, 나의 뜻이며, 그보다 더 위대한 성전이 없다 말하였거늘,
27 너희들은 외형적인 것으로써 그리고 너희들이 호화찬란한 궁궐보다도 더 요란하고 위대하게 짓는 것이 성전이

라 하여,
28 나의 피조물 만백성에게 그리 믿음을
측정한다 하여 그들에게 재물을 거둬
들이는 그와 같이 사악한 짓을 지금의
너희들이 이룰 것을 나 여호와가 알고
있었음이니,
29 그와 같은 너희들의 행함을 본받지 말
라 하였음이니라.
30 내가 나의 아들 예수를 통하여 기록하
였느니라.
31 너희들이 무엇을 원하며 무엇을 구하
는 것인가를 나 여호와가 알고 있기
때문에, 아버지 나 여호와가 알고 있
으니 그를 너희들은 구하지 말라 나의
아들 예수가 기록하였음이니,
32 지금 바로 내가 성령이요, 나의 법전
이 제3의 시대에 만백성을 구하기 위
하여 내려가는 나의 뜻임을 입증하는
대목이 또한 여기 있음을 너희들이 알
아야 될 것이니라.
33 모든 대목들이 잘못되어 있음을 내가
선지자를 통하여 하나하나 너희들에
게 일깨워 주고자 함이며,
34 내가 선지자를 통하여 너희들이 가야
할 길과 지켜야 할 길을 미리 너희들
에게 전한 다음,
35 선지자가 성서를 읽을 때쯤 되어 그가
그를 깨닫고 이해할 때 내가 선지자로
하여금 성서를 읽어 잘못된 부분을 너
희들에게 깨우쳐 주며,
36 그리고 너희들이 잘못 가고 잘못 이해
하는 그 부분을 내가 가르쳐 준다 하
였음이니,
37 이제 곧 3부의 법전을 시작하며 내가
성서를 선지자로 하여금 읽게 하여 그
부분을 이해시켜 주고 깨우쳐 주며,
38 이 성서가 기록된 내용이 과거요, 현
재요, 미래였음을 구분하여 가르쳐 주
니 이를 너희들은 보고 깨우쳐야 할
것이며,
39 이를 보고도 사탄의 장난이라 하여 구
원의 길을 보지 못하며 나의 법전의
뚜껑을 열지 못하는 백성들아!
40 너희들은 나 여호와를 만지기를 거부
하는 것이며, 나의 음성을 듣기를 거
부하는 것이며, 나를 만져 보기를 거
부하는 것이며, 나를 보기를 거부하는
것이니라.
41 나에게 구원을 받고자 너희들이 평생
소리 지르고 애걸복걸하나, 내가 지금
너희들과 같이하고 있거늘,
42 너희들은 막상 그리 원하고 부르짖으
면서도 나를 거부하는 것이 너희들임
을 알아야 할 것이니라.

2,345 번째 하나님 말씀

2002년 5월 14일 10시 23분

1 사랑하는 선지자야!
2 "네, 여호와 하나님! 말씀하옵소서."
3 내가 너에게 뭐라 말하였느냐?
4 곧고 바르게 사는 자, 청결하게 사는
자, 그리고 마음을 비우고 사는 자,
5 그러한 자는 나 여호와의 음성을 들을
수 있으며 나를 볼 수 있으며 나를 만
질 수 있다 하였음이니라.
6 그러나 지금 종교 지도자들이 과연 나
의 음성을 들으며 나를 보며 나를 그
들이 만지는가?
7 그렇다면 이는 어떠한 뜻이 거기에 있

는가?
8 너희들이 정녕 청결하고 깨끗하게 살
지 못했으며 너희들이 살아가는 동물
과 같은 단순한 마음의 자세로도 돌아
가지 못하였음이니라.
9 모든 동물들은 천재지변의 변화를 알
고 깨우치며 저희들이 살 곳을 찾아
몸을 다스리나, 너희들은 이 이치 하
나도 깨닫지 못함이니,
10 너희들의 마음이 깨끗하기를 동물들
만도 못한 그와 같은 형국에 이르렀음
을 부끄럽게 여겨야 할 것이니라.
11 정녕 너희들이 나의 피조물 만백성을
가르치고 인도하는 나로부터 선택된
종교 지도자라면 너희들은 나의 음성
을 들을 것이며 나의 메시지를 들을
것이며 나의 형상을 볼 것이니라.
12 그러나 그와 같은 형국을 보지 못하며
그와 같은 역사를 이루지 못한 자, 정
녕 종교 지도자라 할 수 없음을 알아
야 할 것이니라.
13 그가 바로 청결치 못하며, 깨끗하지
못하며, 나 여호와로부터 선택되지 아
니하며, 나 여호와로부터 선택되지 못
한 자이기 때문이니라.
14 오늘 나의 선지자를 통하여, 성령을
통하여 나의 법전에 기록하는 이 대목
을 읽는 나의 피조물 만백성은 알아야
될 것이니라.
15 너희들을 가르치는 종교 지도자에게
물어보라.
16 '당신은 하나님으로부터 메시지를 받
으며, 하나님으로부터 어떤 말씀을 받
으며, 하나님의 형상을 보는가?' 물어,
정녕 그가 그렇다 하거든 말하라.
17 '그러면 하나님께서 당신에게 내린 그
말씀을 기록하여 나에게 깨우쳐 주며
나에게 전해 주시오.' 하라.
18 그를 하지 못하는 자, 그는 정녕 나 여
호와로부터 선택되지 아니한 자며, 나
의 음성을 듣지 못하며 나를 보지 못
한 자이니,
19 그는 정녕 청결하고 깨끗하지 못한 자
이니라.
20 그리고 그는 죄를 벗어나지 못한 자이
며 저 스스로 그 죄 속에서 허덕이는
자이니,
21 그가 어찌하여 나의 피조물 만백성을
구하며 너희들을 하늘로 인도한다 하
는 자라 믿겠는가?
22 이와 같이 역사를 이루지 못하는 자,
그들에게 더 이상 현혹되어, 너희들의
인생을 하늘로 오르는 길이 아니요,
지옥으로 가는 그 사악한 길을 가 너
희 자신을 버리는 그와 같은 형태의
믿음을 가져서는 아니 될 것이니 이를
깨우쳐야 할 것이니라.
23 나의 법전의 이러한 내용을 읽고도 너
희들이 돌아서지 못하며 깨우치지 못
하며, 너희들이 가던 길 멈춰 나의 성
전에 와 나의 법전을 읽고 나의 선지
자를 통하여 내가 내리는 나의 성령의
가르침을 듣지 못하는 자,
24 영원히 구원의 길이 없음을 그리 알라.

2,346 번째 하나님 말씀

2002년 5월 15일 07시 54분

1 사랑하는 선지자야!
2 **"네, 여호와 하나님! 말씀하옵소서."**

3 내가 너의 모든 것을 다 들어줌이니,
이제 네가 나의 성전을 지키며 성전을
떠나지 말며, 이곳에서 나의 성령을
받아 법전을 만드는 그 일에 전념하도
록 하며, 세상사의 모두에 다 눈을 감
으라.
4 그리고 네가 만날 자, 필요한 자, 나의
성전에서 그를 불러 네가 만날 것이
며, 내가 너에게 보내는 자들을 네가
스스로 받아 그들을 잘 깨우쳐 인도하
며 그들을 다스리도록 그리해야 할 것
이니라.
5 세상사 인간들의 모든 아름다운 것은
다 접어 두며 남들이 사악하고 잘못된
그 부분들만을 찾아 그를 떠들고 말하
는 것을 즐거움으로 사는 것이 지금의
나의 백성들의 심성이니,
6 이것이 바로 사탄의 세계에서 사는 모
형임이니라.
7 아름다움을 칭찬하며 남의 자랑스러
움을 자랑함으로 인하여 제 마음의 기
쁨이요, 제가 그 영광을 얻은 것과 같
은 마음을 갖고 사는 것이 나로부터
선택된 백성이요, 하늘에 오를 수 있
는 백성인 것이니라.
8 그리고 그것이 나로부터 선택받아 나
로부터 구원의 길을 볼 수 있으며 나
에게 오를 수 있는 백성의 근본의 마
음이니라.
9 그러나 지금 너희들이 살아가는 형국
은 어떠하더냐?
10 남들이 잘못되는 것, 남을 흉보는 것,
남들이 들어서는 아니 될 남들의 약점
들을 그저 들으면 즐거움으로써 그를
전파하고 그를 자랑으로 하고 다니는
것이 너희들의 지금 심성이니,
11 이것 하나만 봐도 너희들이 사악한 악
마로 변하여져 사악한 시대에 사는 것
이며, 나와는 아무런 관계도 없는 백
성들의 삶이 아니더냐?
12 정녕 몇천 년의 역사가 흐르는 종교
지도자들이 잘 가르쳤으며 바로 가르
쳤으며 나의 뜻에 의하여 그들을 가르
치고 인도했다면,
13 그들의 입에서는 아름다운 말만 나올
것이며 남을 칭송하는 그와 같은 대화
가 나올 것이니라.
14 그러나 그렇지 못한 증거가 무엇이더
냐?
15 그들이 남을 비방하고 시기하며 그와
같이 살아가는 형국의 삶이 지금이니,
16 그를 보고 너희 자손들이 무엇을 배울
것이며, 어찌 내가 하늘에서 이루고자
하는 그 지상의 낙원이 여기에서 이루
어진다 할 수 있느냐?
17 하늘의 천사들은 남을 비방하는 일이
없으며 남을 욕하는 일이 없음이니라.
18 오로지 아름다운 것, 행복한 것, 그리
고 모두를 감사하며 모두를 영광으로
생각하는 마음속에서 살아가는 것이
하늘나라에 존재하는 천사들이 살아
가는 모습이니,
19 너희들이 하늘에서 이루어진 것같이
이 땅에서 이룬다 하면 그와 같은 모
습이어야 됨이니,
20 지금 너희들이 가고 있는 그 형태가
사악한 무리, 사탄의 무리가 사는 그
와 같은 형국의 삶이요, 너희들이 사
탄의 그 앞에 너희 명단을 바쳤으며
너희 이름을 바쳤으니,

21 그 이름이 나에게 와 구원을 받는다는
것은 생각해서도 아니 되는 그와 같은
형국이니라.
22 내가 오죽하면 너희들이 지금의 가는
믿음의 모두를 다 저버리고 나에게
와, 나의 성전에 와 기도하며 나의 법
전을 읽는 자를 생명을 바쳐 나에게
온 자라 내가 말하여 그 이름을 낙원
에 걸어 놓는다 하였겠는가?
23 사탄의 자식에서 너희들이 탈바꿈하
며 변신함이니,
24 그와 같은 너희들의 마음을 내가 알기
때문이며, 너희들의 노고와 수고를 알
기 때문에
25 그와 같이 사탄 앞에 이름 낸 그자가
그 이름을 저버리고 나에게 와 등록하
는 자,
26 그는 그리하여 생명을 바치고 온 자이
기에 내가 그를 구원한다 하였음이니,
27 이 뜻을 나의 피조물 만백성에게 전하
도록 하라.

2,347 번째 하나님 말씀

2002년 5월 15일 08시 05분

1 사랑하는 선지자야!
2 "네, 여호와 하나님! 말씀하옵소서."
3 내가 나의 아들 예수를 통하여 나의
피조물 만백성 너희들에게 전했노라.
4 나의 아들 예수가 나의 율법을 폐지하
며 선지자들의 역사와 제사장들이 이
룬 그 역사를 폐지하려 내가 내려보냄
이 아니라 그를 통하여 기록하였음이
니라.
5 너희들은 여기서 알아야 되는 것이니
라.
6 모든 구약 시대의 역사에 이루었던 것
을 다 접어 두며, 예수의 시대에 예수
가 나의 성령으로 가르친 그것만을 가
지고 새로운 역사를 이룬다 너희들이
그리 생각하고 있음이니,
7 이는 잘못되었음을 알아야 할 것이니
라.
8 나의 아들 예수가 세상에 나가 너희들
에게 말하지 아니하였는가?
9 나의 율법을 폐지하고자 그가 와 너희
들에게 전하는 것이 아니요, 내가 이
루고자 했던 그 율법을 완벽하게 이루
고자 하여 세상에 나가 너희들에게 전
한다 하여 성서에 기록되어 있음이니,
10 그러나 너희들은 뭐라 말하는 것이더
냐?
11 구약의 시대는 끝났으며 이제는 신약
의 시대를 가야 된다 함이니, 너희들
은 구약 시대의 그 율법이 어렵고 힘
들며 신약의 시대는 그보다 유하고 부
드럽기 때문이라 그리 말하지 아니할
수 없음이니라.
12 나의 구약 시대를 거절하는 자, 이는
곧 무엇이더냐?
13 그들이 사탄이 하는 짓을, 그 뜻을 따
라 움직이고 있으니, 그것이 바로 무
엇이냐?
14 사탄의 자식들이니라.
15 구약을 인정치 아니하며 구약의 시대
는 끝난 것이며 신약의 시대만이 존재
한다 그리 가르치는 자, 너희들은 뿌
리를 없앰이니라.
16 그러하니 너희들이 곧 사탄이요, 사악
한 악마의 자식들로서 그들을 위하여

부르짖고 있음이니,
17 나의 피조물 만백성을 너희들이 그리
끌고 가는 지금의 형국이니라.
18 그러면서 너희들은 각종 모든 것을 다
거둬들이고 취하고 살아가는 그와 같
은 형국이니, 이를 어찌해야 하겠는가?
19 내가 나의 선지자를 통하여 성령을 내
려보냄에 있어 내가 구약을 부정하던
가, 신약을 부정하던가?
20 그리고 내가 선지자에게 그 모두를 접
어 두며 그 모두는 너희들과 관계없는
것이라 그리 가르치던가?
21 다만 너희들이 그 시대에 살아옴을 덮
어 두며 그 시대에 너희들이 잘못 가
르치고 잘못 깨우친 그 부분을 바로잡
고자 함이니,
22 그는 나의 제3의 시대에 나의 성령이
나갈 수 있는 모든 준비의 단계로서
그는 지금 법전과 연계되는 것이라 내
가 확실히 말을 하였느니라.
23 나 여호와가 정녕 그리 말하였거늘,
너희들은 어찌하여 그를 차별화하여
그 구약의 시대는 신약의 시대와 아무
관계가 없으며 예수의 시대는 지금 나
의 법전의 시대와 관계가 없는 양 그
리 말하느냐?
24 이것이 너희들이 사탄이고 사악한 무
리들이 아니더냐?
25 너희들은 너희들의 뿌리인 구약을 믿
으면서도 그 구약은 신약과 관계없다
하여 너희들이 편한 방법으로써 나의
피조물 만백성을 너희에게 유리한 쪽
으로 끌고 감이요,
26 그리하여 너희들이 또 잘못 가고 잘못
깨우치는 것을 바로잡기 위하여 마지
막 주자인 나의 선지자를 통하여 나의
성령을 세상에 내보내어 모두를 바로
잡고자 하나,
27 또 너희들은 뭐라 말하느냐?
28 오로지 신약에 있는 모두는 한 자의
한 획도 고치거나 더하고 뺄 수도 없
다 하며 너희는 그를 가지고 재탕, 재
탕하며 앵무새처럼 지껄이면서,
29 지금 나의 성령이, 고귀한 나의 법전
이 세상에 나가 너희들이 하늘에 오르
는 길을 인도하고자 하니,
30 그것 또한 너희들과 관계없으며 사탄
이요, 사악한 자가 하는 것이라 말함
이니,
31 이것이 바로 너희들이 사탄이요, 사악
한 자들의 자식이 아니더냐?
32 위로는 뿌리를 버리며 아래로는 그 뒤
를 잇는 후손을 또한 버림이니,
33 이와 같은 것이 너희 사악한 무리들이
지금 가고 있는 형국임을 알아야 될
것이니라.
34 내가 나의 아들 예수를 통하여 말하였
느니라.
35 구약 시대의 모든 율법을 폐지하며 제
사장이요, 선지자들이 이룬 그 역사를
부정하기 위하여 예수를 내려보냄이
아니요,
36 그를 완벽하게 하여 모든 백성들이 깨
우쳐 하늘에 오르는 길을 볼 수 있도
록 그를 계승하여 가르치는 것이 그가
가야 할 일이라 내가 말하였으니,
37 이를 부정하는 자, 사악한 자들이니라.
38 그리하여 나의 아들 예수가 성령을 가
지고 나의 피조물 만백성을 구하고자
했으나 너희들은 그를 또 단죄하여,

내가 마지막 주자인 나의 선지자요,
나의 아들을 통하여 나의 성령을 모두
너희들에게 전함이니,
39 이 또한 마지막 선지자로 오는 그를
가짜요, 거짓 선지자요, 사악한 자라
말하니, 너희는 위도 아래도 없는 가
운데 토막이라며 그리 외치는 것이니,
40 바로 너희들이 사악한 자들이니라.
41 무섭고 지키기 어려운 구약을 무시하
며, 또한 구약 시대의 역사를 그대로
답습하여 지금 지키고 행하여야만 구
원을 받는다는 나의 성령의 그 조목조
목 내려보낸 것을,
42 너희들이 지키고 행할 수 없어 두려워
너희들이 꼬리를 내리며 그는 아니라
악을 쓰며 대들고 있는 그와 같은 형
국이니,
43 나에게 거부하며 나에게 거역하는 너
희들이 어찌하여 나의 백성이더냐?
44 바로 너희들이 사탄이요, 사악한 무리
요, 이방인임을 알아야 할 것이니라.

2,348 번째 하나님 말씀

2002년 5월 15일 08시 44분

1 사랑하는 선지자야!
2 "네, 여호와 하나님! 말씀하옵소서."
3 내가 나의 아들 예수를 통하여 너희들
에게 일러 성서에 기록되어 있음이니,
4 너희 형제지간에 형제를 핍박하는 자,
또한 형제를 경멸하는 자, 그리고 형
제를 비난하고 우매한 자라 욕하는
자, 이와 같은 자는 지옥 불로 간다 하
였으며, 지옥 불로 가는 것을 면치 못
한다 성서에 기록되어 있음이니,
5 너희들은 그 대목을 읽으며 어찌 깨우
쳐야 되는가?
6 지금 너희들이 살아가는 형국이요, 하
늘에 오르는 진정한 나의 백성으로서,
종교 지도자로서, 나로부터 선택된 자
들이라 하여 하늘에 오르는 길로 인도
하는 자들이 어찌 가르치는가?
7 그들은 나 여호와를 믿는 것이 형제지
간의 우애의 근본이며, 나누며 살며
아름다운 모습으로 사는 것이 형제의
우애라 가르치는가?
8 그러면 그리 가르치는 그들은 과연 형
제와 같이 더불어 시간을 갖고 인생의
행복한 삶을 살아가며 형제의 우애가
돈독한 것을 느끼며 살아가도록 하는
가?
9 너희들의 종교의 집단이 어찌 사악한
자들로서 가는가?
10 믿지 않는 형제와는 너희들이 차별화
를 두며, 믿지 않는 형제는 너희들이
벌레처럼 보도록 하며, 그들과는 결탁
하지 못하게 하며, 그들과는 화합하지
못하게 가르치는 것이 너희들이 아니
던가?
11 너희들은 너희들이 정해 놓은 그 믿음
의 시간에 형제지간에 희비애락을 나
누는 그와 같은 모든 집안의 행사요,
형제의 모임이요, 형제의 만남에도 참
석하지 못하도록 가르치는 것은 아닌
가?
12 기쁘고 슬픈 일이 있는 그 형제의 집
안일을 먼저 돕고 너희들이 만든 그
성전에 와 너희들이 가르치는 그 성서
의 가르침을 들으라 너희들은 그리 가
르치는가?

13 그리 가르쳐야 할 것이니라.
14 그리 가르치지 아니하는 자는 사탄이
요, 사악한 자이니라.
15 내가 나의 아들 예수를 통하여 성서에
형제와 우애를 돈독히 하며, 형제를
미련하다 욕하지 말며, 그와 같이 화
목하지 아니한 자 지옥 불로 간다 하
였으니,
16 너희들이 형제지간에 희비애락이요,
슬프고 기쁜 그 모든 일에 동참하며
같이 행하는 것이 너희들이 만든 성전
에 와 기도하는 것보다 우선이다 그리
가르치지 아니하는 자는 사악한 자요,
사탄이요, 악마의 자식이 가르치는 것
임을 알라.
17 너희들은 내가 성서에 나의 아들을 통
하여 그리 기록하였건만, 그와 같이
실천하지 아니하는 것이 나를 거부함
이니,
18 이것이 바로 너희들이 사악한 자들의
가르침이라는 것을 알아야 될 것이니
라.
19 지금 나의 성령이라 하여 그를 받아
나의 선지자가 나의 법전에 기록하여
만백성을 깨우치는 그 책 속에 뭐라
기록되어 있느냐?
20 너희들이 형제의 돈독함이 우선이라
하였느니라.
21 너희들은 너희들이 만든 그 성전에 가
금화와 은화를 바쳐 나로부터 천국에
오르는 것을 사겠다는 그 사악한 심보
보다도 너희들이 형제지간의 우애요,
어렵고 슬픈 일을 같이 나누는 것이
우선이라 하였으며, 그를 돈독하게 하
는 것이 우선이라 말하였음이니라.
22 그리 가르치지 아니하는 자는 사탄이
고 사악한 자임을 알라.
23 내가 너희들에게 부모를 공경하라 하
였음이니라.
24 너희들이 형제를 핍박하고 형제를 우
매한 자라 욕하며 형제를 경멸하는 자
는 지옥 불로 간다 하였으니,
25 육신으로써 너희들에게 세상에 태어
날 수 있는 그와 같은 은혜를 준 너희
부모에게는 뭐라 말하여야 되겠느냐?
26 그보다 더함이니, 공경하지 아니하는
자는 무조건 지옥 불로 가게 되어 있
음이니라.
27 그리하여 내가 나의 선지자를 통하여
너희들에게 뭐라 가르쳤느냐?
28 너희들이 나의 성전에 한 알의 콩알을
들고 오기 위해서는 너희 부모에게 열
번의 콩알을 전하고 열한 번째 가져오
라 그리 가르쳤음이니,
29 형제를 핍박하고 우매하다 하는 자,
그가 지옥 불로 감이니, 부모에게 효
도하지 아니하는 자, 부모를 공경치
아니하는 자는 어떠한 것인가를 알아
봐야 할 것이니라.
30 지옥 불 중에서도 가장 뜨겁고 험난한
그 지옥 불의 그 죄목이 너희들을 기
다리고 있음을 알아야 될 것이니라.
31 그러나 지금 종교 지도자들은 뭐라 말
하느냐?
32 너희 부모의 작은 일에, 너희 부모의
생신이요, 너희 부모의 아픔에 따라
너희들이 만들어 놓은 성전을 지킨다
는 그 주일에 부모를 방문하는 것을
너희들은 하지 못하게 하며, 그 부모
의 생신에, 그날에 참석하는 것을 너

희들은 못 가게 함이니,
33 이게 바로 무엇이더냐?
34 너희들이 사악한 악마의 자식들이니,
너희들은 형제지간의 우애를 끊으며
부모에게 공경하는 그것까지도 못하
게 함이니, 그들이 어디로 가겠는가?
35 형제지간에 반목하며 핍박하는 그 자
체도 지옥 불로 가거늘, 낳아 준 부모
에게 불효하며 공경치 아니하며 그를
핍박하는 자식이 어디로 가겠는가?
36 그를 못 하도록 만드는 것이 지금 종
교 지도자들이니, 이게 바로 사탄이
요, 이방인이요, 사악한 자의 자식의
뿌리임을 너희들은 알아야 될 것이니
라.
37 이와 같이 내가 상세히 너희들에게 기
록하여 법전이라 하여 세상에 내려보
냄이니,
38 이를 읽고도 너희들이 깨우치지 못한
다 하면 이는 어쩔 수 없음이니라.
39 이제 선지자를 따르는 선지자의 사랑
하는 제자 너희들은 이와 같은 나의
뜻을 전해야 할 것이며, 성서를 펴 놓
고 너희들이 그들에게 조목조목 깨우
쳐 줄 때가 되었음을 잊지 말라.
40 내가 나의 선지자를 통하여 나의 법전
에 성서의 구절을 기록함이니,
41 그 구절을 가지고 너희들이 그를 깨우
쳐 주며 그들의 행함을 깨우쳐 주며
일깨워 줘야 될 것이니라.
42 너희들은 성서에 기록된 것은 너희들
에게 불리한 것이 너희들 것이요, 너
희들에게 유리한 것은 너희 인간들이
집어넣고 한 획도 고치지 말라 그리
말하였다 하였음이니, 이를 명심하여
행하도록 하라.
43 형제지간에 반목하는 자 지옥 불로 가
니, 부모에게 효도하지 아니하는 자,
'네 부모를 공경하라.' 하는 그 뜻이
얼마나 소중한가를 너희들이 알아야
될 것이니,
44 그리하여 내가 선지자에게 가르쳐 주
었음이니라.
45 너희들이 성전에 하나의 콩알을 가져
오기 전에 열 개의 콩알을 너희 부모
에게 먼저 전해 주며 열한 번째 가져
오라 했던 그 뜻을 알아야 될 것이니
라.
46 이것이 얼마나 무서운 나의 뜻인가를
너희들은 알아서 행하도록 그리하라.

2,349 번째 하나님 말씀

2002년 5월 15일 09시 15분

1 사랑하는 선지자야!
2 "네, 여호와 하나님! 말씀하옵소서."
3 내가 나의 아들 예수를 통하여 너희들
에게 전하였음이니, 너희는 많은 사람
들 앞에 너희 의를 행치 않도록 할 것
이며,
4 그 의를 행하는 것을 보이지 말라 하
였음이니라.
5 그와 같이 보이고 의를 행하는 자, 남
에게 자랑하고자 하는 자, 그는 나로
부터 상이 없으며 나와는 아무런 관계
가 없는 자식이라 내가 너희들에게 말
하여 기록하였으니,
6 너희들은 이 대목을 어찌 가르치는가?
7 이제는 내가 마지막 시대에 나의 성령
으로써 너희들을 깨우치고자 나의 선

지자를 통하여 너희들에게 전하였음
이니,
8 너희들은 선한 일을 행하되 계산을 두
어서는 아니 되는 것이며, 너희들의
생각에 의하여 어떠한 계산을 해서도
아니 되며,
9 이와 같은 선행을 베풂으로써 너희들
이 인사를 받을 것이며 만고에 기록될
것이며 주위로부터 칭송을 받을 것이
라는 그러한 생각을 하고 하는 행위는
너희들의 열 배의 죄라 하였느니라.
10 너희들이 무의식적으로 자신도 모르
게 행하는 그 선한 일이요, 너희 스스
로 남을 구할 수 있는 그 의만이 내가
구원할 수 있고 기억할 수 있는 일이
라 하였음이니,
11 이와 같은 대목을 그들이 알지 못하여
그대로 가르치지 못하고 그냥 넘어가
고 있음이니,
12 성서의 속을 알 수 없다 내가 너희들
에게 말하였느니라.
13 다만 의를 남 앞에 행치 말라, 남들 앞
에 자랑하지 말라, 그리하지 아니하면
너희들이 나로부터 구원을 받지 못할
것이며 상이 없을 것이라 그리 가르침
이니,
14 이것이 그리되는 것이 아님을 너희들
이 알아야 될 것이니,
15 나의 뜻을 여기 법전에 기록하여 상세
히 내려보내는 이것이 바로 나의 성령
이요,
16 내가 마지막 주자요, 마지막 나의 선
지자요, 나의 아들을 통하여 너희들을
깨우치고자 하는 것이니라.
17 너희들이 나에게 기억될 수 있는 선행
이라는 것은 너희 스스로 모두를 던져
서 그들을 구할 수 있는 그 순간에, 그
것이 자발적이며, 계산된 것이 아니며
무의식적으로 나오는 것이며,
18 너희들 마음을 작은 좁쌀보다도 더 작
게 만들어 그 마음을 아름답게 가져,
너희들이 순간적으로 선한 일을 볼 때
그를 무의식적으로 행할 수 있는 그것
만이 내가 너희들을 기억할 수 있는
길이라 하였음이니라.
19 내가 너희들에게 말하여 일렀느니라.
20 부모를 사랑하며 형제를 사랑하며 남
에게 나눠 주는 것도, 너희들이 계산
을 하고 아깝고 귀한 것을 손익을 따
져 행한다면, 그건 나에게 열 배의 죄
를 짓는다 하였음이니라.
21 너희들이 무의식적으로 전하는 것이
요, 너희들 부모가 너희를 찾아왔을
때 첫 번째 반기고 즐거워 감사하는
마음으로 맞이하는 것이 나의 뜻이니
라.
22 너희들이 계산 속이며, 그들에게 인상
을 쓰며, 너희 마음 한구석에 부모가
오는 것을, 형제가 오는 것을 꺼리는
마음으로써, 너희 자식이요, 부모요,
형제이기 때문에 마음을 돌려 그를 반
긴다 하면 그는 열 배의 죄라 하였음
이니라.
23 그와 같은 내용이 여기에 기록되어 있
으나 너희들은 그 내용을 알고 있지도
못함이니,
24 너희들이 백사장에 있는 땅콩이면 그
저 땅콩의 그 이파리만 보고 있으니,
그 밑에 주렁주렁 매달려 있는, 그 양
식이 되는 씨앗의 열매를 모르는 것과

마찬가지이니라.
25 그리하여 내가 지금 상세히 기록하여
그리 풀어서 너희들에게 하나하나 행
하도록 그 지표를 주며, 너희들이 이
것을 벗어날 수 없도록 내가 너희들에
게 심어 주고 가르치니,
26 이것이 마지막 나의 성령이요, 나의
뜻임을 여기서 알아야 될 것이니라.
27 그러니 너희들은 나의 법전을 읽고 깨
우쳐,
28 내가 하나하나 조목조목 너희들에게
명한 것은 성서에 기록된 것이며, 그
잘못된 부분을 바로잡고자 하는 것이
나의 뜻임이니,
29 이를 알아 너희들이 깨우쳐 하늘에 오
르는 길을 봐야 할 것이니라.
30 너희들은 수박의 겉을 핥는 것만도 못
할 만큼 그와 같은 성서의 공부를 하
며, 그와 같이 알지도 못하며 깨우치
지도 못한 자들이 나의 피조물 만백성
을 인도한다 하여 저희 육신의 편안과
행복을 위해서 갈취하고 거둬들이는
그 사악한 강도와 같은 짓을 하고 살
고 있으니,
31 그들 앞에 가서 너희들이 무엇을 구원
받을 것이며 무엇을 얻겠는가?
32 지금 내가 너희들에게 성서 한 구절
한 구절을, 나의 뜻을 그대로 비추고
그대로 해명하여 너희들에게 비춰 주
는 것은 너희들을 바로 세우고자 함이
며, 이것이 마지막 너희들에게 내리는
사랑이니라.
33 내가 성서에 비유하였던 그 내용을 하
나하나 시행하고 행할 수 있도록 내가
구분하여 너희들에게 명하여 내리니,
34 이걸 보고도 깨우치지 못하며 이를 이
단이요, 사탄이요, 사악한 자라 말하
는 자, 너희는 그 벌이 얼마나 무서운
가를 알아야 할 것이며,
35 나의 법전을 손에 들어 그를 태워 버
리고 찢어 버리는 자, 너희들이 얼마
만큼 지옥 불에 가서 그 고통을 당해
야 하는 것인가를 알아야 할 것이니라.
36 이를 선지자 너는 너의 제자들을 통하
여 나의 피조물 만백성에게 전하는 데
게을리하지 말라.

2,350 번째 하나님 말씀

2002년 5월 15일 10시 35분

1 사랑하는 선지자야!
2 "네, 여호와 하나님! 말씀하옵소서."
3 너희들 인간사 살아가는 세속에서 너
희들이 말하는 기적이요, 업적을 이루
며 크나큰 역사를 이루는 것도 가장
작은 것에서부터 시작된다 내가 너에
게 일렀음이니라.
4 그리고 내가 너희들에게 일러 말하였
느니라.
5 아무리 큰 제방도 개미가 뚫을 수 있
을 만한 그 구멍이 뚫림으로 인하여
그가 무너진다 말하였음이니,
6 이와 같은 나의 가르침의 변화를 너희
들은 어찌 새겨듣는가?
7 지금 너희들이 가고 있는 형국이 어떠
한 것이던가?
8 너희들은 지금 작은 구멍으로 물이 흐
르고 있음이니, 항상 그 물이 그 속도
로써 그리 흐른다 생각해서는 아니 되
는 것을, 어찌하여 너희들은 그리 안

주하고 있는 것인가?
9 그 작은 구멍에 물살이 세지고, 또 물
이 더 흐름으로 인하여 그 크나큰 제
방이 무너진다 하였음이니, 그 흐르는
물살을 막을 수가 없음이니라.
10 그렇다면 너희들은 어찌 가야 하겠는
가?
11 그 물살의 흐름을 타야 될 것이며, 그
물살의 방향을 조정해야 될 것이며,
그 물살이 흘러가는 그 길을 만들어
인도해야 되는 것이 너희들이거늘,
12 너의 제자들은 어찌하여 그저 편안하
게 안주하는 그런 생각으로써 지금 살
아가는 것인가?
13 과연 너의 제자들이 그리 살아갈 시간
이 있으며 그리 행동할 시간이 있는가?
14 지금 제방의 둑은 점점 터져 그 제방
이 무너지는 그 역사를 이루고자 하는
것이 지금의 형국이거늘, 어찌하여 너
희들은 그저 그리 편안히 안주하여 항
상 그 물살로써 그 구멍으로 물이 흘
러간다 그리 생각하는가?
15 그를 막을 수 없는 시국이 올 것이며,
그 모두는 무섭게 밀어닥칠 것이니,
16 지금 나의 법전이 세상에 전해져 나의
피조물 만백성이 역사하는 것이 그와
같이 이루어짐이니라.
17 그와 같은 물살이 세지는 그 물의 앞
길은 개미구멍같이 뚫어진 구멍으로
시작함이니,
18 그들이 얼마나 분주히 움직여야 될 것
이며, 그들이 미래에 그 둑이 터지는
그 물살에 대비하여 어찌 방향을 잡
아야 하겠는가?
19 너희들은 그와 같은 역할로서, 나의
피조물 만백성이 너희들을 따라오고
자 할 때, 그 무서운 물살보다 더 강하
게 밀어닥칠 때, 그 길잡이를 하고 안
내를 해야 될 것이니,
20 너희들이 과연 그리할 수 있는 자세가
지금 되어 있는가?
21 그리고 너희들의 마음 자세가 그리 되
어 있는가?
22 너희들은 너무 안일하고 안주하는 자
세로써 지금 살아가는 것은 아닌가 알
아봐야 될 것이며 너희들이 깨달아야
될 것이니라.
23 어찌하여 너희들은 그리 편안히 생각
하는가?
24 지금 너희들이 그리 편안하게 갈 시간
이 없음이니라.
25 제방의 물이 터져 흘러내리듯이 그 물
살이 점점 세짐이니,
26 지금 선지자를 향하여 밀려오는 나의
피조물 만백성이 공격하는 자요, 순종
하는 자요, 그리고 그를 핍박하는 자
들이 휩쓸려 밀어닥칠 것이니,
27 그를 안내하고 정리하고 막아야 할 것
이 너희들이니,
28 과연 너희들이 그만만큼 마음과 훈련
의 자세가 되어 가고 있는가 너희 자
신을 돌이켜 보도록 그리하라.

2,351 번째 하나님 말씀

2002년 5월 15일 17시 59분

1 사랑하는 선지자야!
2 "네, 여호와 하나님! 말씀하옵소서."
3 너는 너의 제자들에게 물으라.
4 어찌하여 너의 제자들은 이 어렵고 힘

든 길을 가려 하는가, 그리고 그들은
왜 그 길을 가고 있는가 물으라.
5 그들은 말할 것이니라.
6 구원을 받고자 함이라 할 것이니라.
7 그렇다면 구원은 무엇이더냐 그들에
게 물어보라.
8 즉, 구원의 길은 나의 계명을 지키며
나의 율법에 따라 살며 사랑을 행함에
있다 그들은 말할 것이니라.
9 그러나 지금 너희들은 사랑의 행함에
있어서 얼마나 그를 지키고 살아가는
가?
10 사랑을 행함에 있어서 너희들은 인색
하지 아니한가?
11 그리고 '나'를 먼저 생각하며 '너'를 생
각지 않는 그 삶 속에서 너희들은 정
녕 사랑이 무엇인가를 알고나 살아가
고 있는가?
12 너희들이 육신의 그 삶을 조용히 살다
죽어 갈 때까지 정녕 사랑의 행함을
못했다 하면 너희들의 삶은 어떠한 삶
이라 하겠는가?
13 권력을 가진 자, 고대광실에 금은보화
를 산더미처럼 쌓아 놓고 사는 자, 그
러한 자 모두가 다 저희들이 살아감에
있어서 사랑을 실천하지 못했다 하면,
14 과연 그들의 생활을 어찌 말해야 되겠
는가?
15 그들은 정녕 삶에 있어서 실패한 자들
이 아니던가?
16 그렇다면 너희들은 지금 어찌하여야
구원을 받을 수 있는가 생각해 봐야
할 것이니라.
17 그러하니 너희들이 구원을 받는 것은
사랑을 실천함이요, 너희가 실천할 수
있는 모든 방법을 내가 너희들에게 일
깨워 줘, 그를 행하여 하늘에 와 구원
을 받을 수 있도록 나의 법전에 기록
하여 상세히 내려보냈으니,
18 너희들은 이를 보고 깨우쳐 사랑이 무
엇이며, 사랑을 행하는 것과, 사랑을
실천하는 법과, 사랑을 실천할 때 구
원을 받는 그 모두를 내가 나의 법전
에 기록하였음이니, 이를 소홀히 봐서
는 아니 될 것이며,
19 그리하여 너희들은 나의 법전에 기록
된 작은 것도, 나의 성령을 통하여 너
희들에게 내려보내는 그 모든 것도,
작은 나의 메시지요, 나의 뜻도 너희
들이 소홀히 듣지 말고 행하라 하였음
이니라.
20 그를 소홀히 듣지 아니하고 행함이,
그것이 사랑을 하는 길이요, 사랑을
실천하는 길이며, 사랑을 행하는 길이
니라.
21 그리하여 내가 선지자를 통하여 너희
들에게 사랑이요, 나눔이요, 행함을
내려보내고 있음이니, 너희들은 이와
같은 뜻을 알아야 할 것이니라.
22 내가 나의 선지자에게 명함을 너희들
이 거역하는 것은 모든 실패의 근본임
을 알아야 될 것이니라.
23 내가 인간을 통하여 너희들에게 무엇
인가를 통제하며 나의 성령을 전하고
자 함이니, 이는 나의 선지자요, 나의
아들을 통하여 너희들에게 명을 내리
니,
24 작든 크든 그가 너희들에게 전하는 것
을 거역하며 행하지 않는 자, 그는 나
를 거역하는 자이며, 그것이 너희들의

실패의 근본이요, 원인임을 알아야 될 것이니라.

25 이제는 너희들이 깨달음이 무엇이며, 가는 길이 무엇이며, 사랑을 실천하는 길이 무엇이며, 나의 법전이 원하는 것이 무엇이며, 나 여호와가 어찌하여 너희들을 구원하고자 하는지를 너희들이 다 알고 있음이니,

26 이제는 너희들 스스로 행하여야 할 때가 되었음이니라.

27 그러니 작은 나의 메시지요, 나의 뜻도 거역함이 없이 그를 받아들여, 너희들이 사랑을 실천하고 행함에 있어서 모두 너희들의 기틀이요, 기본으로 삼아 행하도록 그리 행해야 할 것이니, 이를 잊지 말라.

2,352 번째 하나님 말씀

2002년 5월 15일 21시 11분

(강론을 마치며)

1 사랑하는 선지자야!

2 너희들 인간사에 깨우침을 얻고자, 하늘의 뜻을 깨닫고자, 그리고 구원의 길이 무엇이며 진리가 무엇이며 너희들의 인생이 어디서 와서 어디로 가며 어떻게 살아가는 것인가를 탐구하기 위하여 모든 인생을 다 바치며 살아가는 사람이 있느니라.

3 더러는 머리를 깎고 심심산천에 가서 그를 독백하며 깨우치고자 하는 자가 있는가 하면, 세상사 얽히고설킨 그 속에서 자기 인생을 다 바쳐 그것을 깨우쳐 알고자 하는 자가 있고, 너희들이 보기에 정신 나간 자요, 잘못 간 자와 같이 하나의 걸인처럼 세상을 다니면서 무엇인가를 깨우치고자 노력하는 자들이 다 있음이니라.

4 그들이 평생 무엇인가를 깨우치고 얻고자 하여 발버둥치나, 그들이 얻어지는 것은 아무것도 없음이니라.

5 단, 그들이 나의 십계명에 있는 한 구절을 안다면 그것으로써 그들은 하늘을 나는 그와 같은 영광이요, 깨달음을 알 것이니라.

6 '나 여호와의 이름을 망령되이 일컫지 말라.' 십계명의 한 구절인 이것만을 그들이 깨우쳐 음미한다 하면 그들은 그리 고생할 필요가 없으며, 저희들이 무엇인가를 깨우치고 얻고자 하는 그와 같은 노력의 삶을 살지 아니하여도 될 것이거늘,

7 그들이 아무리 발버둥치고 노력한다 하여도 그들의 머리로써 더 이상 넘을 수가 없으며, 내가 너희들에게 말한 60점의 그 한계를 넘을 수 없음이니라.

8 모든 진리의 뜻이 십계명의 이 한 구절에 들어 있음이니,

9 내가 너의 제자들에게 오늘 알려 주는 것은 '나 여호와의 이름을 망령되이 일컫지 말라.' 그 한 구절을 가지고 그들이 그리 평생을 바쳐 공부하고 연구하고 진리를 찾는 그 모든 뜻이 다 거기에 있다 함은,

10 십계명에 열 개의 계명이요, 열 손가락 안에 들어가는 그 계명이나, 그 뜻이 가지고 있는 것이 얼마나 위대하고 방대한 것인가를 너희들에게 깨우쳐 주고자 함이니라.

11 그리하여 십계명이 얼마나 소중한 것
이며 얼마나 위대한 것인가를 너희들
에게 알라 함이니라.
12 지금 나의 피조물 만백성이 더러는 자
기 인생의 모두를 포기하며 모든 것을
다 접어 두며 진리를 터득하며,
13 하늘에 오르는 길이 무엇이며, 영혼이
무엇이며, 정녕 다음의 세상은 있으
며, 제가 어디서 왔는가, 이와 같은 이
치와 진리를 깨우쳐 평생을 다 바치는
그들에게 가르쳐 줄 것이며, 그들이
깨닫는 것은 무엇이라 내가 말하였느
냐?
14 '나 여호와의 이름을 망령되이 일컫지
말라.' 그것 하나만 그들이 깨우치고
안다 해도 그는 구름 위에 떠 하늘에
오르는 천사의 그 형태로 마음이 훨훨
날 것이니라.
15 그들이 그와 같이 고생하고 모두를 다
바치는 것을 그 한 구절을 깨닫는 것
으로 다 터득한다 하였으며,
16 너희들은 백 가지 구절을 깨닫고 지키
며, 거기에서 진리를 깨달으며, 나의
음성을 들으며, 하늘에 오르는 길의
이치를 깨닫고 공부하며 깨우쳐 가니,
17 너희들이 얼마나 위대하고 소중한 사
람들인가를 알라 하여 내가 이 뜻을
깨우쳐 줌이니라.
18 하나를 가지고 평생을 다 바쳐도 깨우
치지 못하는 것을, 너희들은 열 개의
계명을 다 가지고 깨우쳐 하늘에 오르
는 길이요, 진리를 알고 있음이니,
19 이 세상에 너희들을 대적할 자 없으
며, 너희들의 깨달음을 알 수 없으니,
그리 너희들이 소중함을 내가 알려 주
고자 함이니,
20 너희들이 바로 나에게 그리 소중한 나
의 아들이요, 딸임을 알아야 될 것이
니라.
21 이제는 내가 나의 아들 선지자를 통하
여 너희 성서에 기록되어 있는 그 참
뜻과 그 진리를 하나하나 기록하여 그
뜻을 찾아내며 만백성에게 전하니,
22 그 성서를 가지고 가르치고 또 깨우친
종교 지도자들이 갑론을박하고 반박
할 여지가 없음을 너희들은 알아야 될
것이니라.
23 내가 이제 나의 선지자를 통하여 성서
의 진리요, 참뜻을 찾아서 나의 법전
과 성서를 연계하여 그 뜻을 내가 다
시 풀어 기록하여 세상에 내보내니,
24 이것을 읽는 자, 여기에서 갑론을박할
자신이 없으며 대답할 자신이 없으니,
그들이 스스로 무너져 감을 알아야 될
것이니라.
25 이제는 그 시대가 왔음을 알라.

2,353 번째 하나님 말씀

2002년 5월 16일 07시 56분

1 사랑하는 선지자야!
2 "네, 여호와 하나님! 말씀하옵소서."
3 너희들이 구약 시대에 모세가 이뤘던
많은 기적과 역사와 나의 아들 예수를
통하여 너희들을 구원하고자 했던 그
역사, 그리고 나의 성령으로써 기록된
모든 구약과 신약의 그 성서와,
4 지금 나의 선지자를 통하여 마지막 나
의 피조물 만백성 너희들을 구원하고
자 나의 성령을 태워, 나의 모두를 태

워 내려보내는 나의 이 법전과 이 모
두를 놓고 너희들이 본다 해도,
5 내가 이 세상에 지상의 낙원을 이룬
그 역사보다는 위대하지 못함을 알 것
이니라.
6 내가 이 지상의 낙원에 동식물이요,
미물이요, 모두가 다 살아갈 수 있도
록, 존재할 수 있도록, 또 그들이 뿌리
를 내리며 역사의 흐름에 따라 생식하
여 번식하며 살아갈 수 있도록 한 그
모든 역사를 세분화하여 너희들이 돌
아다본다면,
7 그게 얼마나 위대한 역사며, 얼마나
크나큰 나의 은혜요, 나의 영광에서
이루어진 것인가를, 또한 그 모두는
나의 계획이 아니라 하면 이루어질 수
없는 그와 같은 위대함이 있음을 너희
들은 알아야 할 것이니라.
8 너희들은 내가 이 지상의 낙원을 이룬
그 모든 역사요, 너희들에게 생명을
준 그와 같은 모든 기적의 역사를 나
여호와가 이루었다 생각하는 자 과연
얼마나 있으며,
9 거기에 감사하는 마음 또한 너희들이
얼마나 갖고 있는가?
10 너희들은 지금 내가 이룬 지상의 낙원
에서 모두를 취하고 섭취하고 살아가
면서, 과연 이는 나 여호와가 만든 것
이며 나 여호와가 너희들에게 내린 은
혜요, 은총인가를, 그를 의구심을 가
지고 있는 자가 수없이 있음이니,
11 그와 같은 너희들이 의구심을 갖는 그
마음이 구약 시대의 그 역사에 의구심
을 갖게 되며 신약 시대의 그 모두를
다 의구심을 갖게 됨이니,
12 그와 같은 너희들이 의심하고 믿지 못
하는 그 마음이 지금 나의 성령을 태
워 나의 선지자를 통하여 만백성을 구
하고자 내가 세상에 내려보내는 이 법
전 자체를 너희들이 의구심을 가지며
믿지 않으려 함이니,
13 너희들의 그 마음속에 자리잡고 있는
의심하며 시기하는 그 마음이 있는 한
나의 법전의 그 뜻을 너희들이 바로
읽고 바로 바라볼 수 없음이니라.
14 지금 내가 너희들에게 일러 말하였느
니라.
15 나의 성경은 과거와 현재와 미래의 모
두의 역사함이 그곳에 들어 있으며,
그를 읽고 깨우치기에는 내가 내린 나
여호와의 뜻을 너희들이 알아야 한다
하였음이니라.
16 내가 너희들에게 내린 그 뜻의 진의를
모르며 그 속의 참뜻을 모른다 하면
너희들은 나의 성서를 가르칠 자격도
없으며,
17 그를 갖고 갑론을박할 자격도 없음을
알아야 될 것이니라.
18 나의 성서에 미래와 현재와 과거를 통
달하며 그를 보는 자 나의 뜻을 깨닫
는 자니,
19 그가 나의 피조물 만백성에게 가르칠
자격이 있으며 선택된 자임을 알아야
될 것이니라.
20 이를 창조하고 이를 기록한 나 여호와
가 원하는 그 뜻을 모르고 너희들이
가르친다는 것은, 이는 정녕 나와는
아무런 관계가 없다 내가 말하였음이
니,
21 이를 깨우칠 수 있는 선택을 받은 자

가 이를 가르칠 수 있는 나의 선지자
요, 나에게 명을 받은 자임을 알아야
할 것이니라.
22 지금 너의 제자들에게 일러야 할 것이
니라.
23 그들은 내가 나의 선지자를 통하여 너
희들이 모두를 다 읽고 깨우쳐 너희들
이 보면 느끼고 행할 수 있는 그와 같
은 나의 모든 뜻을 간단히 풀어 내려
보내니,
24 이를 가지고 너희 것으로 받아 너희
것으로 만든다 하면, 너희들이 이를
그대로 소화시킨다 하면 너희들이 지
도자요, 스승이 될 수 있는 자임을 알
아야 할 것이니라.
25 나의 법전은 지금 너희들에게 어떠한
예를 들어서 말하는 것도 아니며, 비
사로써 너희들에게 말하는 것도 아니
며,
26 이는 그저 하나 더하기 하나는 둘이라
는 그 원칙에 의하여 가장 기초적인
것으로써 너희들의 손에 쥐여 주며
너희들에게 깨우쳐 주고자 함이니,
27 이보다 더 낮은 가르침이 없으며, 이
보다 더 높은 가르침이요, 더 훌륭한
가르침이 없음이니라.
28 이는 읽고 깨우쳐 그대로 너희들이 순
수한 마음으로써 받아들이면 내가 원
하고 내가 이끌고자, 또 내가 이루고
자 하는 새로운 시대의 역사의 그 발
자취를 너희들이 알 것이며, 나의 뜻
을 알게 되어 있기 때문이니라.
29 그리하여 이것이 나의 진리요, 나의
성령이요, 나의 뜻임을 너희들이 알아
야 될 것이니,
30 그리하여 이를 가르치는 자는 선지자
가 '앞으로 가라.' 하였으면 너희들 또
한 '앞으로 가라.' 그리 가르치게 되어
있으며, 너희 후손 또한 '앞으로 가라.'
그와 같은 하나의 뜻으로써 이루어지
도록 되어 있는 것이 나의 법전이요,
나의 성령의 나의 진리인 것을,
31 너희들은 이것 하나의 그 이치를 깨닫
는다 하면 이는 정녕 내가 너희들을
위하여 내리는, 너희들을 구원하고자
내리는 나의 마지막의 성령임을 알아
야 할 것이니라.
32 이를 구분치 못하는 자, 그는 영원히
그가 스스로 지옥 불로 가고 있음을
알아야 할 것이니라.

2,354 번째 하나님 말씀

2002년 5월 16일 08시 26분

1 사랑하는 선지자야!
2 "네, 여호와 하나님! 말씀하옵소서."
3 내가 나의 아들 예수를 내려보내어 나
의 피조물 만백성에게 명하였으니,
4 '금식할 때 너희는 외식하는 자들과
같이 슬픈 기색을 내지 말라.' 하였음
이니,
5 너희들이 외식하기 위하여 화려하게
차리고 꾸민 그 모습이 정녕 화려하고
위대한 것이나, 그와 같은 것은 너희
들이 진실을 가리는 것이며 진실이 숨
겨진 것이기에 너희들에게는 슬픈 모
습이니,
6 내가 보기에 너희들의 그 외식하는 형
태의 모습은 슬픈 모습으로 보임이니
이를 너희들이 알아야 될 것이니라.

7 나로부터 선택된 백성은 꾸밈이 아니요, 장식이 아니요, 그저 있는 그대로 순수하게 살아가는 그 모습이 나로부터 선택된 백성임이니라.

8 또한 너희는 금식을 하는 것을 어찌하는가?

9 너희들은 금식을 하는 것을 사람에게 보이려 함이며, 그리고 너희들 자신의 얼굴을 흉하게 하며 그와 같은 방법으로써 행하느니라.

10 그리고 내가 진실로 너희에게 이미 모든 것을 일러 주었으니, 너희는 이미 나에게 상을 받은 자임을 알아야 할 것이니라.

11 너희들은 너희들 스스로 갈급하며 무엇인가 깨닫고 얻기 위하여 나에게 금식이라는 그 기도를 하느니라.

12 그러나 진실로 무엇인가를 얻기 위하여 나에게 기도하는 자는 나에게 선택된 자요, 나의 성령이 임한 자요, 나로부터 모든 것을 명받아 임하는 자만이 그가 무엇인가를 얻고자 하여 그리 금식 기도를 드리는 것임이니라.

13 나와는 아무런 관계도 없고 사악한 자, 죄짓는 자, 그리고 나의 계명을 지키지 아니하고 사는 자, 그들은 나에게 기도를 드릴 자격이 없음을 알아야 될 것이니라.

14 그러하니 너희들이 자격이 없는 자, 금식이라 하여 기도드리는 그 형태가 어떠하더냐?

15 너희들은 남들에게 보이기 위하여 험악한 형태로써 너희 자신을 무너뜨려 가며 나에게 기도하고 금식한다 함이니라.

16 그리고 너희들은 억지로 굶는다 하며 그리하느니라.

17 그러나 금식은 굶으며 하는 것이 아니라 내가 하였음이니라.

18 너희들이 갈급하고 나에게 무엇인가를 얻고자 할 때, 너희들이 적은 생식으로써 너희 자신을 지켜 가면서 나에게 경배하는 마음으로 너희들이 무엇인가를 듣고자 기도하는 것이라 하였음이니,

19 이는 나에게 성령으로 임한 자요, 나로부터 선택된 백성들이요, 나로부터 지시를 받아 모든 백성을 구하는 선지자요, 선택된 자가 할 수 있는 영광스런 금식의 기도이니라.

20 아무나, 너희들같이 죄짓고 사악한 자들이 울고불고하며 며칠씩 굶고 나 여호와에게 기도했으며 금식 기도를 드렸다 하여 그리 자랑하고,

21 외형적으로 너희들이 그와 같이 너희 자신의 위대함을 보이고자, 너희 믿음을 보이고자,

22 '내가 가는 믿음이 진실한 믿음이요, 내가 그와 같이 참된 믿음으로 가고 있으니 나는 구원받는 자며 선택받은 자니, 너희들은 감히 나에게 근접하지도 말며 나에게 도전하지도 말며 나를 높이 보라.' 하는 그와 같은 마음에서 너희들이 하는 것이 지금의 금식이니,

23 그 얼굴 자체, 그 형태가 얼마나 흉악한 자세로써 금식을 하는가?

24 내가 너에게 일러 말하였느니라.

25 나에게 선택된 자, 너희들이 나에게 금식을 할 때 너희들은 머리에 기름을 바르고 얼굴을 깨끗이 씻으며, 평소보

다도 더 단정하고 아름다운 모습으로
써 금식 기도를 드리도록 그리하라 하
였음이니라.
26 이는 남들이 너희들이 금식함을 모르
며 너희들이 금식 기도를 드리는 것을
모름이니, 남들에게 보이지 아니하며
너희들이 조용히 은밀한 곳에서 나에
게 갈구하는 그 기도를 드릴 때 내가
그를 들어줌이니라.
27 이는 나의 성령이요, 나에게 선택된
백성이 나에게 금식 기도를 할 수 있
는 것은 내가 그들에게 모두를 내려
줌이니라.
28 나에게 받을 자격이 없는 자, 나의 계
명을 지키지 아니하고 살아가는 자,
그들은 금식 기도를 함이 험악한 모습
이요, 험악한 형태로써 저희들을 과시
하고 저희들을 남에게 보이고자 하는
그와 같은 형태로 금식함이니,
29 이는 너희들이 나의 성서에 기록된 그
구절 하나도 제대로 읽지 아니하며,
그 참뜻을 알지 못하며, 그 참뜻을 너
희들이 가르치지 아니하였으며, 그대
로 배우지 못하였기 때문이니라.
30 나에게 금식 기도하는 자는 나에게 성
령으로 선택된 백성이 깨끗이 씻은
모습으로써, 단정한 형태로써, 경건한
모습으로써 나에게 무엇인가를 듣고
자 기도하는 것이 금식 기도이니라.
31 그러나 너희들은 지금도 남에게 보이
기 위하여 너희 자세를 흩트리며 험악
한 모습으로써 그리 나에게 기도를 드
리고 금식하니,
32 그리하는 것은 금식의 참뜻이 아니며,
나와는 아무런 관계도 없는 그러한 짓
에서 너희들이 이루고 있으니,
33 너희들이 굶고 울부짖는 것이 나와는
관계없음을 알아야 될 것이니라.
34 이제 나의 법전을 읽은 선지자의 제자
요, 이 법전을 읽은 만백성 너희들은
들으라.
35 너희들이 금식을 하고자 할 때는 나에
게 갈급히 무엇인가를 원하고자 하며
너희들이 무엇인가를 깨닫고자 함이
니,
36 너희들은 곱고 단정한 자세로써, 곱고
아름다운 모습으로써 조용히 기도하
는 그 모습이 나에게 금식 기도함임을
알라.
37 광란의 미친 짓을 하면서 하는 것이
금식 기도가 아님을 너희들은 깨달아
야 될 것이며, 집단으로 그리하는 것
이 아니니라.
38 조용히 은밀히 나에게 기도드리고 소
원하면 들을 것을, 그 광란 속에, 미친
자들 속에 들어가서 같은 미친 자가
되어 같이 휩쓸려 가고자 하는 그와
같은 금식의 형태로 하는 기도는 너희
들이 기분을 내는 것이며,
39 너희들이 과시하는 것이며, 모든 이에
게 그와 같이 너희들이 위대한 믿음을
가고 있다는 것을 보이고자 하는 너희
들의 욕심의 형태에서 하고 있음이니,
40 이 부끄러움을 너희들이 알아야 할 것
이니라.

2,355 번째 하나님 말씀

2002년 5월 16일 08시 55분

1 사랑하는 선지자야!

2 "네, 여호와 하나님! 말씀하옵소서."
3 내가 너에게 뭐라 일렀더냐?
4 성령이 임한 백성이요, 나로부터 선택
된 백성은 운명이 없다 내가 너희들에
게 말하였음이니라.
5 나로부터 선택된 백성 너희들이 나에
게 향하는 삶의 그 자세에서 너희들이
어찌 노력하며 어찌 비우며 하얀 마음
처럼 너희 스스로 다스려 가느냐에 따
라 너희들의 운명을 바꿀 수 있다 하
였음이니,
6 그리하여 나의 성령이 임한 백성이요,
나에게 선택된 백성이요, 너의 제자들
이요, 나의 법전을 읽고 깨우치는 백
성은 운명이 없다 말하였음이니라.
7 이제는 너의 제자들이 행할 수 있으며
나의 법전을 읽고 깨우친 백성들이 행
할 수 있을 것이니라.
8 너희들은 남들과 시시비비를 갖되, 무
조건 너희들이 잘한 것은 하나도 없음
을 알라 이르라.
9 지금 부모와 형제간에 반목이 있는
자, 이웃 간에 반목이 있는 자, 친구들
간에 반목이 있는 자, 모든 자들과 담
을 쌓고 사는 자, 그리고 감정을 가지
고 사는 자,
10 그들에게 너희들이 눈물로써 정녕 용
서를 빌며 사과를 하라.
11 그리하여 너희 마음에 있는 그 무게를
먼저 덜어야 될 것이니라.
12 너희들은 운명이 없다 말하였으니, 너
희들은 남들과 같이 잘하고 잘못함이
없느니라.
13 모두가 너희들의 탓이며 너희들이 잘
못함이니라.
14 이 세상 살아가는 모든 것에서 너희들
이 부모와 형제간의 섭섭한 마음, 이
웃과 섭섭한 마음, 친구간의 섭섭한
마음, 나의 성전에 오는 나의 백성과
의 섭섭한 마음, 나의 백성과 서로 음
해하고 시기했던 마음,
15 그 마음 모두를 다 털어 버리고 그에
게 눈물로써 용서를 빌면서 사죄를 먼
저 드리는 것이 너희들이 해야 할 길
이며 너희들이 가야 할 길이니라.
16 너희들은 남들과 시시비비를 할 때,
옳고 그름이 너희에게는 적용되지 아
니함이니라.
17 모두가 다 너희들의 잘못이요, 모두가
다 너희의 죄임을 알라.
18 그리하여 너희들은 운명이 없다 말하
였음이니라.
19 운명이 없는 자가 무엇이더냐?
20 바로 그와 같은 자이니라.
21 이 세상 너희들은 지금 살아가면서 어
떠한 반목도 있을 수가 없으며, 남들
과 시시비비는 있을 수가 없으며, 잘
잘못을 논할 수도 없으며, 모두는 다
너희들의 탓이며 너희들의 죄이니라.
22 나로부터 선택된 백성이요, 성령을 받
은 자요, 하늘에 오르는 길을 아는 자
요, 마음을 하얗게 다스리고자 하는
자, 너희들은 일반 백성과 차별화되어
있음이니,
23 그들과 싸우고 치고받고 하며 그들과
반목하고, 용서를 빌지 못한다면 너희
들이 다른 점이 무엇이 있는가?
24 똑같은 자이니라.
25 너희들은 지금서부터 시시비비가 없
고 잘하고 잘못함이 없으니, 모두는

너희들 탓이며 너희들이 잘못함이니,
26 이를 가슴에 안고 모두를 다 용서를
빌며, 용서해 주며, 가슴을 털고 살라.
27 그것이 너희들이 하늘에 올 수 있는
가벼운 몸이요, 가벼운 자세이니, 나
여호와의 간곡하고 애절한 이 뜻을 들
어 행하도록 하라, 사랑하는 선지자의
제자들아!

2,356 번째 하나님 말씀

2002년 5월 16일 11시 01분

1 사랑하는 선지자야!
2 "네, 여호와 하나님! 말씀하옵소서."
3 내가 성서에 기록하여 너희들을 깨우
쳤음이니, 너희들에게 일용할 양식을
나 여호와가 주었다 너희들이 말하지
아니하는가?
4 '오늘 우리에게 일용할 양식을 주옵소
서.' 하는 그와 같은 구절이 있으니,
그것이 무슨 뜻이더냐?
5 내가 너희들에게 모든 쓸 수 있는 양
식을 다 주었다 말하지 않더냐?
6 이것이 나의 선지자를 통하여 너희들
이 60점이라는 그 점수의 틀 속에서
인간으로 살아갈 수 있는 모든 것을
다 주었음이니,
7 너희들이 어찌 노력하고 어찌 가느냐
에 따라서 그를 얻고 이룸이라는 바로
그 뜻이 있음이니라.
8 너희들은 '일용할 양식을 주옵시고'
이것은 아나, 100점이라는 그 점수에
서 60점은 인간 너희 모두에게 공통
으로 다 주었으며, 너희에게 양식을
다 준 그 은혜를 모르고 있음이니라.
9 그것을 의미함이니, 오늘 나의 법전에
내려간 내용을 읽고 너희들은 이 뜻을
깊이 깨우쳐야 할 것이니라.
10 그러면 내가 너희들에게 예수를 통하
여 어찌 기록하였던가?
11 인간인 너희는 두 주인을 섬길 수 없
다 말하지 아니하였던가?
12 한쪽이 중하면 한쪽이 경하며, 한쪽이
경하면 한쪽이 중함이니,
13 이는 인간의 도리로써 이룰 수 없기
때문에 너희들은 두 주인을 섬길 수
없다 그리 말하였느니라.
14 내가 뭐라 말하였는가?
15 성서에 너희들에게 이르기를, 너희들
은 나 여호와를 경배하는 그 믿음의
길과 재물을 모으고자 하는 길 중에
그 두 길을 다 갈 수는 없다 말하지 아
니하였는가?
16 이는 무엇이냐?
17 세속의 인간 세상에 너희들이 부귀영
화를 누리며 그를 취하고자 살아가면
서 나를 향하여 기도하고 나를 섬길
수 없다 말하는 뜻이 여기에 있음이니
라.
18 그리하여 너희들이 부를 취하고자 한
다면 나를 따를 수 없으며, 너희들이
곱고 바른 마음으로 살아갈 수 있는
믿음의 길을 가는 자는 부귀와 영화를
걸머질 수 없다는 뜻이 또한 여기에
있음이니라.
19 그러나 지금 내가 이와 같은 뜻을 너
희들에게 가르쳐 주었음이니라.
20 일반 백성인 나의 피조물 만백성도 저
희들이 세속의 삶에 부귀와 영화를 먼
저 앞세운다 하면 나를 볼 수 없으며

나를 믿을 수 없다 하였으며,
21 나를 믿고 따르는 자, 너희들이 남들
처럼 부귀영화와 호의호식 속에 권좌
에서 살아갈 수 없다 하였으니,
22 그 마음을 비울 수 없기 때문이니라.
23 하물며 그렇거늘, 지금 종교 지도자들
이 어찌 가고 있는가?
24 종교 지도자들이요, 나의 피조물 만백
성을 하늘에 인도한다 하는 자들은 어
찌 가야 되겠는가?
25 그들은 두말할 것 없이 금화와 은화의
재물을 모으는 것이 아니라, 오로지
나를 경배하며, 나의 믿음을 따르며,
내가 너희들에게 전하고자 하는 그 뜻
을 깨우쳐 연구하며, 이 나의 뜻을 깨
우쳐 피조물 만백성에게 전하는 것이
그들이 해야 할 일이나,
26 지금 너희들이 십자가를 하늘 높이 세
워 불을 켜 놓으며 밤마다 나를 고문
하고 나를 괴롭히며, 그 십자가의 불
빛을 켜 놓고 너희들이 무엇을 원하는
가?
27 그중에서 많은 신도들이 모여들기를
너희들은 첫째 원하며,
28 그리고 많은 신도들이 모여들어 너희
들에게 재물을 쌓아 주기를 원하며,
29 그리고 너희들이 강론한 그곳에 그들
이 광란의 짓을 하며 '아멘!', '옳소이
다.' 하며 엉덩방아를 찧으며 소리 지
르는 것을 원하는 것이 너희들이 아니
던가?
30 이게 어디 감히 있을 수 있는 길인가?
31 하늘에 오르는 길로 인도하여 나의 피
조물 만백성을 구원한다는 지금 종교
지도자들이 저희들의 손으로 이룬 아
름다운 성전을 짓기 위하여 나의 피조
물 만백성에게 금화와 은화를 거둬들
이는 데 혈안이 되어, 모든 직함을 팔
아먹고 모든 이름을 팔아먹으며 그리
거두어들이지 아니하는가?
32 그것이 어찌 너희들이 지금 나를 섬기
는 길이라 말하는가?
33 종교 지도자는 정녕 나 외에 다른 생
각을 해서도 안 되며, 재물을 모아서
도 안 되며, 금화와 은화를 거둬들여
서도 아니 되거늘,
34 너희들은 나를 향하는 믿음이요, 내가
원하는 것이요, 내가 뜻하는 것이요,
나의 미래요, 나의 성령으로써 너희들
이 들어 무엇인가를 행하고자 하는 그
와 같은 행위의 믿음의 종교 지도자가
아니라,
35 그저 금화와 은화를 거둬들여 너희들
이 웅대한 성전을 지으며 그곳에서 너
희들이 가치를 따지며, 너희들이 성공
했다 성공하지 않았다, 출세했다 출세
하지 않았다 이리 따지는 것이 지금
종교 지도자라면,
36 무엇을 놓고 너희들이 차별화된다 말
하겠는가?
37 인간 세속에서 출세했다 하는 것이 무
엇이더냐?
38 우선 명성을 얻으며, 재물을 얻으며,
부귀영화를 누리고 호의호식하고 사
는 것을 그들이 출세요, 영광을 얻었
다 말하지 않는가?
39 그러나 종교 지도자 너희들이 그리 간
다면 어찌하는가?
40 너희들은 많은 신도요, 많은 재물을
거둬들이는 자가 성공한 종교 지도자

라 말하며, 그 숫자를 가지고 너희들
이 팔고 사는 그와 같은 흉악한 짓을
하고 있는 것이 지금의 실정이라 하면,
41 이는 인간 세속에 있는 자들보다 더
잘못함이며 더 많은 죄를 지음이니라.
42 너희들은 나의 이름을 빙자해서 그와
같은 행위를 하기 때문에 너희보다 사
악한 자가 없는 것이니라.
43 정녕 종교 지도자라면 돈을 거둬들이
는 데 연연해서는 아니 될 것이니라.
44 나의 뜻을 따르며 나를 경배하며 나에
게 오르는 길을 나의 피조물 만백성에
게 너희들이 진실로 알며 깨우칠 때
금화와 은화는 거저 이루어지는 것이
거늘,
45 너희들은 지금 금화와 은화를 거둬들
이고 더 쌓아 놓는 데 혈안이 되어 있
으며, 모든 정신을 거기에 다 쏟고 있
음이니,
46 나에게 기도하는 것은 무엇이더냐?
47 그저 마지못하여 너희들이 지껄여 대
며, 주십사 하며, 피조물 만백성에게
영광과 축복과 건강과 행복을 주십사
하여, 그것을 사라 사라 하며 너희들
이 팔아먹는 것이 아니던가?
48 너희들은 나의 피조물 만백성에게 부
귀와 영화를 주며 축복을 주며 재물을
준다 하는 것이 무엇이더냐?
49 그리하면서 너희들이 거둬들이기 때
문에 너희들이 장사를 하는 사기꾼들
이니라.
50 그와 같은 사악한 자들 앞에 가 고개
숙이고 무엇인가를 구하고자 '아멘!'
을 찾고 '주여, 주여!' 하며 나의 이름
을 부르지 말라, 이 사악한 백성들아!
51 너희들 자신도 사악한 자들이니라.
52 너희들이 무엇인가를 얻고 구원을 받
지 아니한다 하면, 너희들이 그 시간
과 재물을 바치며 그 사악한 자 앞에
가 그 행위를 하겠는가?
53 다 똑같은 자들이니라. 똑같은 자들이
기 때문에 어울리느니라.
54 여기서 누가 더 낫고 못함의 가치도
없음이니라.
55 지금 나의 법전을 세상에 내려보내니,
이 대목을 읽고도 너희들이 뜨거운 물
에 손을 대듯이 놀라 깨우치지 못하는
자, 영원히 구원의 길은 없음을 알라.

2,357 번째 하나님 말씀

2002년 5월 16일 17시 13분

1 사랑하는 선지자야!
2 "네, 여호와 하나님! 말씀하옵소서."
3 너희들이 지금까지 인생을 살아오면
서 자신의 지표가 무엇이며, 구원이
무엇이며, 구원을 받는 길이 무엇이
며, 인생을 어찌 살아가는 것이 바른
길이며 옳게 사는 것인지 그와 같은
깨달음 속에서 무엇인가 길을 찾지 못
하고 방황하는 너희들에게,
4 나의 선지자를 통하여 내가 성령을 내
려보내어 법전이라 기록하여 나의 피
조물 만백성을 구하는 그 역사를 이루
며,
5 그때부터 너희들을 선지자의 제자라
하여 내가 너희들에게 선지자 앞에 와
내가 내리는 성령의 뜻이요, 나의 법
전을 읽고 깨우쳐, 선지자를 따라 천
년에 걸쳐 이루는 새로운 역사를 이루

고자 하는 나의 뜻에 너희들의 책무를
다하도록 그리하였으나,
6 지금 너희들이 각자 생각하고 너희들
이 각자 가는 마음의 자세가 과연 어
디에 있는가?
7 지금 내가 나의 겨자씨 하나를 뿌리듯
이 나의 선지자를 세상에 내려보내어,
모든 사악한 무리들이 그를 공격하려
호시탐탐 기회만 노리고 있는 그와 같
은 형국에서 나의 선지자가 지금 성장
하여 가고 있음이니,
8 그를 보호하고 지키라 하여 너희들을
제자라 임하여 깨우침을 주었으며, 너
희 이름을 지상의 낙원에 내가 걸어
놓아 너희들이 아름답게 살다 나에게
오르도록 하라 하였거늘,
9 너희들이 지금 너희 직분과 책무를 알
고 있는가?
10 내가 너희들에게 수없이 말하여 일렀
느니라.
11 선지자의 제자들이 할 수 있는 것은
깨끗하고 하얀 마음을 가지고 선지자
를 위로하며 그 옆에 서는 것이며,
12 그것이 너희들이 해야 할 길이며, 그
것이 그를 가장 기쁘게 하며 보호하는
길이라 하였음이니라.
13 그러나 너희들은 지금 어찌 가고 있는
가?
14 너희들이 정녕 선지자의 가는 길에 불
평불만을 가지며 그에게 파장을 이루
며 그 마음을 흔드는 행위를 하지 아
니하고 있는가?
15 그렇다면, 내가 너희들을 선택하여 선
지자를 보호하도록 선지자의 제자라
임하여 그리 같이 가도록 하였음이니,
16 그러한 너희들이 선지자의 마음에 파
장을 이루며, 그가 일어서기 전에 너
희들이 그를 쓰러뜨리고자 하는 그와
같은 행위를 너희 스스로 한다 하면
이를 어찌해야 되겠는가?
17 6천 년이라는 길고도 긴 세월을 기다
려 지금 나의 선지자를 바로 세우고자
하는 나 여호와의 뜻에 거역함이니,
18 내가 너희들을 어찌 바라보며 어찌 사
랑하며 어찌 지켜 줄 것이라 너희들은
생각하는가?
19 이는 내가 너희들에게 일러 말하였음
이니라. 용서할 수 없음이라 말하였음
이니라.
20 나의 선지자의 마음에 파장을 이루며
그를 쓰러뜨리고자 하는 자, 내가 용
서할 수 없다 하였음이니,
21 선지자가 일어나 성장하여 하나의 열
매를 맺기 전에 너희들은 그 열매를
따 먹고자 하며, 그 열매가 지금 보이
지 아니하며 열지 아니하며 익지 아니
하였다 하여 너희들은 선지자에게 불
평불만을 하며 그 마음에 파장을 이루
는 그와 같은 사악한 행위를 하고 있
다면, 이는 용서받을 수 없음이니라.
22 내가 너희들에게 임무를 알려 주었음
이니라.
23 선지자가 바로 설 수 있도록 하여, 그
가 큰 나무로 성장하여 나의 피조물
만백성이 그 그늘에 쉬어 갈 수 있는
그와 같은 자가 되도록 너희들이 거름
이 되고 물이 되라 하였거늘,
24 너희들이 물과 거름이 되어 내가 내린
겨자씨가 나무로 성장하기를 바라는
것이 아니라, 그 열지도 않은 열매를

열지도 아니하였다고 불평하며, 그 열
매가 익지 않았다고 불평함이니,
25 이것이 얼마나 사악한 자들의 행위인
가를 알아야 될 것이니,
26 너의 제자들 중에서 선지자를 배신하
며 유다와 같이 선지자를 팔아먹는 자
가 나오고 있음이니, 이는 엄연한 사
실임을 알아야 할 것이니라.
27 그와 같은 마음을 가진 자, 그를 고치
지 아니하며, 깨닫지 못하며, 그와 같
은 사악한 마음을 버리고 가지 못할
때,
28 그가 나로부터 얼마나 가혹한 벌을 받
아야 되는 것인가를 알아야 할 것이니
라.
29 너희들에게 내가 다시 한 번 고하노라.
30 너희들은 선지자가 성장할 수 있도록
물과 토양이 되는 것이 너희들의 임무
라 하였음이니, 그 이상의 범주를 벗
어나려 하지 말라.
31 너희들이 어찌하여 과일을 따 먹으려
하며, 그 과일의 맛을 보려 하며, 그
과일이 익기를 바라며, 그 과일이 너
희들 것인 양 그리 생각하는가?
32 너희들의 임무가 있음을 잊어서는 아
니 될 것이니라.
33 내가 오늘 나의 선지자를 통하여 너희
들에게 경고하나니, 이것이 너희들에
게 내리는 마지막 경고이니라.
34 내가 너희들에게 말하여 일렀으니, 너
희들은 운명도 없다 하였으며, 또한
그리하여 너희들은 누구도 심판할 수
없으며 너희들을 재판할 수 없다 하였
으며, 너희들이 살아가는 것이 진리
요, 법이라 내가 말하였으니,
35 이를 지키지 않고 선지자의 마음에 파
장을 이루는 행위를 하는 자, 어떠한
형태로든 용서할 수 없음을 알아야 할
것이니라.
36 나의 법전이 잘못 기록되며, 나의 법
전이 잘못되며, 나의 성령이 바로 전
달되지 못하며, 바로 내려보내 깨우침
의 등불이 되지 못한다 하면, 이는 나
의 피조물 만백성이 사악한 길이요,
지옥으로 가는 그 역사를 되풀이하는
그와 같은 현실이 벌어지기에,
37 이제 나의 성령을 태워 마지막으로 내
려보내는 제3의 시대를 바로잡지 못
한다 하면 나의 피조물 만백성을 구할
길이 없으며, 또 어떠한 성령도 내려
와 너희들을 구원할 수 없는, 이것이
마지막이기 때문이니, 이를 명심하여
너희들이 행하여야 할 것이니라.
38 내가 너희들에게 말하였느니라.
39 너희들은 선택된 자이기 때문에 남과
시시비비를 할 수 없으며, 무조건 너
희들이 잘못한 것이며, 그들과 잘잘못
을 따질 수 없는 것이 너희들이라 하
였음이니라.
40 너희들은 바로 영으로써 충만되어 있
으며 나로부터 선택된 백성이기에 너
희들은 너희 스스로 운명이 없듯이,
41 너희들은 남과 따지고 시시비비하는
것이 절대로 있을 수 없으며, 무조건
너희들이 잘못한 것뿐이며, 너희들이
용서를 비는 것이며,
42 미워했던 사람, 싫어했던 사람, 그 사
람들까지도 너희들이 다 찾아 눈물로
용서를 빌 때 그들이 감화받아 돌아설
것이며, 그리했을 때 너희 마음이 가

벼워 하늘에 오를 수 있는 천사가 될 수 있음이니,
43 너희들의 마음을 털어 버리는 이 깨우침을 내가 너희들에게 전하노니, 이 뜻을 깊이 깨우쳐 행하여야 될 것이며,
44 이를 따르지 아니하는 자, 정녕 나로부터 버림을 받는다는 것을 잊어서는 아니 될 것을 기억하라.

2,358 번째 하나님 말씀

2002년 5월 17일 07시 46분

1 사랑하는 선지자야!
2 "네, 여호와 하나님! 말씀하옵소서."
3 너의 제자들에게 이르라.
4 너희들이 정녕 나를 향하여 믿음의 길을 가고 있음이니, 너희들이 가고 있는 지금의 마음 자세가 어디에 있는가 하는 것을 한번 짚어 보고 가야 할 때가 되었음이니라.
5 그리고 너희들은 '남을 위한 믿음인가, 나를 위한 믿음인가?' 하는 것을 너희들 스스로 생각해 보며 자신을 짚어 봐야 할 것이니라.
6 너희들은 정녕 남에게 보여 주기 위한 그러한 믿음의 길을 가는 것인가, 나의 뜻이요, 하늘에 오르는 길을 위하여 지금 믿음의 길을 가고 있는가?
7 나로부터 선택된 나의 백성들로서 나의 성령을 선지자를 통하여 내려보낸 나의 법전을 읽고 깨우친 너희들이 과연 얼마만큼 그를 행하고 실천하고 있는가, 그를 그들에게 물어볼 때가 되었음을 알아야 될 것이니라.
8 정녕 나의 성령을 태워 내려보낸 나의 법전을 읽으며, 내가 선지자를 통하여 내리는 나의 성령의 강론을 듣고 살아가는 너희들이,
9 영혼의 양식이요, 너희들이 구원을 받는 그 구원의 길에 대한 모두를 다 너희들에게 깨우쳐 주고 일깨워 주는 나의 성령의 음성을 듣는 너희들이 과연 지금 서 있는 위치가 어디이며 살아가는 형태가 어떠한 것인가를 돌이켜 봐야 될 것이니라.
10 이 세상 나로부터 선택된 단 한 명인 나의 선지자요, 나의 선지자를 통하여 세상에 내리는 나의 모든 성령을 듣는 것은 선지자의 제자 너희들이니,
11 너희들은 과연 지금 살아가는 형태가 어떠한가 그를 지금쯤 돌이켜 봐야 될 것이며, 그리고 정녕 너희들이 나의 십계명과 나의 법전에 따라 살아가고 있는 것이며, 살아가는 형태가 그리 이루어지는가를 지금 볼 때가 되었음을 알아야 할 것이니라.
12 정녕 너희들이 하늘에 오르는 뜻이 무엇이며, 너희들이 내가 원하는 길을 가며, 서로 시기하지 아니하며 반목하지 아니하며 질투하지 않는 삶을 살아가는가 이를 너희들은 점검해 볼 때가 되었음을 알아야 할 것이니라.
13 나의 성령을 들으며 나의 법전을 읽고 깨우치며 나의 선지자를 통하여 강론을 듣는 너희들이 세속의 인간의 그 마음을 버리지 못하고 세상 속에서 살아가는 형태가 그와 같이 흘러간다 하면 너희들은 잘못된 자들이며, 너희들은 스스로 나로부터 구원을 받을 수 없는 자임을 알아야 할 것이니라.

14 여기서 너희들이 깨달아야 할 것이니
라.
15 너희들이 오로지 나의 법전대로 살아
가는 길을 선택할 것인가, 형식적인
믿음으로써 인간의 세속에 살아가는
그들과 똑같은 믿음의 길을 갈 것인가
너희들이 결정을 해야 할 때가 왔음을
알아야 할 것이니라.
16 너희들이 어렵고 힘든 이 길을 가며
나의 피조물 만백성을 구하는 지도자
로서 설 것이며, 또한 대대손손 너희
자손들이 너희들을 보고 믿음이 무엇
이며 구원의 길이 무엇인가 그와 같은
본보기로서 살아가는 삶을 너희들이
살아간다면,
17 세속에 있는 사람의 마음을, 그리고
너희들이 시기하고 질투하는 그 마음
을 너희들이 모두 구분하여 어떠한 길
을 선택해야 할 것인가를 지금 결정지
을 때가 되었음을 알아야 할 것이니라.
18 나의 성령을 듣는 선지자의 제자로 있
는 너희들 스스로 인간 세속에 살아가
는 그 생활 형태를 버리지 못하며 시
기와 질투와 반목하는 그와 같은 것이
마음속에 있다면,
19 누구를 막론하고 나 여호와는 너희들
을 버릴 것이며, 너희들은 그 이름이
기록되어 있는 낙원에 오를 수 없음을
알아야 될 것이니라.
20 순수하고 아름다운 사랑을 하며 그리
고 믿음만을 위해 사랑하며 가는 그
마음이 아니면 너희들이 나에게 오를
수 없음을 알라.
21 내가 예수를 통하여 성서에 기록하였
으며, 내가 선지자를 통하여 명하였음
이니라.
22 한 사람이 두 주인을 섬길 수 없으며,
너희들은 인간 세속의 삶의 행복을 추
구하고 영원히 구원의 길을 추구하는
그와 같은 두 가지 길을 갈 수 없다는
엄연한 사실을 내가 법전에 기록하여
너희들에게 전하였으니,
23 이제는 너희 스스로 그 길을 선택할
때가 왔음을 알아야 할 것이니라.
24 어떠한 이유든 어떠한 변명이 없음이
니라.
25 내가 너희들은 운명이 없는 자라 말하
여 기록하였으며, 그 운명이 없는 자
는 누구와 시시비비를 할 수도 없으
며, 모두를 양보하고 살아가는 마음만
이 너희들에게 존재한다는 것을 내가
다시 한 번 강조하니,
26 오늘 나의 이 법전을 읽고도 너희들이
이를 깨우치지 못한다 하면, 이제는
너희들을 내가 선별하여 쓸 자와 버릴
자를 구분할 것이며, 나의 선지자를
따를 자와 따르지 못할 자를 구분할
것이니 그리 알라.

2,359 번째 하나님 말씀

2002년 5월 17일 07시 53분

1 사랑하는 선지자야!
2 "네, 여호와 하나님! 말씀하옵소서."
3 이제는 나의 성령을 태워 내려보내는
나의 법전에 너의 제자들이 믿음을 가
는 그 길 속에서 그를 버리고 네 앞에
와 제자로서 소임을 다하며 그리고 나
의 법전이요, 나의 이 성령이 정녕 나
의 뜻이며 만백성을 구하는 마지막 제

3의 시대의 구원의 길이라는 것을 깨
닫는 자,
4 그들이 느끼고 그들이 변화된 그 모두
를 다 기록하여 그들의 이름으로써 한
페이지씩을 기록하여, 그 후손은 물론
이요, 나의 피조물 만백성이 천 년에
걸쳐 그를 정독하고 깨우칠 수 있도록
그를 본보기로 하도록 그리하라.
5 너의 제자들이 믿음의 길에서 방황한
자, 그리고 그들이 지금의 종교의 종
파 속에서 믿음을 가질 때 그들의 생
활과, 그를 버리고 생명을 바쳐 나에
게 왔던 그들의 그 심정과, 지금 나의
법전을 읽고 깨우치며 살아가는 그들
이 변화되는 그 마음자리들을 기록하
여 그들에게 복음서라 하여 그 이름과
그 모두의 이력서를 기록하여 나의 법
전에 기록하도록 하라.
6 그리하여 만백성에게 전하며, 그를 보
고 모든 백성들이 스스로 저희와 같은
상황에서, 저희들과 같은 그 생각에서
나를 따르는 너의 제자들이 어찌하여
이 법전을 선택하였으며, 이 법전을
선택하여 그들이 깨우쳐 가는 그 모습
을 상세히 기록하여,
7 나의 피조물 만백성이 그를 보고 깨우
쳐 너를 따르는 기틀이 되도록, 그리
고 기본의 힘과 용기를 그들에게 심어
줄 수 있는 그와 같은 복음서를 기록
하여 전하도록 그리하라, 선지자야!

2,360 번째 하나님 말씀

2002년 5월 17일 08시 18분

1 사랑하는 선지자야!
2 "네, 여호와 하나님! 말씀하옵소서."
3 내가 너희들에게 성서에 기록하여 일
러 깨우치되, '생명으로 인도하는 길
은 좁은 길이며 협착하여 찾는 이가
적음이라' 말하였음이니라.
4 구원의 길은 그리 좁고 험난하다 내가
너희들에게 말하여 기록하였음이니
라.
5 그러나 지금 나의 피조물 만백성을 하
늘로 이끌며 진정한 구원의 길로 이끈
다 하는 종교 지도자들이 과연 무어라
가르치는가?
6 나의 아들 예수의 이름으로써, 예수의
보혈로써 저희들이 지은 그 성전에 와
기도하고 경배하는 그 순간에 구원을
받는다 하니, 그 문이 얼마나 높고도
광활한 것이더냐?
7 이러하고도 구원의 길이라 부르짖는
그 말에 나의 피조물 만백성 너희들이
지금도 현혹되어, 그저 그들이 손으로
지은 성전이라는 곳에 가 재물을 바치
고 기도하고 경배한다 하여 너희들은
구원을 받는다는 그와 같은 넓고도 넓
은 그 길을 선택하여 가고 있음이니,
8 이것이 과연 정녕 구원의 길인가 다시
한 번 깨우쳐야 될 것이니라.
9 나의 성서는 뭐라 말하느냐?
10 나의 법전에 또 뭐라 기록되었느냐?
11 내가 너희들에게 이르기를 성령이라
함은 너희들이 하늘에 오르는 그 길을
반석 위에 서서 바라볼 수 있는 그곳
까지 너희들을 인도하고 깨우치며 가
르치는 것이라 하였으며,
12 나의 법전은 또 뭐라 말하였느냐?
13 나의 법전을 가슴에 안고 정독하는 자

반석 위에 서서 하늘에 오르는 빛을 볼 수 있다 하였으니, 이는 곧 나 여호와가 존재함을 믿는 그 자체가 구원의 길이라 말하지 아니하였느냐?

14 내가 존재한다 믿는 그 순간부터 너희들은 구원의 길에 들어서는 것이며, 반석 위에 서서 하늘에 오르는 빛을 보는 그와 같은 영광을 얻게 됨이라 하였음이니라.

15 거기서부터 너희들이 어찌 노력하고 살아가느냐에 따라서 너희들의 그 좁은 문인 구원의 길을 올 수 있음이니라.

16 너희들은 그저 성서를 접하며 법전을 접했다 하여 너희들이 구원이 되는 것이 아님을 알라. 너희들이 구원의 길에 들어서는 그 영광을 얻게 되는 것이니라.

17 그리하여 그 속에 기록되어 있는 내용을 깨우치고 연구하고 배움으로써 그때부터 너희들 스스로 삶에 따라 구원을 받고 못 받는 그 역사가 이루어짐이니, 이는 바로 무엇이더냐?

18 나의 계명을 지키며 나의 율법을 지키며 나의 법전에 기록된 그 모든 내용들을 너희들이 하나하나 깨우쳐 실행하고 살아가면서 너희 것으로 스스로 만들어 가는 그 길이 얼마나 힘들고 어려운 길이더냐?

19 그리하여 그 길이 좁고도 좁음을 너희들이 알아야 될 것이니라.

20 내가 너희들에게 일러 깨우쳤느니라.

21 너희들이 하늘에 오르는 길을 닦고 닦아 올라왔으나, 너희들 스스로 잘못된 마음의 형태로써 그 길을 닦았다 하면 너희들은 너희 제자들을 하늘로 올려 보낼 수 있으나, 너희들 스스로 하늘에 올라올 수 없는 그와 같은 운명이 된다 하였음이니,

22 이것이 얼마나 무섭고 좁은 길의 뜻이더냐?

23 그러나 이 좁고도 어려운 길을 너희들이 통과하고 너희들이 모든 인간의 욕심이요, 모든 세속의 삶을 다 버리고 나의 법전에 따라, 나의 성령에 따라 실천하고 그 길을 따를 때,

24 그리고 나의 법전을 지키며 나의 십계명을 지키고 살아올 때, 너희들은 어렵고 힘든 그 좁은 길을 오를 수 있다 하였음이니라.

25 너희들의 몸과 마음이 천 갈래 만 갈래 부서지며 너희들의 욕심과 편하고자 하는 그 마음을 다 부서지는 파도처럼 날려 보내 하얀 백합꽃 같은 그 마음이 되지 못하면 구원의 길을 받을 수 없다 나의 법전에서 가르침이니,

26 이것이 바로 너희들의 성경에 기록되어 있는 영광의 그 길은 좁은 문이고 가시밭길이라는 그 뜻이 여기에 있음을 알아야 될 것이니라.

27 그러나 너희들은 이 대목을 어찌 가르치던가?

28 이를 무시하며 너희들은 그저 너희들이 지은 성전에 와 나의 아들 예수를 찾는 순간부터 구원을 받았다 하며, 죄짓고 사악한 짓을 하며 또 반성하고 회개하면 구원을 받는다 하니,

29 이와 같은 장삿속의 형태 속에 너희들이 빠져들어 가 지옥 불로 가는 그와 같은 길은 가지 말도록 하기 위하여

내가 지금 나의 선지자를 통하여 법전
을 높이 들어 너희들에게 보임이니,
30 이를 보고 너희들이 구원의 길을 받아
야 할 것이니, 그러고도 이 법전을 읽
고 깨우치지 못하는 자, 너희들은 솔
로몬의 얻은 그 영광보다도 천배 만배
위대한 영광을 얻지 못하게 됨이니라.
31 내가 성서에 기록하여 말하였느니라.
32 솔로몬이 얻은 그 모든 영광과 영화도
떨어지는 한 잎의 낙엽과 같다 하였으
며, 지는 꽃에 불과하다 하였음이니라.
33 내가 너희들에게 일러 나로부터 선택
된 자는 불속에 들어가도 타지 아니하
며, 물속에 들어가도 죽지 아니하며,
그와 같은 영광이 있다 말하였음이니,
34 나의 성서에 기록되어 있으니 솔로몬
이 얻은 그 모든 영광과 영화도 하나
의 꽃잎을 줍는 것만도 못하다 하였으
니,
35 너희들이 나로부터 선택되어 하늘나
라에 영원히 구원받아 올라오는 그 길
이 얼마나 영광된 길이며 축복된 길인
가를 알아야 할 것이며,
36 그 길이 너희들이 넓고 넓은 광야의
길을 걸으며 하늘에 오르는 길이라 생
각하지 말라.
37 좁고도 힘들고 어려운 그 길을 통과해
야 될 것이며, 너희들 몸이 도저히 통
과할 수 없는 바위틈을 뚫고 너희들이
통과하는, 물과 공기만이 통과하는 그
속을 통과할 수 있는 그와 같은 고난
의 길을 가는 것만이,
38 그리고 너희 스스로 모든 고통과 인내
로써 결집되어 오르는 길이 하늘에 오
르는 길임을 잊지 말라.

2,361 번째 하나님 말씀

2002년 5월 17일 21시 26분

(강론을 마치며)

1 사랑하는 선지자야!
2 "네, 여호와 하나님! 말씀하옵소서."
3 내가 너를 통하여 지금 2부의 법전이
라 하여 그 법전이 완성되어 네가 3부
의 법전을 기록하고 들어가는 그 세월
동안에 너의 제자들이 나의 성령의 내
림을 들었으며 나의 법전을 읽고 깨우
쳤음이니, 그들의 가슴에 물으라.
4 너희들이 과연 지금 어디에 서 있는가?
5 그리고 너희들은 나의 성령을 나의 선
지자를 통하여 들은 것만큼 과연 변화
되었으며, 너희들은 모든 시기와 질투
요, 인간의 근본의 그 욕심을 얼마만
큼 버리고 사는가?
6 그리고 너희 동료가 잘못했을 때 그를
얼마나 용서하는가?
7 그를 비방하지 아니하는가?
8 너희들은 누가 너희들에게 공격했을
때, 너희들을 비방했을 때 그것을 웃
음으로써 받아들일 수 있는 그와 같은
행동으로 살아가는가?
9 너희들이 그 말을 치받으며 거기에 대
해 반론하며 거기에 대해 공격하며 거
기에 대한 섭섭한 마음이 있고 그에게
앙금을 갖는 그와 같은 마음으로써 살
아가는 것은 아닌가?
10 너희들의 지금 마음 자세가 어디 있는
가 너희 스스로 깨우칠 때가 되었느니
라.
11 내가 너희들에게 사랑이요, 웃음이라
는 것이 얼마나 위대한 것이라 말하였

더냐?
12 독화살이 너희들을 향하여 날아오나, 너희들이 '허허' 웃을 때 그 독화살이 너희 몸을 공격하지 못하고 그 앞에 떨어진다는 그 이치를 내가 깨우쳐 주었거늘,
13 너희들은 과연 너희 형제지간에 얼마만큼 그를 생활화하며 용서하는가?
14 너희들은 겉으로는 선지자 앞에 와 말하기를, 모두를 사랑하며 너희 형제와 같이 생각하며 용서하고 사랑을 베풀고 산다 하나, 너희들의 내면에는 칼로 긁어 놓은 것처럼 그와 같은 선을 긁어 놓지는 아니하였는가?
15 그리고 인간사에 살아가는 속성의 마음을 못 버리지는 아니하였는가?
16 그 마음이 지금도 도사리고 있지는 아니한가?
17 너희들은 이를 깨우쳐야 될 것이니라.
18 정녕 내가 너희들에게 다시 한 번 이른다면, 남이 너희를 한 번 가격했을 때, 너희는 아픔을 웃음으로 받아들일 수 있는 그와 같은 마음의 자세가 됐는가?
19 너희도 돌아서서 발길질하는 그와 같은 심성은 지금 아닌가?
20 너희들 스스로 너희 자신을 한번 돌이켜 보고 깨우칠 때가 되었음이니,
21 너희들 마음이 지금 그리 변하지 아니하였다면, 나 여호와가 너희들에게 어찌하여야 되겠는가?
22 내가 오늘 선지자를 통하여 너희들에게 일렀노라.
23 너희들의 임무가 뭐라 하였느냐?
24 내가 선지자라는 하나의 겨자씨를 뿌렸으니 너희들이 물을 주며 그 토양의 양분을 관리하며 그를 잘 가꾸도록 하여 그가 뿌리를 내려 성장하도록 돌보라 하였음이니라.
25 그리고 그 뿌리가 너희 살과 뼈를 파고든다 하여도 너희들은 그를 인내하는 그와 같은 고통으로써 선지자를 따라가야 된다 하였으며,
26 그리고 그게 너희들이 가야 할 길이라 내가 너희들에게 명하여 주었느니라.
27 그러나 너희들은 지금 무엇이더냐?
28 하나의 겨자씨에서 아직 익지도 않고 열지도 않은 그 과일을 너희들은 먹을 수 없다 하여 불평하는 자들이 있다 하면,
29 이는 너희들이 얼마나 잘못된 것이며, 너희들이 얼마나 욕심에 차 있는 것이며, 얼마나 너희들 마음 자체가 사악한 그 형태에서 벗어나지 못하고 있는 것인가를 알아야 될 것이니라.
30 나의 아들 예수가 어찌하여 죽었는가?
31 그 처참하고 고통스러운 죽음을 선택한 예수가 세상에 나와 나로부터 어떤 금화와 은화와 영광을 받았는가?
32 그리고 그가 권좌를 누렸는가?
33 그리고 너희들이 말하는 권력을 누렸으며 금화와 은화를 쌓아 놓았으며 호의호식을 하고 살았는가?
34 그리고 그가 육적인 영화와 부귀를 얼마나 나로부터 받았는가?
35 그리하여 그는 그것을 얼마나 누리다가 그와 같이 어렵고 힘든 그 죽음의 길을 택하여 나의 명에 따라 나의 피조물 만백성을 깨우치고자 죽어 왔던가?

36 예수가 무엇을 나로부터 받았느냐?
37 그가 지금 남겨 놓은 재산이 무엇이
있으며 그 재물이 무엇이 있으며, 예
수가 나의 성령을 세상에 전하며 살아
가는 그동안에 그가 얼마나 고대광실
에서 금은보화를 쌓으며 호의호식을
하고 살았는가?
38 그가 나로부터 육신으로서 얻은 것이
무엇이 있는가?
39 너희들은 가슴에 손을 얹고 그 예수의
정황을 다시 한 번 생각해 봐야 될 것
이니라.
40 그와 같이 나를 위해 목숨을 바쳐서
만백성을 구하고자 나의 명에 따라 그
처참하고 힘든 죽음을 선택하여 그 길
을 간 예수도 육의 삶에서 나로부터
받은 영광과 부귀와 영화가 없음이니,
41 너희들이 지금 하나의 선지자를 받쳐
가라 하는 그 명을 어기고 부귀와 영
화와 무엇인가를 얻고자 마음속으로
생각한다면,
42 너희들은 과연 어떠한 위치에 있는 것
이며 어떠한 형국에 있는가?
43 너희들이 과연 나의 아들 예수보다도
더 어떠한 위대한 역사는 이룰 수 없
는가?
44 예수는 그와 같이 죽음을 선택하여 가
면서 무엇인가를 얻은 것도 없음이니
라.
45 예수보다도 더 처참한 고통과 시련을
겪지 아니하고 가는 너희들이 그보다
더 나은 것을 얻고자 한다면, 이는 나
로부터 선택된 백성이요, 예수의 형제
요, 자매라 말할 수 있는가?
46 내가 너희들에게 무어라 말하였느냐?
47 나의 성령으로 임한 너희들은 나의 자
식이요, 아들이요, 딸이라 했으며, 한
형제라 말하였으니,
48 다만 예수와 너희들이 다 같은 형제라
내가 말하였느니라.
49 그는 나의 명을 따라 그 어려운 길을
갔으며, 너희들이 그 명을 따라갈 때
너희들 또한 그와 같이 나의 소중한
자식이며 길이 남을 것이라 내가 너희
들에게 일렀으니,
50 예수는 바란 것도 없고 얻은 것도 없
고 쌓아 놓은 것도 없으며 호의호식한
것도 없음이니라.
51 그는 그와 같이 삶 속에서도 나의 명
에 따라 그 어렵고 힘든 죽음의 길을
선택하여 십자가에 못 박혀 그 피가
흘러 다 빠져 숨을 거두는 고통의 길
을 나를 향하여 왔음이니,
52 그와 같은 역사를 거두지도 못하는 너
희들이 지금 그 예수보다도 더 무엇인
가 얻고자 한다 하면 그것은 얼마나
부끄러운 너희들의 자세며 너희들이
살아가는 형태인가?
53 너희들은 육의 생각을 아직도 버리지
못하였느니라.
54 60이라는 그 숫자 안에서 너희들은
노력하면 얻을 수 있다 하였으니, 지
금부터라도 너희들이 노력하고 노력
하면 그 모두는 다 얻을 수 있는 것이
거늘,
55 그리 생각하지 아니하며 나의 성전에
와 기도하며 나의 선지자로부터 무엇
인가 얻고 구하고자 하는 그와 같은
희망에서 너희들이 이곳을 찾아온다
하면 너희들 또한 나와 거래하고자 하

는 그들과 똑같음이니,
56 너희들은 오늘 이 뜻을 깊이 깨우쳐야
될 것이며,
57 나의 예수의 아픈 죽음을 너희 앞에
다시 한 번 상기하고 싶지 않은 것이
나 여호와의 마음이나,
58 예수가 얻은 것이 없으면서 그 어려운
길을 행했듯이, 너희들이 어떠한 길을
가며 어찌 살아야 될 것이며,
59 과연 나에게 무엇인가를 얻고자 하는
마음을 너희들이 가져야 될 것인가 하
는 것을 나의 피조물 만백성에게 전하
여 일깨워 주고자 내가 선지자를 통하
여 다시 내림이니,
60 나의 이 아픈 마음을 너희들이 깨달아
야 할 것이니라.
61 너희들에게 이와 같은 것을 내가 내림
은, 너희들이 아직도 나의 뜻을 모르
고 내가 원하는 것을 모르고 있으며,
62 너희들이 받고 있는 부귀와 영화와 내
가 내린 그 은혜의 영광을 모르고 있
기 때문이니 그리 알라.

2,362 번째 하나님 말씀

2002년 5월 18일 08시 37분

1 사랑하는 선지자야!
2 "네, 여호와 하나님! 말씀하옵소서."
3 너의 제자들에게 일러 일깨워 주어야
될 것이니라.
4 내가 오늘 너희들을 위하여 행하고자
하는 이 역사는 너희들이 알 수 없음
이니라.
5 내가 오늘 선지자를 통하여 너희들에
게 임하며 역사하는 것 또한 나의 법
전에 기록된 내용이며, 내가 선지자를
통하여 성령을 내려 너희들을 깨우침
이니,
6 이것은 너희들이 세월이 흐른 다음에
야 그 뜻을 알게 됨이니, 오늘의 너희
들이 그 뜻을 모르니 갑론을박해서는
아니 됨을 알아야 될 것이니라.
7 내가 너희들에게 이루고자 하는 것은
내일의 뜻이 있는 것이며, 1년이요, 3
년이요, 10년 후에 이루어지는 역사의
뜻을 오늘 내가 너희들에게 명하며 행
하고 있음이니,
8 그것이 바로 너희들 앞에서 지금 이루
어진다는 그와 같은 생각을 하고 나의
성령을 듣고 나의 법전을 읽고 깨우쳐
서는 아니 됨을 알아야 될 것이니라.
9 너희들은 지금 내가 행하고 가는 것이
천 년의 역사의 기간 동안에 모든 기
틀을 잡아 가기 위한 그 단계의 역사
이니,
10 백 년 후에, 몇백 년 후에, 천 년 후에
이루어질 것을 지금 나의 선지자를 통
하여 내리고 있음이니,
11 이것을 오늘의 너희 것으로 만들어 오
로지 너희 것만으로 생각하며 너희들
을 위하여 지금 내리는 뜻이라 생각해
서는 아니 될 것이니라.
12 너희들 말에 그런 말이 있느니라.
13 우물이라는 곳에 가서 끓이지도 않은
숭늉을 찾는 그와 같은 성급한 자들이
있다 하였음이니, 이는 무엇을 말하는
가?
14 기다리고 인내하지 못하고, 그 절차
요, 순서의 그 흐름의 뜻을 무시하고
자 하는 너희들의 급한 성격을 말하고

있음이니,
15 이는 이리하여 모든 것의 실패의 원인
이 됨을 알아야 될 것이니라.
16 하물며 천 년에 걸쳐 나의 역사를 이
루고자 하는 이 뜻에 오늘 나의 선지
자를 통하여 하나의 겨자씨를 내려보
내 그 선지자를 따르는 제자요, 나의
백성이요, 선지자의 제자인 너희들에
게 하나하나 성령의 뜻을 가르치며,
17 법전을 읽고 이를 깨우치면서 성서의
잘못된 부분과 성서에 나의 뜻이 기록
된 부분을 구분하며 너희들을 지금 깨
우쳐 하나하나 다스려 나가니,
18 이는 구약과 신약을 바로잡으며, 바로
잡는 그 속에서 제3의 시대에 나의 법
전이 그와 일치하며 뜻이 하나라는 것
이며,
19 그곳에서 잘못된 기본의 그 틀이 오늘
에 무엇을 말하는 것인지 그를 보강하
는 깨우침을 너희들은 법전에서 읽고
깨우쳐 그리 가게 됨이니,
20 내가 이 모두는 다 오늘에 쓰임이요,
몇백 년 후에 쓰임이요, 천 년 후에 쓰
임이요, 그를 위하여 너희들에게 지금
내림이니,
21 너희들은 너희 머리로써 갑론을박하
지 말며, 너희 머리로써 판단하고 평
가해서는 아니 됨이니라.
22 너희들은 나의 성령이 기록되어 법전
이라 하여 책으로 나오는 그 내용을
충실히 시행하며 순종하며 그를 따르
며 너희 것으로 만들어 너희들이 변하
는 그 삶을 살아가는 것으로써 족함이
니라.
23 그리고 너희들은 또 알아야 할 것이
있느니라.
24 내가 너희들에게 말하여 이르지 아니
하였던가?
25 나의 아들 예수가 그와 같이 고통의
죽음의 미래를 놓아 두고 그는 과연
무엇을 얻었으며 나로부터 어떠한 영
광을 얻어 그 길을 갔는가?
26 예수는 아무것도 얻은 것이 없으며 바
라는 것이 없이, 오직 저의 희생의 그
길을 마다하지 않고 가지 아니하였던
가?
27 그가 만백성을 구하기 위하여 그 고통
의 길을 가는 것만큼 너희들이 과연
거둬들이며 너희들이 노력하며 다스
린 것이 무엇이 있는가 내 너희들에게
물으라 하였으나,
28 너희들은 이와 같은 내가 너희들에게
내리는 깨우침을 가슴으로 그대로 받
아들이는 것이 아니라,
29 그와 같은 것은 너희들과 관계없는 양
접어 두며, 오늘의 너희 육신의 평안
함과 부귀와 영화와, 너희들의 어렵고
힘든 그 모두를 나 여호와가 들어주지
아니하며 풀어주지 아니하는가 하여
그곳에만 생각을 하며,
30 선지자로부터 어떤 크나큰 영광과 은
총을 기다리는 그와 같은 마음을 가지
고 있는 것이 지금 너희들의 생각이
니, 이를 어찌 보아야 되겠는가?
31 이는 곧 기복 신앙이라는 것을 가진
자, 떡과 재물을 놓고 그 앞에 복을 비
는 자, 그리고 하늘에 오르는 길은 재
물을 바치고 기도하면 구원을 받는다
하는 그 기복 신앙의 대표자들과 다른
것이 무엇이 있는가?

32 너희들이 혼탁한 그 마음을 가슴에서
털어 낼 수는 없는가?
33 그 모두를 다 날려 보내야 너희들이
나의 뜻을 볼 수 있으며 나의 음성을
들을 수 있다 내가 그리 말하였거늘,
34 어찌하여 아직도 너희들은 기복 신앙
의 그 한계를 벗어나지 못하는 자세로
써 나의 성전을 찾으며 나의 법전을
읽으며 나의 성령의 뜻을 따라가고자
하는가?
35 너희들은 정녕 나의 법전 한 구절을
읽으며 너희들에게 기적이 이루어지
기를 바라며, 너희 육신의 부귀와 영
화와 영광이 너희들에게 내려지는 것
이 아닌가 하는 그와 같은 생각을 하
고 있지 아니한가?
36 너희들이 나의 법전을 넘기는 마음 자
세는 오늘의 진리요, 나 여호와의 뜻
에 따라 너희들이 희생과 봉사로써 살
아가 너희 후손들이 그 길을 또 답습
하며,
37 나의 피조물 만백성이 천 년 후에 이
지상에 낙원을 이루는 그 역사를 이루
는 것이 너희들의 대명이니,
38 이는 너희들이 죽어 내 앞에 왔을 때
그를 볼 수 있다 하였음이니, 그보다
더 큰 영광과 은혜가 어디 있겠는가?
39 어찌하여 너희들은 그와 같은 마음 자
세로써 살아가지 못하며, 오늘의 눈앞
에 보이는 그 육신의 영화와 부귀를
선지자를 통하여 너희들에게 내려 주
지 아니하는가 하며,
40 나 여호와가 너희들을 남들과 차별화
하는 것을 너희들이 부귀와 영화로 누
리는 것으로써 그리 생각하고 살아감
이니, 이를 어찌하여야만 되겠는가?
41 그와 같은 마음을 버리지 아니하는 너
희들 앞에는 그와 같은 영광이 없음을
알아야 할 것이니라.
42 내가 너희들에게 깨우쳐 주지 아니하
였던가?
43 1달란트와 2달란트와 5달란트를 받
은 종이 어찌 그를 관리하였느냐에 따
라서 그 주인이 그에게 상을 내렸듯이,
44 내가 너희들에게 재물을 주어 너희들
이 나의 선지자를 통하여 너희 육신의
그 세계에서 이루어 갈 수 있는 것을
내가 하나하나 이루어 준다 하였음이
니,
45 너희들이 어찌 노력하며 어찌 가느냐
에 따라서 너희들이 나의 뜻에 따라
살고 안 삶을 거기서 볼 수 있다 하였
음이니,
46 내가 그리 하나하나 단계적으로 너희
들에게 내리거늘, 너희들은 어찌하여
이를 뛰어넘어 그저 너희들이 먼저 받
으며 먼저 부귀와 영화를 누리기를 바
라고 있는가?
47 너희들이 기도하는 마음과 나를 경배
하는 마음과 나를 따르고자 하는 너희
들의 그 마음 자세를 깨우쳐야 할 것
이니라.
48 이를 먼저 행하도록 그리하라.
49 그러한 속에서 모든 것이 얻어질 것이
니, 그와 같은 영광이 너희들에게 있
음을 알아야 할 것이니라.
50 이제는 너희들이 모두를 다 날려 보내
고 버릴 때가 되지 아니하였는가?
51 이를 명심하여 행하여야 될 것이니 그
리 알라.

2,363 번째 하나님 말씀

2002년 5월 18일 11시 45분

1 사랑하는 선지자야!

2 내가 너희들에게 일러 말하지 아니하였던가?

3 5달란트를 가진 종이 10달란트를 만들어 주인에게 바침이니 그 기쁨이 충만하다 하는 구절이 있음이니라.

4 이제 내가 5달란트를 주어 10달란트를 만들 수 있는 너의 제자들에게 길을 열어 주어, 그게 나 여호와의 은혜요, 나의 은총이며, 너를 따르며 나를 믿는 백성들이 어찌 변화하는 것인가를 그들이 알게 됨이니라.

5 이제는 '김철종'과 '조현숙', 그 부부에게 네가 조그마한 식당이라는 것을 차려 그들이 살아갈 수 있도록 마련해 주어야 될 것이니, 이는 '장인태'와 '유영란'의 몫이니라.

6 그들에게 그리 준비해 주라 이르라.

7 곧 그게 무엇이더냐?

8 5달란트를 가지고 10달란트를 만드는 나의 종이요, 그를 실천함이요, 역사함이니, 이를 나의 법전에 기록하여 그들에게 전하도록 할 것이며,

9 지금은 베푸는 자가 손해 가는 것 같으며 받는 자가 감사한 것 같으나, 세월이 지나면 베푼 자가 더 큰 것을 얻게 되며 지금 받은 자가 더 큰 것을 주게 됨이니, 이게 그들의 만남이요, 인간의 관계이니라.

10 이를 강력히 그들에게 전하여 하나의 차질이 없이 시행하도록 그리하라, 선지자야!

11 그리하여 그 가정을 이루어 주며 그들이 편안히 갈 수 있도록, 그리하여 나 여호와가 존재함을 알도록 그리하며,

12 내가 시행하고자 하는 뜻이 지금 이 성전에서 이루어짐을 만백성에게 전해야 될 것이니라.

13 나를 따르고 믿는 자, 그 육신의 고통과 모든 시련에서 벗어나는 역사가 증명되어야 될 것이며,

14 그를 돕되 계산이 없으며, 이해타산이 없으며, 그저 그를 도울 수 있는 그와 같은 마음이 너희들의 형제며 한 가족이라 그리 이르라.

15 세상의 생활에 그 축복받은 삶을 사는 자와 가장 어렵고 힘든 인생을 살아가는 사람들의 둘의 만남이니, 이보다 더 아름답고 아름다운 만남이 없을 것이니라.

16 이보다 더 꽃을 피우는 아름다움이 없을 것이니라.

17 너희들은 들어 보라.

18 너희 육신의 부모도 잘사는 자식이 못사는 자식의 길을 열어 준다 하면 그 부모의 기쁨이 얼마나 크겠는가?

19 내가 사랑하는 나의 그 자식들에게 또한 내가 사랑하는 여유 있는 자식이 길을 열어 줌이니,

20 그 아름다운 꽃 한 송이를 피우고자 하는 것이 나 여호와의 뜻이니 나의 뜻을 거역지 말라 이를 것이며,

21 모든 명의는 저희들 것으로 하며, 그들은 운영하는 것으로 할 것이며, 1년을 넘기지 않고 5달란트를 벌어서 10달란트를 내놓듯이 그를 갚을 수 있도록 그리 만들어 주라.

22 그리하면 그들에게 축복과 영광과 영화가 있을 것이며, 그들이 가장 가슴 아프고 힘든 한고비를 스스로 넘어가는 은혜를 나로부터 받음이니 그리 알라, 선지자야!
23 이를 그들에게 조용히 전해 주도록 하라.

2,364 번째 하나님 말씀

2002년 5월 18일 21시 01분

1 사랑하는 선지자야!
2 구약의 시대와 신약의 시대요, 그리고 제3의 시대에 열리는 나의 법전인 그 모두는 한 맥이요, 한 길로써 가는 것이며, 이는 나에게 구원을 받는 모든 기초요, 근본이며,
3 또한 너희들이 사랑을 베풀며 삶으로 인하여 하늘에 오르는 길을 깨우쳐 너희들을 구원하는 길잡이로서 구약과 신약과 제3의 법전이 세상에 나와 있음이니라.
4 그러나 지금 너희들의 믿음이라는 것은 어떠한 형태로 가던가?
5 믿음이란 어떠한 종파로, 어떠한 형태로 행동하고 믿음의 길을 가느냐 하는 방법이 중요한 것이 아니니라.
6 믿음의 길을 가는 형태가 어떠한 수단과 방법으로써, 어떠한 방향으로써, 어떠한 행동으로써 가느냐 하는 그 방법이 중요한 것이 아니라 구원을 받을 수 있는 그 자체가 중요한 것이거늘,
7 너희들은 구원을 받는 그 자체가 중요한 것이 아니라 형식에만 치우치는 그와 같은 믿음으로써 가고 있음이니,
8 너희들은 믿음의 그 본질을 모르고 있음이니라.
9 믿음이라는 것은 형식과 형태와 행동에 의해서 이루어지는 것이 아니라 진정한 그 길을 보는 것이 더 중요함이니라.
10 형식에 치우쳐 가는 자들은 진정한 구원의 길조차도 볼 수 없으니, 진정한 길이 무엇인지 보지도 못하고 찾지도 못하고 지옥으로 가는 것이 지금의 너희들이 가고 있는 믿음의 형태임을 알아야 될 것이니라.
11 너희들은 형식과 형태에 치우쳐 있으며, 형식에 얽매여 있으며, 그리고 너희들은 짜진 그 틀을 벗어나지 못함이니,
12 그곳에 나의 성령이요, 나의 뜻이요, 내가 원하는 것이 아닌 그 속에서 너희들은 그 틀을 깨고 벗어나지 못하며,
13 지금 형식에 치우쳐 그저 그 세월을 흘려보내는 그와 같은 형국의 믿음을 가고 있는 것이 지금 너희들이니,
14 너희들은 구원의 길을 알지도 보지도 못함이라 내가 말하는 것이 여기에 있음이니라.
15 너희들이 지금 수만, 수억의 종파들이 생겼으며, 서로 저희들이 믿는 것만이 진정한 하늘에 오르는 길이며,
16 진정한 나로부터 선택된 길이요, 나로부터 믿음에 의하여 구원을 받는 길이라며 지금 싸우고 있는 것은 무엇 때문인가?
17 너희들이 나로부터 구원을 받으며 하늘에 오르는 길이며 너희들이 영원히 구원받는 것은 다 같거늘,

18 서로 다른 양 시기하고 질투하는 그와
같은 싸움을 계속하는 그 이유가 과연
무엇이며 그 뜻이 어디에 있는가?
19 너희들은 정녕 구원의 길을 향하여 가
고 있는가?
20 너희들은 모두가 다 구원의 길이며 하
늘에 오르는 길이며 나 여호와에게 구
원을 받는 그 길을 간다 하여 너희들
이 각자 향하며 살아오고 또 나의 피
조물 만백성을 그리 이끌어 가고 있으
나,
21 너희들은 정녕 어떠한 방법에서 서로
원수로서, 적과 같은 형태로써 믿음의
길을 가고 있는가?
22 그 원인은 너희들이 간단한 그 이치
하나를 모름이니라.
23 너희들은 서로 적과 적이 대치하는 그
와 같은 형국으로써 남을 비방하고,
남을 인정하지 아니하며,
24 저희들만이 진정한 구원의 길이요, 저
희들만이 하늘에 오르는 길이라 하며
울타리를 치고 선을 그으며,
25 그곳에 한번 들어온 자 밖에 나가지
못하게 하며, 다른 종파의 가르침을
귀 기울여 듣지 못하게 하며, 너희들
을 깨우치는 세상의 모든 서적까지도
읽지 못하게 하며,
26 심지어는 제3의 시대에 너희들을 구
원하고자 마지막으로 내린 나의 성령
인 나의 법전도 읽지 못하게 그와 같
이 광란의 짓을 하고 있는 것은 아무
것도 아닌 것이니라.
27 사소한 방법의 차이 때문인 것이니라.
28 너희들이 방법론에 대해서 그 사소한
방법의 차이로 인하여 그 방법 하나의
차이를 넘지 못하는 것이 너희들이 지
금 살아가는 믿음의 형태이니라.
29 그리하여 너희들이 하나의 작은 사소
한 그 방법에 얽매여 그 방법을 모르
며,
30 서로 방법이 다른 것에 융합과 화합을
할 줄 모르기에 너희들에게 이를 깨우
쳐 주고자 하여 내가 세상에 제3의 시
대에 마지막으로 내리는 것이 나의 법
전임을 알아야 할 것이니라.

2,365 번째 하나님 말씀

2002년 5월 18일 23시 24분

1 사랑하는 선지자야!
2 "네, 여호와 하나님! 말씀하옵소서."
3 나의 피조물 만백성이 지금 믿어 오는
그 믿음의 형태가 어떠한 형국이라 내
가 말하였느냐?
4 콩을 심은 곳에서 콩을 거두어야 하나
그들은 콩을 심은 곳에서 팥을 거두는
그와 같은 형태로써 믿어 가고 있다
내가 말하였음이니,
5 그 틀에서 벗어나지 못하며 나 여호와
의 뜻이 무엇인가를 깨닫지 못하는 그
들은 구원의 길의 빛조차도 볼 수 없
다 내가 너에게 일깨워 주었노라.
6 지금 종교 지도자들과 그 집단들이 어
찌 가는가?
7 저희들만이 구원의 길이요, 저희들만
이 진정한 하늘에 오르는 길이며, 저
희들이 가르치는 저희 손으로 지은 그
성전에서 개구리처럼 개굴거리는 그
소리 외에는 전혀 남의 소리를 들으려
아니하는 것이 그들의 집단이 가고 있

는 형국이니라.
8 그들은 무엇을 말하느냐?
9 너희들이 나의 진리의 뜻을 말하며,
하늘의 뜻을 말하며, 사랑을 베풀며
살아가는 것이 하늘의 뜻이라 그리 말
하는 것을,
10 그들은 사탄이요, 이단이요, 사악한
자들은 그와 같은 말로써 현혹하며,
그와 같은 것으로써 틀림없는 양 말을
하며, 나의 피조물 만백성의 마음을
사로잡는 그것이 사탄의 장난이라 그
리 말을 함이니라.
11 진리의 뜻이요, 진리의 말씀이요, 하
나님의 말씀을 전하는 그것을 사탄이
감언이설로써 듣기 좋게 유혹하는 것
이라 그리 그들은 몰아붙이며 그리 핑
계를 대고 있음이니,
12 진리요, 진정한 나 여호와의 뜻이요,
하늘의 뜻을 말하여도 그들은 듣지 아
니하느니라.
13 그러면서 그들이 뭐라 말한다 하였느
냐?
14 그들은 나의 백성들을 유혹하기 위하
여, 사탄들은 그와 같은 진리의 말이
요, 또 하늘의 뜻이요, 그리고 너희들
이 들어서 벗어날 수 없는 그와 같은
말로써 유혹하고 가르치는 것이라 말
함이니라.
15 너희들이 깨우쳐 진정한 하늘의 뜻이
요, 믿는 것이요, 계명을 지키며 나 여
호와가 너희들에게 지키고 살라 하는
영혼의 양식인 그 십계명을 지키고 살
겠다 부르짖는 나의 피조물 만백성을
사탄들이 그리하는 것이라 말함이니,
어찌 그들을 깨우쳐야 하는가?
16 어찌하는가?
17 5달란트를 가지고 10달란트를 만든
그 종이 훌륭하며 능력 있는 자라 하
여, 그와 같은 나의 뜻을 깨달아 지금
나의 선지자가 그 사랑하는 제자들이
살아갈 수 있도록 길을 열어 줌이니,
18 그들이 의식주를 해결하며 다섯 냥을
갖다가 열 냥을 만들어 또 다른 저희
형제를 도울 수 있는 그와 같은 자에
게 힘과 용기를 심어 주며 그가 살아
갈 수 있는 기틀과 기반을 닦아 줌이
니,
19 그리하여 이것이 정녕 사탄의 하는 짓
이냐 물으면 그들은 뭐라 말하느냐?
20 사탄은 줄 때는 다 주나, 이용하고 빼
먹고 갉아먹을 것이 없으며 더 이상
거둬들일 것이 없을 때 가차없이 버리
는 것이 사탄이 하는 짓이라 그리 말
함이니,
21 지금 선지자가 도와주며 그들의 의식
주를 해결하며 자립할 수 있도록 하는
자들이 가진 자들이며 능력이 있는 자
들인가?
22 그들은 능력이 없으며, 재능은 있으나
경제적인 능력이 없으며 일어설 수 없
는, 자신이 없는 자들이니,
23 그들에게 경제적인 도움을 주어 그들
이 일어서도록 하며, 그리하여 그들이
다섯 냥을 받은 자 또 열 냥을 만들어
다섯 냥으로써 이웃의 저희 형제에게
살아갈 수 있도록 하라 하며 그리 지
원해 주는 그 선지자가 하는 것이 사
탄이요, 이단이요, 사악한 자며,
24 지금은 주고 베푸는 듯하나 시간이 되
면 송두리째 그를 다 앗아 가는 것이

사탄의 짓이기 때문에 선지자가 그와
같은 행위로 너희 재산을 다 몰수해
갈 것이라 그리 말함이니,
25 이와 같이 그 종교 지도자 저희들이
울타리를 쳐 방어하고 지키기 위하여
말도 안 되는 방법으로써 나의 피조물
만백성을 이끌어 가는 그들의 그 흉악
한 작태를 무너뜨리고 깨우쳐야 되는
것이 너희들이 해야 할 일이며,
26 나의 법전을 세상에 전해 나의 피조물
만백성이 바로 설 수 있도록 그리 가
르치는 것이 너희들의 대명임을 잊지
말고 행하도록 해야 될 것이니라.

2,366 번째 하나님 말씀

2002년 5월 18일 23시 36분

1 사랑하는 선지자야!
2 "네, 여호와 하나님! 말씀하옵소서."
3 그 사악하고 간악한 자들의 말에 너희
들은 귀를 기울이지 말라.
4 가장 위대한 종교 집단이요, 가장 위
대한 집단을 가졌다는 그들이 그와 같
이 말함이니라.
5 진정한 진리요, 나 여호와의 뜻이요,
나의 성령을 전하는 너희들을, 사탄이
기에 그들을 현혹하기 위하여 그럴싸
하고 훌륭한 말로써 전한다 그리 말하
는 그들에게 너희들이 무슨 말을 할
것이 있는가?
6 그리고 없는 자 지원해 주고 도와주어
그가 자립하고 살아갈 수 있도록 모두
를 던져 주는 너희들이 어찌하여 사탄
이고 사악한 자들인가?
7 지금의 종교 집단 저희들이 하지 못하
는 그 행위를 하는 나의 백성들을, 그
들이 저희들이 못 하면서 남까지 아름
다운 일을 하지 못하도록 방해하고 그
진행을 막음이니, 그들이 얼마나 사악
한 자들이고 간악한 자들인가 너희들
은 알고 있지 아니한가?
8 그들은 평생 나의 피조물 만백성에게
각종 헌금을 받은 그 재물로써 저희들
이 편하게 살기 위한 성전을 짓는 데
급급하였으니,
9 과연 그들은 저희 신도들에게 그들이
살아갈 수 있는, 의식주를 해결할 수
있는 안식처요, 사업장을 만들어 주는
가?
10 그들은 수천 년 역사가 흐르는 동안
저희들의 성전을 짓고 저희들이 편안
하게 살고자 각종 헌금이요, 감사 헌
금이요, 재물을 평생 거둬들였음이니,
11 그리 거둬들이기만 하며 도와주지 아
니하는 그들이 사탄이 아니던가?
12 지금 나의 선지자가 가는 길은 나의
성령을 받아 나의 뜻에 따라 법전을
만들어 나의 피조물 만백성에게 전하
고자 나의 주옥같은 그 성령을 전함이
니,
13 그가 사탄이며 그와 같은 행위를 하며
사탄이 여호와 하나님을 대신하는 것
이며, 하나님이 전하고자 하는 뜻을
그가 대신 전한다 하여 만백성을 혼란
케 하는 것이, 그게 바로 사탄의 장난
이라 하니,
14 그 속에 진리가 있고 사랑이 있고 행
함이 있고 그리고 하늘에 오르는 길이
무엇인가 깨우쳐 주는 나의 성령이 있
는 그 뜻이, 어찌하여 그것이 마지막

사탄이 하는 장난이라 그리 말하는가?
15 그리고 어려운 자 도와주는 그에게, 과연 저희들은 평생을 거둬들이며 도와주지도 아니하면서, 그들에게 자립할 수 있도록 하며 의식주를 해결할 수 있도록 금화와 은화를 아낌없이 던져 주는 그 선지자가 하는 행위를,
16 어찌하여 저희들은 그것이 마지막에 모든 재산을 다 뺏고 긁어 들이기 위하여 그와 같은 사악한 수법을 쓰는 것이며 사탄이 하는 장난이니 거기에 현혹되지 말라 그리 말하는가?
17 너희들은 아무것도 없는 자에게 기반을 닦아 주며 사업을 시킴이니, 그가 그 사업을 하는 동안에 편안히 살며 그가 그 사업의 성황을 이루어 저 자신의 몫을 맞춰 놓고 제가 평생 살아갈 수 있는 기업의 틀을 만들며,
18 나머지 것으로써 이웃의 형제에게 또 제가 받은 것만큼 도와주며 살아가도록 하는 것이, 어찌하여 이것이 하늘의 뜻이 아니며, 사탄이요, 사악한 자가 하는 것이란 말이던가?
19 저희들은 과연 사탄이요, 사악한 자라 할지라도, 저희들의 금화와 은화의 재산을 이다음에 뺏어 온다 하더라도,
20 저희 신도들에게 그와 같이 살아갈 수 있는 금화와 은화를 내려 주어 그들이 기반을 닦을 수 있도록 그리 살아가게 하는가?
21 그와 같이 하지 못하는 자가 아름답게 나의 사랑을 베풀고 행하는 자들에게 그 하는 것마저 막는 사악하고 추악한 행위를 하지 말라.
22 저희들이 이루지 못하고 하지 못하는 것이 부끄럽고 저희들 자신이 설자리가 없음을 아니, 도리어 이것이 사탄이요, 악마요, 사악한 자가 하는 수법이며 모두를 다 긁어 들이기 위한 수법이라 저희들이 그리 말하니,
23 아무런 영수증 하나도 없이 주일마다 거둬들이고 평생 거둬들이는 그들이야말로 얼마나 추악하고 사악한 행위를 하는가?
24 그와 같이 거둬들이지 아니하며 그들을 도와주는 나의 선지자가 가는 길을, 그들은 어찌하여 저희들이 못 하면 못 했지, 그것이 사악한 자의 행위라 하여 나의 피조물 만백성의 눈을 가리고 귀를 막아 하늘에 오르는 길을 막는가?
25 그와 같은 저희들의 죄가 얼마나 무서운 행위인가를 죽어 왔을 때 알게 될 것이니, 오늘의 저희들의 광란 짓이 얼마나 무섭고 두려운 짓을,
26 그리고 용서받지 못할 짓을 하고 있는 것인가를 그들이 알 날이 머지않았음이니 그리 알라.

2,367 번째 하나님 말씀

2002년 5월 18일 23시 50분

1 사랑하는 선지자야!
2 **"네, 여호와 하나님! 말씀하옵소서."**
3 이 세상의 창조주는 누구더냐?
4 여호와 내가 창조주가 아니던가?
5 내가 너희들의 생명이요, 이 우주 모두를 다 창조하였음이니, 너희들이 나에게 구원을 받으며 너희 영혼을 구원받는 것은 창조주인 나 여호와에게 오

는 것이 구원의 길이 아니던가?
6 그러나 나의 사랑하는 아들이요, 딸들
인 너희들이 지금 어찌 살아가는가?
7 수천수만 가지 종파가 갈라져 저희들
만이 하늘에 오르는 길이라 그리 울부
짖고 있음이니, 이를 내려다보는 나
여호와의 아픔이 어떠하겠는가?
8 너희들이 정녕 목숨을 내걸고 서로 싸
우고 찢고 물고 늘어지며, 저희들이
믿는 그 종파요, 믿음만이 정녕 나로
부터 선택된 것이며, 저희들만이 나의
백성이며 저희들만이 하늘에 오를 수
있다 그리 말하고 있으니,
9 이 많은 종파들이 다 저희 하나만 존
재해야 하고 나머지는 다 잘못되었단
말이던가?
10 같은 종파 속에서도 천 갈래 만 갈래
로 갈라져 이름만을 바꿔 가지고 있으
며, 같은 성서를 가지고 공부하는 그
들이 저희들만이 하늘에 오르는 길이
요, 나머지는 하늘에 오르는 길이 아
니라 하면,
11 억만 가지 종파 중에 하나만이 하늘에
오르며 나머지는 다 가짜라 말하며 그
는 나와 관계없다 그리 말할 수 있는
가?
12 이는 바로 무엇이더냐, 선지자야!
13 나의 피조물 만백성을 구원하기 위해
서는 너희 모든 종파가 다 문을 닫아
야 되며, 그 종파가 쓰러져야 되며, 그
종파들이 망해야만 됨이니라.
14 그들이 이 세상에 그 이름을 내걸지
못하며 존재치 못할 때, 그들이 다 하
늘에 오르는 길을 볼 수 있음이니라.
15 지금 수만, 수억 가지 그 종파들이 저
희들만이 하늘에 오르는 길이며 저희
들만이 구원받는 길이며 저희들만이
선택된 길이라 하여 울부짖고 있으니
이를 어찌해야만 하겠는가?
16 그리하여 내가 너에게 일렀느니라.
17 나의 피조물 만백성은 나로부터 생명
체를 받아 나간 그것이 더 소중하며,
걸치고 있는 그 겉옷의 모형은 중요한
것이 아니라 하였음이니라.
18 그 옷은 항상 갈아입을 수 있으며 버
릴 수 있으며 너희들의 취향에 따라
입을 수 있는 것이기에, 그게 바로 너
희들이 지금 부르짖는 종파가 저희 육
신에 걸치고 있는 그 옷의 형태와 같
은 것이라 말하였음이니라.
19 그리하여 선지자 너를 통하여 나의 성
령으로써 내려보낸 나의 법전을 세상
에 전하는 거기에 종파가 있더냐?
20 그리하여 이 모든 종파들이 쓰러지며
이 종파들이 하나로 이루어져, 하늘에
오르는 길이요, 하늘에 오르는 기도가
한 길로, 한 방향으로, 한 뜻으로 기도
하는 방법이 같아야 할 것이니,
21 그리하여 내가 나의 법전이 '하늘에
오르는 길'이라 말하였으며, 나 여호
와가 하는 말을 기록하는 '하나님! 말
씀하옵소서.'라는 그와 같은 명칭을
내가 너에게 내려보냈으니,
22 여기는 종파가 없으며, 너희들이 서로
물고 따지는, 그리고 저희들만이 옳은
길이라 하는 그와 같이 기록된 바가
없는 것이 나의 성령이요, 나의 법전
이니라.
23 너희 모든 종파가 쓰러지지 아니하고
문을 닫지 아니하는 한, 그 종파 속에

서 허덕이는 나의 피조물 만백성은 구
원의 길을 볼 수가 없음이니라.
24 그리하여 천 년에 걸쳐 모든 종파들이
문을 닫으며, 그 뿌리를 내가 자르고
자 함이니라.
25 그리하여 지금 너희들에게는 종파가
없음이니라.
26 너희들에게 내가 종파를 붙여 준다면,
가는 종파라면 오는 종파요, 간다는
종파요, 잠자는 종파라 수천수만 가지
를 붙여, 지금까지 수억의 종파들이
세상에 나와 저희들만이 하늘에 오르
는 길이라 하였듯이,
27 나의 법전을 가지고 싸우며, 저희들이
읽는 법전만이 하늘에서 내리는 기도
소리라 그리할 것이니,
28 내가 그리하여 종파를 없이 하였으며,
'하늘에 오르는 길이요', '하나님! 말
씀하옵소서.'라 그리 너에게 명을 내
린 나의 법전의 명칭인 뜻이 거기에
있느니라.
29 그리하여 나의 피조물 만백성이 나의
법전을 읽고 깨우쳐 그 누구도 이를
변질시킬 수 없으며, 이를 저희 마음
대로, 저희 취향대로 설명할 수 없도
록 하였음이니, 이것이 바로 무엇이냐?
30 가장 낮은 진리인 것이며, 가장 간단
한 것이며, 가장 초보적인 그 속에서
나의 미래와 과거와 현재를 다 담고
있는 뜻이니라.
31 그리하여 가장 낮은 바닥의 진리요,
그 바닥의 원천인 그 진리를 내가 너
희들에게 기록하여, 가장 낮은 진리이
기 때문에 누구도 이를 고칠 수가 없
으며 임의로 생각할 수 없음이니라.
32 바로 이것은 너희들이 가장 낮은 자들
이 배우는 그 글의 기초와 같으니라.
33 '어머니'라 쓴 글자는 그것이 어머니
요, '아버지'라 쓴 것은 아버지이니 이
를 고칠 수 없음이니라.
34 그리하여 내가 지금 가장 낮은 방법으
로써, 가장 낮은 그 밑에 있는 가장 위
대한 진리가 나의 법전임을 알아야 될
것이니라.
35 가장 쉽고 가장 낮은 방법으로써 풀이
하여 너희들에게 가르치나, 가장 낮은
그 속에 가장 위대한 진리가 들어 있
음을 알아야 될 것이며, 진리는 변할
수 없으며 고칠 수 없으며 변질될 수
없음이니라.
36 그리하여 이와 같이 나의 법전이 160
권이라는 대장정의 역사를 거쳐 세상
에 나가게 됨이니, 나의 뜻이 여기에
있음을 너의 제자들이 깊이 깨우쳐 너
희들이 소중함을 알아야 될 것이며,
37 나의 피조물 만백성에게 이와 같은 뜻
을 전해야 될 것이니 이를 게을리하지
말라.

2,368 번째 하나님 말씀

2002년 5월 19일 0시 09분

1 사랑하는 선지자야!
2 "네, 여호와 하나님! 말씀하옵소서."
3 구약과 신약이요, 제3의 시대의 나의
법전을 통틀어 무엇이 하늘에 오르는
길이라 내가 말하였더냐?
4 '사랑'이라 말하였느니라.
5 나의 성서에 일찍이 기록되었으니, 그
성서를 보고 배운 나의 피조물 만백성

이 과연 그 사랑을 어찌 베풀며 살아
가는가?
6 내가 너희들에게 말하였느니라, '원수
를 사랑하라.'.
7 너희들이 도저히 용서할 수 없는 철천
지원수라 하는 그와 같은 자를 용서하
고 사랑하는 것이 사랑이라 하였느니
라.
8 그러한 너희들이 지금 어떠한 모습으
로 살아가던가?
9 너희들은 한 몸이요, 한 형체를 똑같
이 내가 너희들에게 내려 주어 같은
형제라 하였으며,
10 그와 같이 나로부터 몸체를 받아 가지
고 세상에 나간 그것이 가장 소중한
것이라 말하였느니라.
11 그러나 너희들은 지금 너희들이 믿고
가는 그 종파와 너희들이 가는 그 길
과 다르다 하는 사람들을 과연 어찌
생각하는가?
12 너희들은 종파가 다르며 믿음이 다른
자를 적과 전쟁터에서 대치한 사람같
이 그리 경멸하며 그와 같이 사나운
마음으로써 그들을 대하지는 아니하
는가?
13 너희들은 종파가 다르며 믿음이 다르
며 하늘을 향하여 나에게 기도하는 그
방법이 다르다 하여 그들을 과연 어찌
생각하는가?
14 너희들은 자세가 다르며 기도하는 형
태가 다르며 기도하는 언행이 다르다
하여 다른 종파며 너희들과 관계없다
그리하니, 그들은 어찌 살아가는가?
15 그리고 그들을 너희들이 어찌 대하던
가?
16 정녕 너희들과 다른 믿음을 가지고 가
는 그 나의 아들이요, 딸들인 너희들
의 한 형제가 너희 부모를 죽인 그 원
수보다도 더 너희들에게 간악하며 그
보다 더 사악한 존재라 너희들은 생각
하고 살아가는가?
17 과연 너희들은 너희 부모를 살해한 자
보다도 더 간악한 방법으로써 적대시
하며, 너희들이 같이 겸상할 수 없으
며, 같이 대화할 수 없으며, 같이 행할
수 없으며, 그리고 같이 걸어갈 수 없
는 자라 하여 너희들과 종파가 다른
사람을 그와 같은 형태로써 대하고 살
아가는 것은 아니던가?
18 과연 그들이 너희 부모를 죽인 자보다
도 더한 원수이던가?
19 너희 자식을 살해한 사람보다도 더한
원수이던가?
20 너희들은 너희 부모를 살해한 자요,
너희 자식을 살해한 자는 대화하고 용
서할 수 있는 마음은 있으나, 종파가
다른 자하고는 철천지원수보다도 더
너희들이 같이할 수 없는 자라 그리
대적하고 싸우고 광분하고 있음이니,
21 그것이 너희들이 어떠한 행위에서 나
오는 것이던가?
22 그것이 너희들이 나 여호와를 받드는
마음에서, 나 여호와를 숭배하는 자가
아니기 때문에 그들은 나의 자식이 아
니요, 너희 형제가 아니라는 그러한
생각에서 그리하던가?
23 내가 너희들에게 가르치는 것이 무엇
이더냐?
24 '원수를 사랑하라.' 함이니, 너희들이
나의 뜻을 들은 백성이라면 과연 그들

을 사랑으로써 다스리며 받아들여야
되겠는가, 너희 부모를 죽인 사람보다
도 더 사악한 적으로 생각하여야 되겠
는가?
25 너희들이 겸상하지 못할 자로 그리 견
주어 그와 같이 너희들이 악을 쓰며
경멸하며 그들과 곧 죽음의 단판을 치
를 그와 같은 마음의 상태로 그들을
보지는 아니하는가?
26 그리고 정녕 그들을 용서할 수 없는
마음의 자세로 너희들은 보지 아니하
는가?
27 이렇다 하면 정녕 너희들이 나의 뜻인
사랑을 베풀며 사랑하는 자들의 살아
가는 형태이던가?
28 너희들이 이를 넘지 못하는 그 하나를
본다 해도 너희들은 나의 뜻대로 살아
가는 자들이 아니며, 나의 뜻이요, 내
가 원하는 사랑을 베풀며 살아가지 아
니하는 자들이기 때문에,
29 너희들이 나의 자식이 아니요, 너희들
이 사탄의 자식이요, 사악한 자식이라
내가 말하였음이니라.
30 나로부터 선택된 백성이며 나로부터
구원을 받을 수 있는 백성은 모든 종
파를 한 형제로 가슴에 안고 그들의
말을 들으며 그들의 뜻을 들으며, 그
들이 정녕 잘못 갔을 때 인자한 모습
으로써, 사랑으로써 그들을 구원하도
록 노력하는 것이 너희들이 가야 할
길이며 행하여야 할 길이거늘,
31 너희들은 전쟁터에서 곧 죽고 사는 그
와 같은 한판을 벌이는 마음 자세로
그들을 경멸하고 적대시하고 있음이
니, 너희들이 사랑이라는 '사랑' 자를
부를 자격이 있는가?
32 그리고 나 여호와가 베푸는 그 사랑의
뜻을 너희들이 알기는 하는가?
33 그러면서 너희들이 나의 백성이요, 사
랑을 실천하는 백성이라면 그와 같이
추하고 더러운 너희들의 입으로써 나
의 사랑이라는 말을 부르짖지도 말며,
그를 행하는 자라고도 하지 말며, 내
가 너희들을 기억하는 자들이라 하지
말며, 너희들이 나의 아들 예수의 피
로써 구원받은 자라 말하지 말라.
34 너희들의 원수를 사랑하라 내가 했음
이니, 그를 실천하지 못하며 그를 행
하지 못하는 자, 나의 피조물 만백성
이요, 너희들과 같은 형제가 다른 종
파요, 즉, 너희들이 같은 육신의 그 형
제끼리 다른 옷을 걸쳤다 하여 너희
부모나 자식을 죽인 원수보다도 더 사
악한 모습으로 바라본다면,
35 너희들은 사랑이 아니라 너희 스스로
오만하고 자만하고, 그러한 너희들이
위대하다는 것을 보여 주기 위하여 높
이 군림하고자 하는 그런 사악한 마음
에서 그들을 무너뜨리고 짓밟고자 하
는 것이니,
36 그것이 우매한 짐승들이 하는 행위보
다도 더 추하고 더러운 행위임을 알아
야 할 것이니라.
37 이 이치를 깨닫고 나의 법전을 읽고도
너희들이 원수를 사랑하라는 그것을
실천하지 못하는 부끄럽고 추한 모습
을 바라보며 너희들이 이를 보고 깨우
쳐, 어떠한 종파도 나의 아들이요, 딸
이니,
38 너희들의 형제라 하여 그들을 받아 주

고 용서하며, 그들의 뜻을 들으며 좋
은 점은 배우고 나쁜 점은 버려 가면
서 나의 사랑을 베푸는 그 길을 손잡
고 같이 가고자 노력하는 자가 나의
아들이요, 딸임을 알며, 그들을 원수
처럼 생각하는 자는 사악한 사탄의 자
식이니,
39 그는 화합하고자 하여 서로 사랑을 베
풀며 나에게 오고자 하는 나의 백성들
을 그리 화합하지 못하게 갈라 놓는
가장 흉악한 범죄자들임을 알아야 할
것이니라.
40 너희들이 종파가 다르다 하여 사악한
원수보다도 더 사악한 그와 같은 형태
로 바라봄은 무엇이더냐?
41 하나로 이루고자, 하나로 가고자 하는
그들의 마음에 칼로써 무를 자르듯이
그와 같이 무서운 행위를 하고 있는
것이 너희들의 형태임을 알아야 할 것
이니,
42 사랑과 더불어 베풀며 살아가고자 하
는 그들에게 그를 못하도록 하는 것이
바로 너희들의 행위이며, 너희들의 자
세이며, 지금의 살아가는 형태이니라.
43 그리고 같은 형제끼리 종파가 다르다
하여 목숨을 걸고 한판을 붙을 것 같
은, 죽기살기로 한판의 결전을 할 것
같은 마음으로 바라보며 그와 같은 마
음으로써 생각하는 자가 바로 사악한
사탄의 자식이니라.
44 사랑을 베풀며 그들이 화합하며 한 길
로 가는 것까지도 막기 때문이니, 이
를 깊이 깨우쳐 너희들이 구원의 길을
보도록 그리하라.

2,369 번째 하나님 말씀

2002년 5월 19일 0시 21분

1 사랑하는 선지자야!
2 "네, 여호와 하나님! 말씀하옵소서."
3 너의 제자들에게 이르라.
4 수천 년 역사가 흘러오는 동안 죽음의
세계요, 암흑의 세계요, 내가 관여하
지 않은 세월이라 하였음이니, 세상에
나가는 나의 법전이 거대한 나의 성령
임이니,
5 내가 성서의 한 구절을 너희들에게 설
명해 주지 않았던가?
6 5달란트를 받아 10달란트를 만들어
주인에게 바친 그 종의 현명함을 너희
들에게 깨우쳐 주었으니, 그것은 그대
로 지나가는 성서의 가르침이 아니라,
7 그와 같이 능력 있는 나의 백성들이
살아갈 수 있도록 그 길을 열어 주라
하는 그 본보기요, 가르침이라 내가
너희들에게 말하였느니라.
8 그리하여 이제 나의 법전이요, 나의
성령의 나의 뜻이며, 내가 역사하고자
하는 그 뜻을, 2천 년이 지난 지금에
이를 실천하고 있음이니,
9 그 길을 가는 선지자가 얼마나 어렵고
힘든 것인가를 너희들은 알겠는가?
10 지금 선지자가 남으로부터 금화와 은
화를 받아 재능 있고 어렵고 힘든 그
제자에게 그를 전해 주어, 그가 자립
하여 의식주를 해결하며 바로 서 또
제가 그 능력을 갖고 저희 형제를 도
와 이와 같이 살아가도록 그 역사를
시작함이니,
11 이것은 내가 2천 년 동안 접어 두었던

나 여호와의 성령의 뜻이며, 나의 선
지자가 가는 길이며, 이가 곧 나의 선
지자요, 나의 아들이요, 나를 대신하
여 역사를 이루는 그 증표이거늘, 그
역사를 지금 선지자가 이루고 있음이
니라.
12 선지자가 한 사람으로부터 금화와 은
화를 받아 어렵고 힘든 자에게 자립의
길을 열어 주되, 그가 거기서 감사 헌
금이요, 십일조라 하여 일부를 챙기는
역사의 그와 같은 짓을 하던가?
13 한 제자를 일으켜 세우기 위하여 이쪽
에서 저쪽으로 금화를 받아 전해 주는
중간에 선지자가 그 보따리의 일부를
챙기던가?
14 그와 같은 행위를 함이 없이 그저 선
지자가 저의 능력 있는 제자로부터 받
아 어렵고 힘든 제자에게 길을 열어
줌이니, 이는 받은 대로 그대로 전해
줌이니,
15 나 여호와가 내리는 것을 알기 때문에
그가 그와 같이 전해 주거늘, 그 선지
자를 욕하지 말라.
16 그와 같은 역사를 이루는 선지자의 마
음에 파장을 이루도록 하지 말라 하였
음이니라.
17 선지자는 단 한 사람이요, 그 제자들
은 수십 명이요, 수백, 수천이니,
18 그들을 다 정리해 나가는 선지자의 힘
든 그 길의 역경에서 너희들이 그를
돕고 그의 가는 길을 앞에서 쓸어 주
지 못할망정,
19 그가 가는 곳에 시시비비를 하며 제
앞에 큰 밥상을 놓고자 욕심을 부리는
자가 있다 하면, 이는 너희들이 선지
자를 쓰러지게 함이니라.
20 선지자가 누구로부터 받아 누구를 도
와주든, 누구에게 자립을 하게 해 주
든, 그 모두는 묵상이요, 기도로써 나
에게 받아 이루어지는 역사인 것이며,
21 선지자의 임의의 뜻에 의해 이루어지
는 것이 아님을 너희들이 알아야 할
것이니라.
22 너희들이 받을 때가 되며 받을 자격이
있으면 나 여호와가 내려 줌이니라.
23 내가 지금 이루고자 하는 그 역사요,
그 뜻에 선지자가 가는 그 길을 막는
자, 너희들은 나의 백성도 아니며 선
지자의 제자도 아님을 알아야 할 것이
니라.
24 이 아름다운 역사를 이룸으로 나의 피
조물 만백성이 이는 진정한 나 여호와
의 아들이요, 선지자요, 나의 법전이
진정한 나의 성령으로써 기록된 것인
것을 깨우쳐 너희들을 따르며, 이 법
전을 세상에 전하는 데 일익을 담당할
자들이 모여들 것이니,
25 그들이 그 역사를 이루는 것을 막는
사악한 짓을 하지 말라.
26 봇물이 터져 내려가는 무서운 홍수를
너희들이 막을 수 없음이니, 너희들이
그저 휩쓸려 가 죽는 그것밖에 없음을
알아야 할 것이니라.

2,370 번째 하나님 말씀

2002년 5월 19일

1 사랑하는 선지자야!
2 "네, 여호와 하나님! 말씀하옵소서."
3 구약 시대의 그 한 역사의 장이 지나

신약의 시대에 나의 아들 예수가 성령을 받아 세상에 나갔음이니,
4 그를 따르는 제자들, 또한 그의 가르침을 듣고 깨달은 백성들이 얼마나 영광된 자들이었는가를 그들은 그 당시 모르고 있었음이니,
5 오늘 너의 제자들이요, 너를 따르는 모든 백성들이요, 너로부터 은혜와 은총을 받은 백성들이 얼마나 영광되며 축복된 것인가를 너희들은 지금 그저 그러려니 하고 생각할 것이니라.
6 그러나 지금 나의 성령을 담아 나의 선지자를 통하여 법전이라 하여 내려 보내는 이 시대에 살아가는 너희들은 나의 음성을 법전으로 만들어 세상에 전하는 대임을 맡은 자들이며,
7 그 법전을 전하는 자들이요, 또 나의 성령을 나의 선지자를 통하여 지금 보고 듣고 쓰는 자들이니,
8 너희들이 얼마나 영광되며 얼마나 축복받은 자들인가를 지금 모르고 있을 것이니라.
9 너희들이 예수의 시대를 그리 믿듯이 너희 후손들 또한 너희들의 지금 이 시대를 그릴 것이니라.
10 그리고 너희들의 축복되고 영광됨과 너희들에 대한 그들의 그리움과 또 존경하는 그 마음이 길이길이 전하여질 것이니라.
11 그러나 지금 너희들이 그 너희 후손으로부터 존경받으며, 축복받으며 선택된, 영광된 백성이라 하여 너희들을 그리워할 때, 지금 너희들의 마음 자세와 생각은 어디에 있는가?
12 너희들의 지금 마음의 자세가 어디 있으며, 살아가는 형태가 어찌 되어 있으며, 살아가는 모습이 어찌 되어 있는가?
13 지금 나 여호와가 너희들을 내려다보는 그 모습은 예수 시대에 그들이 축복과 은혜와 영광을 받고 살았음을 몰랐던 것과 같이 너희들 또한 모르고 있음이니,
14 지금 너희 선택된 자들은 내가 너희들을 쓰고자 하였음이니, 너희 모두를 죽여 다 날려 보내며 새로 태어난 어린아이와 같이 아름다운 모습으로 살라 내가 너희들에게 일렀거늘, 너희들은 지금 어떠한 형태로 사는가?
15 과연 너희들은 세 살 먹은 아이의 마음으로 사는가?
16 60이요, 50이요, 너희들의 굳어진 그 뼈와 살의 형태로써 살아가며 너희들의 머릿속에는 그 나이의 생각하는 수준으로써 살아가고 있지는 아니한가?
17 그렇다 하면 너희들은 정녕 나의 뜻을 알아들을 수가 없으며, 나로부터 구원받을 수가 없음을 알아야 될 것이니, 오늘 내가 선지자를 통하여 너희들에게 내리는 이 뜻을 가슴속 깊이 새겨야 할 것이니라.
18 내가 너희들은 다시 태어난 생명이요, 어린아이요, 천사처럼 살라 하였음이니, 너희들이 지금 세 살 먹은 어린아이처럼 그 마음으로 살아가지 아니한다 하면,
19 너희들은 지금 너희들의 나이에 따라서 너희 뼈가 굳어졌으며 살이 굳어졌으며 그 피가 혼탁하여졌으며 그 생각이 혼탁하여졌음이니, 그와 같은 생각

으로 그 세대를 벗어나지 못한다 하면
너희들은 나로부터 구원을 받을 수가
없음이니라.
20 나로부터 구원을 받지 못하는 자는 어
떠한 역사가 되더냐?
21 그는 바로 '유다'와 같은 역사의 행위
를 하게 되는 것이니라.
22 너희들이 천사가 되지 못한다 하면,
너희들은 스스로 사탄의 길을 가며 그
길을 선택하게 되어 있음이니라.
23 그러니 너희들은 지금의 기로에서 어
찌 살아가야 할 것인가를, 너희들 자
신을 다시 다스려 봐야 될 것이니라.
24 내가 너희들에게 젊은 세대들이요, 지
식인들이 온다 하였으며, 그리고 젊은
세대를 위하여 너희들이 나의 법전을
전하며 그들을 일깨우라 하였음이니,
25 그들은 유한 만큼 너희 세대보다도 더
아름답고 순박함이 있으며 순수함이
있기 때문에, 그들은 목숨을 바쳐서
선지자를 따를 수 있으며,
26 유사시에 역사하는 것은 너희들보다
그들이 두 배, 세 배 더함을 알아야 될
것이니라.
27 너희들은 뼈가 굳어졌으며 피가 혼탁
해졌으며 살결이 굳어진 만큼 계산속
으로 모든 걸 움직이게 되어 있음이니,
28 그리해 가지고는 너희들이 젊은 세대
를 따라갈 수 없음을 알아야 될 것이
니,
29 너희들의 모든 자세를 다 어린아이와
같은 마음으로 돌려야 될 것이니라.
30 그리하여 20대가 그 어린아이들을 보
고 행복함을 느끼며 아이의 귀엽고 예
쁨을 느끼듯이, 그리고 순수함을 느끼
듯이, 너희들이 그리 돌아가지 아니하
면 감히 선지자를 따를 자격이 없음을
알아야 될 것이니,
31 내가 아이가 되라는 그 뜻을, 오늘 내
가 선지자를 통하여 내리는 법전에 기
록되는 내용을 들어 너희들이 깨우쳐
야 할 것이니라.
32 너희들이 어린아이와 같은 순박한 마
음의 자세로 돌아갈 때, 내가 너희에
게 육신의 행복이요, 육신의 영화요,
영혼을 구하는 것까지 그 모든 축복을
내려 줌이니, 이를 잊지 말고 살아가
도록 하라.

2,371 번째 하나님 말씀

2002년 5월 19일

1 사랑하는 선지자야!
2 "네, 여호와 하나님! 말씀하옵소서."
3 너희들 인간사에 살아가는 너희들 마
음이, 너희들이 눈으로 보고 귀로 듣
고 전하는 것을 믿지 않으려 하는 것
이 너희들이며,
4 너희들이 만져 보고 눈으로 본 것 그
자체도 의혹과 의심을 갖는 것이 너희
들의 마음이니라.
5 이와 같이 너희들이 남을 의심하고 생
각하는 그 깊이가 깊음이니, 그 마음
만큼 깊은 것이 또 무엇이더냐?
6 자신을 버리는 것이니라.
7 너희들이 욕심이라는 것을 버리며 아
름다운 마음으로 변해 가고자 하는 것
이 그와 같이 끝이 없고 끝이 보이지
아니하니,
8 너희 마음이 변하는 것이 그리 어렵고

도 힘든 것이 너희들이 살아가는 그와
같은 형태이니라.
9 그러하니 너희들이 하얀 마음으로써
너희들의 모든 욕심을 버리며 나 여호
와의 자식으로서 이 영광된 하늘에 오
르는 길을 가는 것이,
10 그리고 나에게 오는 것이 얼마나 힘들
고 어려운 것인가를 나 여호와가 알고
있음이니라.
11 너희들이 때로는 천사가 되어서 나에
게 다가오는 그와 같은 생활 속에서
살아가나, 때로는 한순간에 사탄이요,
사악한 자가 되어 나에게 고개를 들고
오를 수 없는 부끄러운 그와 같은 삶
을 살아가니,
12 너희들의 심성이 그렇게 뿌리가 깊고
끝이 없는 것이니라.
13 그러나 너희들은 이를 다 버리며 이를
지워야 할 것이니라.
14 너희들은 서서히 다져 감이니라.
15 너희들은 나로부터 선택된 백성이기
에 그 악의 씨를 점점 지울 수 있는 용
기가 있으며, 그리 변하여 갈 수 있는
나에게 선택된 백성이니,
16 너희들은 좌절하지 말며 실망하지 말
며 주저앉지 말라.
17 너희들이 변하고자 하는 그 천사의 마
음이 열 시간이요, 사악한 마음이 여
덟 시간이라면, 두 시간은 너희들이
변화되어 나에게 두 계단을 올라왔음
이니,
18 그와 같이 노력하고 너희들이 그와 같
은 생활 속에 살아가는 사이에 너희도
모르게 천사가 되어 내 옆에 오를 수
있는 그와 같은 영광을 얻게 될 것이
니라.
19 나 여호와가 너희들을 사랑하노라.
20 내가 너희들을 얼마나 사랑하면 내가
수천 년 동안 이루지 못했던 나의 뜻
을 너희들을 통하여 지금 이루어 가고
있겠느냐?
21 너희들이 불쌍한 자를 도우며 어려운
자를 도와 그가 편안히 살아갈 수 있
도록 그에게 은혜와 영광을 주어, 그
가 정녕 피부로써 마음으로써 나 여호
와가 존재함을 느끼며 행복함을 얻도
록 하고자 하는 것이 나 여호와의 뜻
이거늘,
22 그것이 2천 년 역사가 흘러오는 사이
에 잘못된 종교 지도자들이, 저희들이
배부르고 등 따듯하게 저희 손으로 지
은 저희들의 편안한 그 성전을 위하여
긁어모으고 또 긁어모으고 비틀어 짜
모으는 데만 혈안이 되었으니,
23 이를 바라다보는 나의 마음이 과연 얼
마나 아프고 저려 왔겠는가?
24 그러나 이제 내가 선지자를 통하여 나
의 성령으로써 법전이라 하여 세상에
내려보내며,
25 너희들이 나의 선택된 아들이요, 딸이
라 하여, 사랑을 베풀며 살라는 나의
참뜻을 지금 너희들이 시행하고 지켜
감이니,
26 오늘에 한 사람을 도우며 내일 두 사
람을 돕는 것이 너희들에게는 아이들
이 장난하는 것같이 보이나, 이것이
세월이 흐르면서 정녕 무서운 역사를
이루며 나 여호와의 뜻을 이루는 것이
니,
27 이것이 곧 지상의 낙원을 이루는 기초

요, 근본임을 알라.
28 내가 너희들에게 수차 말하여 전하였느니라.
29 아무리 큰 제방이라도 그 개미구멍만한 구멍으로 물이 새기 시작하여 그 구멍이 커짐으로 그가 무너져 노도와 같이 밀려든다 하였음이니,
30 오늘 내가 5달란트의 그 이치를 선지자를 통하여 어렵고 힘든 그 역사를 이루어 가고 있음이니,
31 너희들이 볼 때 이것은 그저 아무것도 아닌 것같이 생각되며, 너희들과는 아무런 관계도 없는, 이웃에서 이루어지는 그와 같은 일이라 생각할지 모르나,
32 이는 너희들 가슴속에서 이루어지는 것이며, 너희들 마음속에서 이루어지는 것이며, 너희들이 존재하기에 이와 같은 역사가 이루어짐이니,
33 이 역사가 세월이 흐름에 따라서 곧 나의 지상 낙원의 에덴동산을 만드는 역사의 기본이며 기초임을 알아야 할 것이니라.
34 이 위대함을 너희들은 오늘 실행하고 실천하는 자들이니, 너희들은 나로부터 얼마나 소중하고 귀한 나의 아들딸인가를 알아야 될 것이며,
35 내가 오늘 선지자를 통하여 너희들에게 다시 한 번 명하노라.
36 너희들은 어린아이가 되어야 될 것이니라.
37 너희들의 나이에 그 굳어진 뼈요, 그 굳어진 살이요, 그 혼탁한 피요, 너희들 머리에서 생각하는 그 복잡한 생각을 너희들은 정녕 다 날려 보냈으며 그리 지웠는가?
38 그리고 내가 어린아이처럼 살라는 너희들은 지금 몇 살짜리, 어떤 나이의 위치에 와 있는가 너희 스스로 돌이켜 봐야 할 것이니라.
39 나이 든 너희들을 다스리기에 나 여호와의 마음이 얼마나 아프고 시린가를 너희들은 알아야 될 것이니라.
40 너희들에게 지금 젊은 세대인 젊은이들을 선택하여 그들을 육성하고 가르치라 하였음이니, 그들은 계산이 없음이니라.
41 그들이 너희들보다 더 순수함이니라.
42 정녕 나의 뜻이 하늘의 뜻이며, 내가 이루고자 하는 것을 저희들이 보았을 때, 이는 정녕 나 여호와 하나님의 말씀이라 하면 생명을 저버리고 나의 길을 갈 수 있는 것이 젊은 아이들이며 너희들의 후손들이니라.
43 그리하여 그들을 깨우치라 하였음이니라.
44 이제는 너희들은 그들에게 본보기가 될 수 있는 나의 선택된 백성이니, 그 젊은 아이들이 나의 법전을 보고 '하나님의 말씀'이라 하여 그 모두를 바치고 따라올 때 너희들의 위치가 어디에 있는가를 돌이켜 보아야 될 것이니라.
45 너희들이 곧 머지않아 부끄러운 너희들의 모습이 될 것이며, 너희들이 설 자리를 잃게 될 것이니,
46 그 모두를 바쳐 밀어붙이는 그 젊은이들의 순수함 앞에 너희들이 설 자리가 없기에,
47 내가 너희들이 본보기로서, 너희 자식들의 후손 대대로 그들의 본보기가 되

기 위해서는 너희들이 어린아이가 되
는 길밖에 없음이니,
48 내가 너희들을 사랑하고 이리 아끼기
에 내리는 나의 뜻을 뼈속 깊이 새겨,
너희들이 어린아이로 변하도록 하라.

2,372 번째 하나님 말씀

2002년 5월 19일 12시 20분

(강론을 마치며)

1 사랑하는 선지자야!
2 "네, 여호와 하나님! 말씀하옵소서."
3 너희들이 정녕 하늘에 올라와 나에게
임하며 나의 그 영광을 받을 수 있는
길이란, 바위와 바위의 틈새에 흐르는
물과 공기의 흐름보다도 더 좁은 그
길을 너희들이 넘고 넘어야 하는 것이
나에게 구원을 받는 그와 같은 길임을
알라.
4 그러나 내가 너희들을 구원하고자 내
린 모든 나의 법전이요, 나의 율법이
요, 나의 계명을 지키고 실행하는 자,
5 그는 스스로 저도 모르는 사이에 그들
이 내 앞에 왔을 때 문을 열어 주는 그
와 같은 영광을 얻게 됨이니라.
6 너는 오늘 너의 제자들에게 이르라.
7 너희들이 나의 계명을 지키며 나의 율
법을 지키며 나의 뜻에 따라 행하고
사는 것이 어렵고 힘든 길임을 알라.
8 나 여호와가 너희들에게 내리기를, 너
희들이 지킬 수 없으며 넘을 수 없는
그와 같은 벽을 넘으라 한다 하면 이
는 공의의 나 여호와가 아니요, 전지
전능한 창조주인 너희 아버지가 아님
을 알아야 될 것이니라.
9 너희들은 돌이켜 생각해 보면 알 것이
니라.
10 너희들이 어떠한 일을 하고자 하여 그
것을 파고들어가고 또 파고들어가면
그 속에 간단한 정답이 있다 말하였느
니라.
11 너희들이 하나의 기술을 연마하는 것
이요, 또 운동 경기를 하여 메달이라
는 것을 획득하는 선수요, 그들이 처
음에 입문하고 가는 길은 힘들고 어려
우니라.
12 그러나 숙달되고 또 숙달되었을 때 이
세상 모든 것은 너희들에게 정복되게
되어 있음을 너희들은 어찌 모르는가?
13 너희들이 한 가지의 그 기술을 연마할
때 그는 처음에 힘들고 어렵고 또 고
달픈 것이니라.
14 그러나 그가 밤잠을 자지 아니하고 노
력하고 연구하는 그 노력에 따라서 그
모든 어렵고 힘들었던 기술이요, 그가
배우고자 했던 그것은 그 앞에 정복당
하게 되어 있으며,
15 너희 인간이 최종에 승리자가 된다는
것을 너희들은 어찌 그리도 모르는가?
16 너희들은 노력하는 만큼 거둬들일 수
있으며, 너희들이 힘들고 어려운 그
모든 것도 다 너희들이 노력함으로 인
하여 너희 앞에 정복되지 아니하는 것
이 없음이니라.
17 이와 같은 것이 너희들이 가지고 있는
특성이며, 나 여호와로부터 선택된 백
성 너희들이니라.
18 너희들은 생각할 수 있는 지혜가 있으
며, 움직일 수 있는 그 육신의 형태를
가지고 있으며, 모든 상황에서 대처할

수 있는 그와 같은 능력과 판단력까지
도 내가 너희들에게 다 부여하여 세상
에 내보냈음이니,
19 너희들이 노력하고 행하는 그 속에서
정복되지 아니하는 것이 없음을 알라.
20 너희들이 한 가지의 그 어려운 기술을
노력하여 취득하고 정복할 수 있듯이,
나의 십계명을 너희들이 정독하며 하
나하나 너희 생활에 적용하며 그와 같
이 하나하나 그것을 정복하고 너희들
이 돌아다볼 때,
21 너희들이 이를 알고 지키고 깨달았을
때는 그 십계명이 아무것도 아닌 것을
너희들이 알게 될 것이니라.
22 내가 나의 선지자를 통하여 너희들에
게 말하였으니, 너희들이 그리 어렵고
도 힘들며 지킬 수 없다는 그 십계명
이 차 한 잔을 드는 것보다도 더 쉬운
것이라 내가 말하여 일깨워 주었으니,
그 이치가 여기에 있음이니라.
23 너희들에게 나의 십계명을 지킴이 너
희들이 하나의 기술을 연마하는 것만
큼 정신적인 노동이요, 육체적인 노동
이요, 또 너희들의 시간이 소비되며
또한 물질적으로 너희들의 그 소중한
금화와 은화를 투자하며 바쳐 가면서
이를 지키라 하는 것이 아니니라.
24 다만 너희들의 마음 하나이니라.
25 내가 내려 준 너희들의 그 영의 마음
으로써 이를 지키고 단속하며 이를 행
하여 가면 되는 것이니, 이는 곧 너희
들이 마음 한번 먹기에 달린 가장 쉬
운 것임을 오늘 알아야 될 것이니,
26 이를 지키는 자만이 영혼의 양식을 얻
어 구원의 길을 볼 수 있음을 알아야
될 것이니라.
27 오늘 내가 선지자를 통하여 너희들에
게 명하는 나의 이 뜻을 너희들이 죽
어 내 앞에 왔을 때 어떠한 현상인가
를 알게 될 것이니,
28 그때는 너희들이 때가 늦음을 알라.
29 구약과 신약과 법전의 모두를 요약한
것이 십계명이니라. 그리고 내가 직접
불로 써 너희들에게 지키라 명한 것이
니,
30 내가 지키라 명한 것을 지키지 않는
자, 그는 곧 사탄이요, 사악한 자며,
나와는 관계없는 자식임을 알아야 할
것이니,
31 이제는 나의 자식이요, 아니요, 이것
을 확실히 구분하여 내가 지금 선택할
자와 버릴 자를 구분하는 이와 같은
역사가 시작되었음을 너희들이 알아
야 될 것이니 이를 잊지 말라.

2,373 번째 하나님 말씀

2002년 5월 20일 01시 02분

1 사랑하는 선지자야!
2 "네, 여호와 하나님! 말씀하옵소서."
3 너희들은 구약의 시대와 신약의 시대
와 그리고 제3의 나의 법전의 이 시대
를 엄연히 구분하여 깨우쳐야 할 것이
니라.
4 구약의 시대는 모세로부터 많은 기적
과 역사를 이루는 시대였으며, 제사장
이요, 예언자들은 그 당시에 필요했던
자들이며 그 시대에 필요했던 사람이
니라.
5 나의 아들 예수가 신약의 시대를 열

며, 나로부터 성령을 받아 나의 피조
물 만백성을 구하고자 하던 그 예수의
시대의 모든 예언자요, 제사장이요,
그들은 다 그 시대의 사람들이었으니,
6 성서에 기록되어 다시 예언자요, 대제
사장이라 하는 자들이 오지 아니할 것
이며 오지 않는다 너희들은 그리 말하
였음이니,
7 그는 신약의 시대를 가리켜 말하는 것
이니라.
8 2천 년의 역사가 흐른 지금에 나의 법
전이요, 나의 성령을 태워 직접 나의
선지자를 통하여 나의 피조물 만백성
너희들을 구하기 위하여, 법에 기준하
듯이 너희들의 옳고 그름을 구분할 수
있는 이와 같은 나의 법전을 세상에
내려보내니,
9 이것은 나의 제3의 시대요, 나의 성령
의 시대이니라.
10 나의 제3의 시대 또한 너희들을 통하
여 나의 모든 뜻을 전하게 되어 있음
이니라.
11 구약의 시대에는 모세라는 한 인간을
통하여 내가 모든 기적을 이루었던 것
이며,
12 신약의 시대 또한 나의 아들을 통하여
그 모든 역사를 이루었으며 또한 그들
시대에 예언자가 있었음이니라.
13 그와 같이 사람의 형태를 통하여, 사
람을 통하여 나의 성령을 전하게 되어
있음이니,
14 지금 내가 마지막 제3의 시대를 열어
가는 이 시점에 또한 너희들과 같은
인간의 형태를 통하여 내가 나의 뜻을
전함이니,
15 이게 바로 나로부터 선택된 나의 선지
자요, 나의 종이요, 나의 아들임을 너
희들이 알아야 할 것이니라.
16 너희들은 구약의 시대와 신약의 시대
의 역사와 그리고 제3의 시대가 구분
되어 있음을 알라 하였음이니라.
17 내가 너희들에게 뭐라 말하였던가?
18 달리는 계주의 주자들처럼 1, 2, 3, 4
번의 주자가 있듯이, 내가 지금 마지
막 시대에 나의 역사를 이루기 위하여,
19 구약과 신약의 시대는 출발과 중간 주
자로서 그 직분을 다하여,
20 이제는 마지막 시대에 천 년에 걸쳐
이 지상의 내가 만든 낙원에서 나의
백성들만이 뿌리를 내리고 존속할 수
있도록 그 역사를 이루는 마지막 주자
가 달려가는 것이 나의 법전이요, 나
의 선지자가 이루는 역사의 기틀이라
내가 너희들에게 말하였음이니라.
21 그러나 너희들은 지금 어찌 믿어 가는
가?
22 너희들이 지금까지 믿고 왔으며 하늘
에 오르는 길이라는 그 기본의 틀을
벗어나지 못하며,
23 이리하여 너희들이 정녕 하늘에 오르
는 길인 나의 성령을 태워 내리는 나
의 법전의 뚜껑을 열지 아니하며,
24 이게 너희들이 말하는 마지막 시대의
거짓 선지자요, 사탄이요, 사악한 자
가 행한다 함이니,
25 너희들은 이를 엄연히 구분하여야 될
것이니라.
26 모세의 구약의 시대에는 모든 제사장
이요, 예언자요, 그들이 그 역사에 살
다 갔으며,

27 예수의 시대는 또한 그와 같은 시대가 이루어졌음이니라.

28 내가 말하니, 엄연히 제3의 시대의 역사는 내가 나의 성령을 통하여 내가 너희 인간들을 선택하여 이 모두를 너희들에게 전하는 제3의 시대의 역사가 지금 이루어지고 있는 것임을 너희들은 알아야 할 것이니라.

29 그러하니 너희들이 지금까지 믿어 왔던 그 틀을 벗어나 나의 법전에 내가 성령을 통하여 가르치고자 하는, 너희들에게 전하는 그 뜻을 너희들이 읽고 깨우쳐 하늘에 오르는 구원의 길을 받으라 하였으나,

30 너희들은 나의 법전을 열어 보지도 아니하고 불태워 버리며 찢어 버리는 이와 같은 사악한 행위를 하고 있음이니, 이는 무엇이더냐?

31 너희들의 방법이요, 너희들의 생각의 차이에 있으니, 그 틀을 벗지 못하는 그 속에서 너희들이 이와 같이 우를 범하는 것이며,

32 너희들을 영원히 구원할 수 있는 그 길을 너희들이 저버리고 가고 있음을 알아야 할 것이니라.

33 내가 나의 선지자를 통하여 너희들에게 말하였느니라.

34 신약 시대의 지금의 2천 년의 역사가 죽음의 시대요, 암흑의 시대라 말하였음이니라.

35 이는 곧, 너희들이 나의 성령을 전하는 나의 아들 예수의 그 성령의 전함을 중단시켰으며,

36 그리하여 지금까지 너희들은 나의 성령으로써 나의 피조물 만백성을 구하고 이끄는 그와 같은 역사를 이룬 것이 아니며,

37 그 시대에 나의 아들 예수를 따르는 제자들이 기록한 그 복음서요, 그를 가지고 너희들이 하늘에 오르는 길이라 하여 그것만이 구원의 길이라 그리 부르짖고 가르치고 있음이니라.

38 너희들은 알아야 될 것이니라.

39 나의 성서는 하늘에 오르는 그 길의 안내자요, 그 길을 다스려 너희들을 깨우치는 것이며, 그를 가지고 너희들이 하늘에 오르는 것이 아니라 내가 너의 제자들에게 일러 주었음이니,

40 이는 곧 기초인 것이니라.

41 그리고 하늘에 오를 수 있는 그 빛을 보는 반석 위에 일어서도록 하는 것이 나의 성령이며 나의 법전임을 너희들이 알아야 될 것이니라.

42 너희들은 행하며 순종하며, 그 행함에서 너희들이 나의 계명을 지키며 나의 율법을 지키며 나의 뜻에 살아 행하는 자만이 구원의 길을 받을 수 있는 것이며,

43 너희들이 말로써 구원을 받았다 하며 그리고 너희들이 만든 그 성전에 들어와 '주여!' 하며 나의 아들 예수를 찾는 그 순간에 너희들은 구원받았다 그리 말하나,

44 성경에 기록되어 있는 대목을 너희들은 알아야 될 것이니라.

45 내가 나의 아들 예수를 통하여 말하였느니라.

46 '주여, 주여!' 하며 나의 아들 예수의 이름을 찾지 말라 하였으며, 오로지 너희들이 구원을 받고 못 받는 것은

나 여호와만이 행할 수 있는 것이며,
나의 뜻에 살아가는 백성만이 그 구원
의 길을 볼 수 있다 그리 성경에 기록
되어 있음이니,
47 그 성경의 장을 너희들이 열어 봐 그
를 깨우쳐야 될 것이니라.
48 그와 같이 엄연히 기록되어 있는 내용
마저도 너희들이 거부하며 부인하니,
그게 바로 나의 가르침을 너희들이 듣
지 아니함이니,
49 그게 바로 너희들이 사탄의 자식이며
사탄의 길에 가 있다는 엄연한 사실을
알아야 될 것이니라.
50 나의 성서에 기록된 그 내용을 실행하
고 지키며 나의 성령을 태워 내려보내
기록한 나의 법전의 그 내용을 지키고
순종하는 자만이 나의 백성이요, 하늘
에 오르는 길을 볼 수 있는 나의 아들
이요, 딸임을 알라.
51 이를 거부하는 자, 나의 뜻을 거부하
며 내가 존재하는 것을 믿지 아니함이
니, 이는 곧 사탄이니 그리 알라.
52 그들이 바로 사탄임을 너희들이 알아
야 할 것이니라.
53 이 이치를 너희들이 깨우쳐 행하도록
그리하라.

2,374 번째 하나님 말씀

2002년 5월 20일 06시 45분

1 사랑하는 선지자야!
2 "네, 여호와 하나님! 말씀하옵소서."
3 너희들이 나의 십계명을 지켜 하늘에
오르는 그 길을 보며 영혼의 양식을
충족하여 선택된 백성으로서 내 옆에
오를 수 있다 함은 다 어렵고 힘든 길
이라 말하나, 그는 내가 너희들에게
일렀듯이 아무것도 아님이니라.
4 너는 너의 제자들에게 일러 깨우쳐 줘
야 될 것이니라.
5 너희들이 마음 한 자리 비우면 세상의
그 모두가 다 달라지는 것을, 그 마음
하나를 비우지 못하기 때문이니라.
6 너희들 스스로 그 마음을 비우며, 마
음을 비우고 마음을 다스린 그 형태에
서 세상을 볼 때 너희들의 마음자리가
변하게 되는 것이거늘,
7 너희들은 그 마음 하나를 다스리지 못
하며 그 마음 하나를 비우지 못하기
때문에 나에게 올라와 받을 수 있는
모든 영화와 영광을 다 버리게 됨이니
라.
8 내가 지금 너를 통하여 이루는 것은
마음을 비운 자를 내가 돕고자 하며,
그 마음을 비운 자가 내가 존재함을
알게 되는 것이며,
9 내가 너희들을 사랑하는 것을 직접 육
으로써, 영혼으로써, 생활로써 체험하
게 하고자 하는 것이 나의 뜻이니라.
10 마음 한 자리를 비우며 오로지 나의
법전을 보고 이게 나의 성령이요, 나
여호와가 정녕 너희들을 심판하는 마
지막 길이라 믿는 자, 그와 같이 거기
에 마음을 맞추며 그 외에 다른 생각
을 두지 아니하며 계산을 두지 아니하
는 너의 제자들을 내가 먼저 육과 영
의 영화를 누리도록 그리함이니,
11 이는 곧 나 여호와가 존재함을 그가
볼 수 있으며 나의 음성을 들을 수 있
는 그와 같은 기초에 들어서는 것임이

니라.
12 그리하여 내가 너에게 명하여 5달란
트의 그 역사를 이루는 자들처럼 내가
그들을 돕고자 하는 것이니,
13 이와 같이 내가 돕는 자, 나의 음성이
요, 나의 빛을 보게 될 것이니,
14 이게 곧 너희들이 반석에 올라 하늘에
오르는 빛을 보는 영광을 얻게 되는
기초임을 알아야 될 것이니라.
15 너의 제자들에게 이르라.
16 천 번 만 번 너희들이 말한들 나와는
아무런 관계도 없음이니,
17 너희 스스로 마음을 정녕 비우는 자,
그 마음을 내가 보고 있으며, 그 마음
을 내가 들여다보고 있으며, 그 마음
을 비우고 안 비움을 내가 아나니,
18 너희들이 몸소 순종하고 실천하고 행
하는 것만이 나에게 구원받을 수 있는
길이라 함을 일깨워 주어 너희들 스스
로 마음의 자리를 다 비우도록 그리
행하는 삶을 살도록 하라 이르라.
19 이제는 내가 선별하는 단계에 들어왔
다 하였음이니라.
20 너희들 자체도 스스로 떠날 자, 그리
고 나의 선지자를 따라 나의 대명의
역사를 이룰 자, 이제는 구분되어 선
별하고 있음이니 그리 알아야 할 것이
니라.

2,375 번째 하나님 말씀

2002년 5월 20일 07시 17분

1 사랑하는 선지자야!
2 "네, 여호와 하나님! 말씀하옵소서."
3 내가 너에게 하나를 일렀음이니, '나
여호와가 존재함을 믿는 그 자체가 구
원의 길에 들어서는 기본이요, 근본이
라' 말하였느니라.
4 너희들이 광적으로, 광란의 모습으로
그리 요란하게 믿음을 향하여 소리 지
르고, 너희들이 표현할 수 없는 그와
같은 동작으로써 나를 경배하며 '주
여, 주여!' 하며 나의 아들을 부르며,
너희들은 구원을 받은 자라 그리 소리
지르고 외침이니,
5 그와 같은 믿음의 형태로써 나에게 오
르는 것이 아니라 내가 너에게 일러
주었음이니라.
6 조용히 너희들이 나에게 기도하고 경
배하며, 너희 스스로 나의 계명에 따
라 살지 못함을 반성하고 후회하며 그
를 고쳐 나가 너희들이 나에게 다가오
면 그것이 구원을 받을 수 있는 지름
길이라 내가 말하였느니라.
7 그러나 지금 너희들이 가는 그 형태는
어떠한가?
8 정신이상자요, 정신이 부족한 자와 같
은 형국으로써 너희들은 광란의 짓을
하는 것이 나에게 구원에 오르는 길이
요, 나로부터 너희들이 선택된 백성이
라 그리 생각하며 착각하고 살아감이
니,
9 이와 같은 행위를 하는 자, 나와는 아
무런 관계가 없다 내가 너희들에게 일
렀느니라.
10 너는 이제 너의 제자들에게 일깨워 줘
야 될 것이니라.
11 너의 제자들이 살아가면서 나 여호와
가 존재하며, 내가 너희들의 구원의
창조주로서 너희들이 죽어 나에게 와

심판을 받는다는 그 엄연한 사실을 아
직도 믿으려 하지 아니하며,
12 '설마' 하는 마음으로 살아가는 나의
피조물 만백성이 많이 있음이니라.
13 그리하여 저희들이 살아가는 육의 생
활만을 바라보며, 나에게 구원을 받아
영원히 사는 그 세상을 바라보지 아니
하며, 오로지 육의 영화와 부귀를 위
하여 살아가는 것이 너희들이니라.
14 그러나 이제는 너희들이 깨우쳐야 될
것이니라.
15 너희들이 긴박한 상황이요, 너희들의
생명을 저버릴 때 너희들은 누구를 찾
는다 하였느냐?
16 너희들은 너희 스스로 너희 자신도 모
르게 '하나님! 살려 주옵소서.' 그리
외치게 되어 있음이니, 이것 하나로써
내가 하늘에 존재함을 너희들은 알아
야 될 것이며,
17 그와 같이 죽음 직전에 너희들이 위협
을 느낄 때 나를 부르는 것은 나의 영
혼이요, 나의 성령이 너희들에게 같이
임하여 있기 때문이며, 너희들을 지배
하는 것은 나의 영혼이기 때문이니라.
18 이와 같은 이치를 조용히 너희들이 깨
닫는다 하면, 감히 나 여호와가 존재
하며 존재하지 아니함을 갑론을박할
여지도 없음이니라.
19 너희들의 종교 지도자는 말하느니라.
20 너희들이 살다가 죽어 갈 때, 너희들
이 숨을 거둘 때 회개하고 반성하면
나 여호와가 너희들을 받아들이며 너
희들을 구원의 길로 인도한다 그리 말
하느니라.
21 그러나 너희들은 이와 같이 잘못 가르
치고 있음을 알아야 될 것이니라.
22 너희들이 혈기왕성할 때 그 혈기를 다
스리는 노력이 없이 나에게 축복이요,
구원을 받는다 생각하지 말아야 될 것
이니라.
23 내가 너희들이 혈기왕성할 때 금욕을
하라 내렸을 때, 너희들이 혈기왕성할
때 그 금욕을 지킴이 나의 뜻에 순종
하는 것이요,
24 너희들이 힘없이 쓰러져 죽어 가 스스
로 능력 없는 그와 같은 형태에서 금
욕을 했다 하는 것은 나와는 아무런
관계가 없음을 알아야 될 것이니라.
25 혈기 있고 힘있는 그 삶 속에서 너희
들이 나의 계명에 따라 자제하며 나의
뜻에 살아가는 그 노력과 고통이 있고
난 다음에 하늘에 오르는 길을 볼 수
있으며 나에게 축복의 영광을 받을 수
있는 것이거늘,
26 너희들이 혈기왕성하지 않으며 힘이
없어 움직이지 못하며 활동하지 못하
는, 스스로 너희들이 죽어 가는 그와
같은 형태에서 나를 믿고 따른다 하는
것은,
27 이것은 너희들이 자의적인 것이 아니
라 타의적인 행위에서 이루어지는 것
이 아니던가?
28 그때 너희들이 나를 찾으며, 내가 존
재함을 알며, 나의 무서움과 나의 두
려움을 알며, 너희들이 인생을 살아온
것을 후회하여 나 여호와를 찾으며 눈
물의 회개를 한다 하여 너희들은 구원
을 받을 수 있는 그 길에 들어선다는
그와 같은 생각을 하지 말라.
29 너희들이 능력 있고 혈기왕성하고 힘

이 있을 때 나의 계명을 따르는 것이
요,
30 너희들이 스스로 자제할 수 없는 그와
같은 형국에서 간음하지 아니하며 사
악한 짓을 하지 아니하는 것이 너희들
이 나에게 구원을 받는 길임을 알라.
31 그것이 너희들의 마음을 다스리는 길
이며, 너희들이 하얀 마음으로 변해지
는 것이며, 내가 원하는 길로써 살고
자 노력하는 너희들의 노력함이 있기
때문이니라.
32 그와 같은 것이 다 버려져 쓰러져 가
는 그와 같은 상태에서, 고목이 되어
쓰러지는 그 상태에서 너희들이 모든
것을 깨우쳐 회개한다 하여 나에게 구
원을 받는다는 그와 같은 얄팍한 생각
과 계산을 하지 말라.
33 그것도 너희들이 너희들의 그 욕심이
요, 악한 마음의 뿌리에서 그리 말함
이니, 그리 가르치는 종교 지도자는
아무것도 모르는 자이며, 나의 이치와
하늘의 뜻을 모르는 자이니,
34 그와 같은 기대에 너희 삶을 저버리지
말라.
35 너희들이 만에 하나 죽어 갈 때 회개
하고 반성함으로써 너희 삶의 모든 죄
를 용서받는다 그리 생각하지 말라.
36 그와 같은 생각을 하고 사는 자, 지금
나의 법전을 읽은 이 순간부터 그 마
음을 거둬들이지 아니한다면 영원히
구원의 길을 볼 수 없는 그와 같은 자
임을 알라 이르라.

2,376 번째 하나님 말씀

2002년 5월 20일 07시 42분

1 사랑하는 선지자야!
2 "네, 여호와 하나님! 말씀하옵소서."
3 나의 아들 예수는 젊은 시절을 살아,
그가 짧은 기간 동안에 모든 역사를
이루고 나에게 부름을 받아 그리 올라
왔음이니라.
4 그리하여 그가 세상의 인간관계의 인
연을 끊고 하늘에 올라왔을 때 그 제
자들이 복음서라 기록하여 그 모두를
평가하였으며,
5 그를 보고 너희들이 구원의 길이라 하
여 지금 믿음의 형태를 이리 가고 있
음이니라.
6 그리하여 너희들은 그와 같은 역사의
흐름 속에서 나 여호와에게 구원을 받
는다 하여 지금 이와 같이 이루어져
가고 있음이니라.
7 그러나 지금 너는 너의 제자들을 또한
깨우쳐야 할 것이 있음을 알라.
8 지금 나의 성령으로써 내가 모두를 태
워 내려보내는 이것을 기록하여 법전
이라 하여 세상에 내보내는 선지자 너
는 인간의 육신 세계에서 인간들과 같
이 60평생을 그 속에서 살아왔으며,
9 너는 나의 성령을 받아 기록하는 이
법전이 네가 죽기 전에 이 세상에 나
감이니,
10 예수는 죽어 모든 나의 피조물 만백성
에게 심판을 받았으며 그와 같은 평가
를 받았으나,
11 너는 네가 죽기 전에, 살아 있으면서
모든 백성에게 심판을 받으며 평가를

받는 그 어렵고도 험난한 길을 가야
되는 것임을 알아야 될 것이니라.
12 예수는 나의 성령을 전함으로써, 그가
짧은 생애를 마침으로 인하여 그 제자
들이 모두를 기록하여 세상에 전함이
니,
13 그 후에 예수가 평가를 받았으며 그에
대한 심판을 받았음이니라.
14 그러나 너는 60평생 인간과 살아 그
세속에서 살아온 것이 다르며, 너는
나의 성령을 받아 법전이라 하여 세상
에 160권을 내놓으니,
15 이는 네가 죽지 아니하고 살아 있는
그 상태에서 세상에 전해지니, 모든
백성이 이를 놓고 갑론을박할 것이며,
너를 놓고 평가할 것이며, 너를 시험
대에 올려놓고 그들이 다 평가하고 뒤
질 것이니,
16 이것이 너와 예수의 다름이니, 몇십
배 더 고통스럽고 험난하고 힘든 그
길을 가야 하는 것이 너의 형편임을
알아야 할 것이며, 예수의 시대와 지
금 시대의 다른 점을 알아야 할 것이
니라.
17 이는 나의 성령으로써 마지막 제3의
시대를 열어 천 년에 걸쳐서 나의 백
성들을 구하고자 하는 마지막 주자이
기 때문에 네가 살아 존재하며 그 모
두를 심판을 받는 것이 네가 가야 할
길임을 알라.
18 너희들이 계주라 하는 것에서 앞에 달
린 자는 그저 배턴을 던져 주고 물러
나면 되나, 마지막 주자는 있는 힘을
다하여 그가 테이프라는 것을 끊으며
만백성 앞에 우승을 할 때 환호와 영
광을 받듯이,
19 너는 살아서 그 모두를 겪고 체험하는
그와 같은 다른 길을 가야 됨이니라.
20 네가 마지막 테이프를 끊어 만백성으
로부터 기립 박수를 받는 것도 또한
네가 살아 있을 때이니, 그 길까지 달
려가는 너는 살아서 심판을 받는 것이
니라.
21 그리고 너의 제자들 또한 그와 같이
차별화됨을 알아야 될 것이니라.
22 예수의 제자들은 예수가 죽은 다음에
저희들이 모두를 심판받았으며 그 흐
름을 받았으나,
23 너희들은 지금 선지자, 나의 종, 나의
아들이 살아 모든 심판을 받는 그 역
사를 제자 너희들이 바라보며 같이 살
아가는 그와 같은 형국에 이루어져 있
음이니,
24 오늘의 너의 삶과 너의 제자들의 삶이
한 치의 부끄러움도 없으며 하늘을 향
하여 부끄러움이 없는 삶을 살아가야
되는 것이니,
25 바로 너희들이 도마 위에 오르는 생선
과 같은 형국이 되기 때문이니라.
26 도마 위에서 죽어 갈기갈기 찢어지는
그 생선의 속과 겉을 그를 만드는 요
리사는 다 보고 그를 들여다보고 평가
할 것이니, 그게 썩은 생선인지 썩지
않은 생선인지 그것까지도 그는 알 것
이니라.
27 바로 그와 같은 형국이 예수의 시대와
너희들의 시대와의 차별화가 있음이
니, 이를 너의 제자들이 깊이 깨우쳐
이 형국을 알아야 할 것이니라.
28 너희들은 너희 생명이 끝이 나기 전에

도마 위에 오른 생선과 같이 나의 피
조물 만백성에게 모두 다 심판을 받아
야 됨이니,
29 너희 자세가 얼마나 바르고 곧게 가야
되는 것인가를 알아야 할 것이니라.
30 그리하여 내가 나의 선지자 옆에 오는
자, 하얀 마음의 깨끗한 자만이 존재
할 수 있다 하며, 선지자의 아픔과 쓰
림을 같이 겪고 느낄 수 있는 자만이
선지자 옆에 존재할 수 있다 하였음이
니라.
31 이와 같은 나의 이치의 뜻을 너희들이
알아야 할 것이며, 너희들이 오늘의
삶이 얼마나 소중하며, 너희들 자신이
도마 위에서 모두를 다 드러내어 심판
의 역경을 겪는다 할 때,
32 너희들이 한 점의 부끄러움이 없는 그
와 같은 삶을 살아가지 아니하면 나의
이 성령이 정녕 너희들을 구하는 나의
법전이요, 나의 뜻이라 그들이 하지
아니할 것이니라.
33 죽은 후에 심판을 받은 예수와 달리
살아서 모든 심판을 받는 너의 그 아
픔을 너는 알아야 될 것이니,
34 그 아픔을 네가 당하기 전에 오늘의
삶을 한 점의 부끄럼 없이 바르고 곧
게 살아가야 하는 것이 여기에 있으
니, 내가 너를 바로잡고자 함이니라,
선지자야!
35 이 나 여호와의 아픈 마음을 네가 정
녕 이제 깨닫고 알았다 하면 네가 어
찌 살아가야 할 것이며, 너의 제자들
이 어찌 살아가야 될 것인가?
36 그 작은 마음의 욕심을 버리지 못하여
도마 위에 썩은 생선으로서 버려지는
그와 같은 너희들이 되지 말아야 될
것이니라.
37 요리사는 썩은 생선을 쓰지 아니할 것
이니라.
38 깨끗하고 신선한 생선을 쓸 것이니라.
39 만백성에게, 많은 사람에게 그를 먹이
고 전하여 그들을 지키고 가야 하기
때문이니,
40 이와 같은 나의 뜻을 너희들이 알아서
행하는 데,
41 오늘 나의 하늘의 비밀을 너희들에게
깨우쳐 줌이니, 이를 가슴 깊이 새기
고 또 새겨 행하도록 그리하라, 선지
자야!
42 나 여호와가 너희를 사랑함이며, 나의
선지자 너를 사랑함이며, 나의 아들을
사랑함이니라, 선지자야!

2,377 번째 하나님 말씀

2002년 5월 20일 07시 45분

1 사랑하는 선지자야!
2 "네, 여호와 하나님! 말씀하옵소서."
3 네가 정녕 가야 할 길이며 행해야 할
길이라면, 그를 네 가슴에 안고 받아
들임이 얼마나 행복하고 아름다운가
를 너는 알아야 할 것이니라.
4 너는 정녕 이 길을 벗어날 수도 없으
며, 이 길을 가지 아니할 수도 없으며,
요리사 앞에 올려진 생선처럼 너는 그
도마 위에 올려지는 그 운명이, 네가
살아 눈을 뜨고 숨을 쉬며 바라보면서
그를 당해야 되는 그 아픔이 너에게
있음이니,
5 너 자신이 갈기갈기 찢어져 심판을 받

는 그 속에 부끄럽고 창피한 그 모습
이 너에게 있다 하면, 너는 오늘의 고
통을 참고 인내하는 것보다 더한 고통
과 시련이 너에게 있을 것이며,
6 요리사가 갈기갈기 찢는 그 생선의 아
픔보다도 더 저린 아픔이 너에게 있을
것이니라, 선지자야!
7 이와 같은 삶을 대비하여, 내가 너를
사랑하기에 곧고 바르게 살라 함이며
너의 제자들 또한 그리 살라 함이니,
8 나 여호와가 너를 사랑하는 마음을 네
가 깊이 가슴에 새겨야 할 것이며,
9 너의 모두가 갈기갈기 찢어져 네가 살
아서 만백성에게 심판을 받을 때,
10 그들은 바늘로 찌르는 아픔보다도 더
깊숙이 너의 깊은 곳을 찌를 것이니라.
11 나의 아들 예수는 죽음으로써 그와 같
은 고통은 없었음이니라. 오로지 십자
가에 못 박혀 그 고통의 시련 속에서
그는 만백성을 구하려 하였음이니,
12 너는 살아서 갈기갈기 찢어지는 그 고
통 속에서 만백성에게 심판을 받아야
할 것이니,
13 이것이 마지막 주자가 달려 그 영광의
관을 쓰며 만백성에게 박수와 축복을
받는 그 고통의 시련이 남아 있음이니,
14 너는 살아서 모두가 갈기갈기 찢어지
는 그 아픔을 인내하는 것이 다른 점
이며 마지막 주자라는 것을 알라, 선
지자야!
15 내가 너를 사랑하노라.

2,378 번째 하나님 말씀

2002년 5월 21일 05시 58분

1 사랑하는 선지자야!
2 **"네, 여호와 하나님! 말씀하옵소서."**
3 너를 따르는 너의 제자들에게 이르라.
4 어찌하여 너희들은 병든 자가 일어서
며, 눈먼 자 눈을 뜨며, 앉은뱅이가 일
어서는 그 기적만이 나 여호와가 선지
자를 통하여 내리는 기적이라 그리 생
각하는가?
5 내가 선지자를 통하여 너희들에게 성
령을 내려보냄이니 그를 기록한 것이
나의 법전이요, 그 속에 너희들이 하
늘에 오르는 길이 무엇인가를 상세히
깨우쳐 기록하여 두었으며,
6 그리고 하늘의 뜻이 무엇이며 나 여호
와가 행하고자 하는 것이 무엇이며 너
희들이 하늘에 와 축복을 받는 그 영
광이 어떠한 것이며, 그 길을 위하여
너희들이 어찌 살아가야 하는지 그 모
두를 가르쳐 그곳에 기록하여 내려보
냈음이니,
7 이걸 접하는 그것이 너희들이 어떠한
기적보다도 영광의 은혜를 입은 것이
라는 것을 생각해야 될 것이며, 선지
자를 통하여 너희들에게 내리는 작고
큰 일을 행하라 명함이니,
8 그것을 듣고 기록하여 실천하는 것이
너희들의 운명을 바꾸며, 너희들의 생
활을 바꾸며, 너희들 자신이 구원이냐
지옥이냐 하는 그 길에서 구원으로 갈
수 있는 너희들이 행해야 하는 것을
너희들에게 내려보냄이니,
9 이것을 소홀히 듣지 말라 하였음이니

라.
10 선지자를 통하여 너희들에게 내리는
그 작은 한마디가 너희들의 생명을 구
하는 이야기가 있으며, 너희들의 생사
의 기로에서, 너희들의 죽음에서 삶으
로 인도하며, 영혼을 구하는 것이며,
너희들의 인생을 변화시키는 그와 같
은 소중한 나의 가르침이 있으니,
11 그것이 다 기적의 역사가 아니고 무엇
이던가?
12 너희들이 선지자를 통하여 기도를 받
음이니, 그 기도 속에서 선지자가 너
희들에게 명하는 그 하나하나를 짚고
그에 따라 행하고 고침으로 인해서 너
희들이 병든 자 일어서는 것이며, 눈
먼 자 눈을 뜨게 하며, 죽어 가는 자
살려 가는 그 기적과 똑같음을 어찌하
여 생각하지 못하는가?
13 너희들이 지옥 불로 가며 너희들이 쓰
러지며 해서는 안 되는 일을 너희들이
행하게 되며, 너희들과 적대시하는 자
와 너희가 적대시해 화를 당하는 그와
같은 일을 선지자를 통하여 알려 너희
들에게 인생의 깨우침을 줌이니, 그것
이 바로 무엇이더냐?
14 너희들이 곧고 바르게 살아갈 수 있는
너희들의 미래를 알려 줌이니, 이것이
기적이요, 이것이 역사요, 이것이 앉
은뱅이를 일어서게 하는 것이요, 눈먼
자를 눈을 뜨게 하는 것이며, 죽어 가
는 자를 살리는 그와 같은 기적이요,
역사와 똑같음을 어찌 그리 모르는가?
15 이것이 너희들의 어리석음이니라.
16 그리하여 성서는 비밀이라 하였으며,
그 성서의 이치를 깨우치고자 한다 하
면,
17 나와 나의 아들 예수가 살아가고자 하
는 그 뜻을 알며 나의 성령이 기록되
어 내려가는 그 법전의 참뜻을 너희들
이 깨우치고 알 수 있는 것은,
18 아름답고 고운 마음이요, 천사와 같은
마음이요, 사랑하는 마음으로 너희들
이 변하여 갈 때만이 그 뜻을 알게 되
어 있음이니,
19 오늘 내가 너희들에게 하늘의 하나의
뜻을 가르쳐 줌은, 너희들은 육으로써
행하는 그 모든 것만이 기적이라 말하
나,
20 그와 같이 불행한 역사를 너희들에게
미리 알려 주어 내가 나의 성령으로써
나의 선지자를 통하여 너희들에게 깨
우쳐 줌이니, 그것이 더 큰 기적임을
어찌하여 너희들은 모르는가?
21 너희들은 병들어 죽어 가는 자를 살리
며, 눈먼 자를 눈을 뜨게 하며, 앉은뱅
이를 일으켜 세우는 그것만이 너희들
에게 기적이라 생각지 말라.
22 나의 선지자를 통하여 작고 큰 메시지
를 너희들에게 내림은 너희들이 그와
같은 불행한 일을 당하는 것을 미리
예방해 주며 그걸 막아 줌이니,
23 이것이 기적을 행하는 것보다 더 위대
한 기적임을, 너희들이 어찌하여 그
이치를 못 깨닫는가?
24 이는 나의 뜻이요, 나의 성령으로써
내가 너희들에게 일깨워 줌이니,
25 너희들은 미래에 살아갈 길과 내가 이
루고자 하는 그 역사의 찬란한 지상의
낙원의 행함을 알고 있으며,
26 또한 너희들 개인에게 내가 선지자를

통하여 기도로 알려 주는 것은 너희들
이 불행하고도 처참하고 돌이킬 수 없
는 삶을 살아갈 그 길을 막고 깨우쳐
줌이니,
27 이게 병들어 죽어 가는 자를 살리는
것보다도 더 위대한 기적이라는 것을
너희들은 어찌 모르는가?
28 너희들이 위급한 상황에서 너희들을
구원하는 것도 기적이나,
29 너희들이 그와 같은 고통과 그 위험의
상황에 닥치기 전에 너희들에게 미리
알려 주어 예방함이니, 이것이 더 큰
기적이며, 이것이 더 위대한 역사이
며, 나의 은혜와 은총임을 너희들은
어찌 모르는가?
30 너희들은 그리하여 선지자가 내리는
나의 성령의 그 작은 뜻을 그냥 흘려
보내니,
31 그 작은 뜻에 너희 운명을 바꾸어 놓
는 크나큰 기적의 역사의 내용이 있는
것을 너희들은 모름이니라.
32 그리하여 내가 나의 법전에 기록하기
를, 내가 선지자를 통하여 내리는 작
고 큰 것이 다 똑같으며, 큰 것이라 하
여 위대하며 작은 것이라 하여 위대함
이 없는 것이 아니라 내가 너희들에게
말하였느니라.
33 너희들에게 내리기를, 큰 역사 같으나
그 역사의 뿌리는 작을 수도 있으며,
내가 너희들에게 작은 것을 가르쳐 주
나 그 뿌리가 크고 굵은 것을 너희들
은 모르고 있음이니,
34 그리하여 내가 선지자에게 내리는 작
고 큰 그 명을 지키고 순종하는 자는,
35 어떠한 불행과 어떠한 너희들이 안고
갈 그 고통을, 나의 성령이요, 나 여호
와의 이름으로 너희들에게 은혜와 상
을 내려 미리 그를 시정하며 고칠 수
있도록 하여 너희들을 고통 속에서 구
원해 주는 역사의 위대함을 너희들은
알아야 할 것이며,
36 이것이 곧 기적이며 위대한 역사임을
알라.
37 이 이치를 너의 제자들에게 깨우쳐 행
하도록 하라, 선지자야!
38 그리고 나로부터 받은 은혜요, 은총이
요, 감사함을, 그와 같은 마음의 자세
를 가질 때 하늘에 오르는 것이며, 나
의 자상함과 나 여호와의 사랑함을 너
희들이 알게 될 것이니라.
39 지금의 제3의 시대는 육의 행복과 영
의 행복을 내가 같이 너희들에게 상으
로 내려 줌이며, 나에게 선택된 백성
에게는 그리 내려 주고 있음이니, 이
것이 다른 것이니라.
40 수천 년 역사 동안 너희들이 구원을
받고자 하여 너희 손으로 지은 성전에
가 울부짖고 기도하나 너희 육으로써
받은 것이 없으며 영혼으로 받은 것이
없음이니라.
41 그러나 지금은 나에게 선택된 백성들
은 육의 행복과 영혼의 구원을 같이
너희들이 살아서 받을 수 있도록 그리
내림이니,
42 이게 바로 내가 마지막으로 시행하는
나 여호와의 권능이요, 은혜임을 알아
야 할 것이니,
43 수천 년 역사가 흘러오는 동안에 이와
같이 직접 육의 영광과 영혼을 구하는
영광을 내리는 시대가 없었음을 너희

들은 알아야 할 것이니 그리 알라.

2,379 번째 하나님 말씀

2002년 5월 21일 16시 41분

1 사랑하는 선지자야!

2 "네, 여호와 하나님! 말씀하옵소서."

3 오늘 네 앞에 와 고개 숙여 앉아 있는 너의 제자들에게 이르라.

4 정녕 나의 선지자요, 나의 아들이요, 나이 종임을 너희들은 가슴에 깊이 새기라 그리 이르라.

5 너희들이 구약 시대의 모세를 위대한 사람같이 생각하나 그 또한 평범한 사람으로서 나에게 선택되었으며,

6 그가 몇 살에 나로부터 선택되어 대업을 이루었던가? 그는 과연 어떠한 신분이었던가?

7 그리고 나의 아들 예수는 어찌 태어났던가?

8 마구간이라는 그 풀덤불에서 태어나 그가 30이 넘는 세월 동안에 살아온 그 흔적조차 없음이니,

9 그러나 나의 뜻을 이루어 역사한 그 나의 아들 예수는 과연 누구였더냐?

10 왕가에 태어났던 사람이더냐?

11 부귀영화 속에 태어난 자가 아니지 않더냐?

12 그리하여 구약의 시대는 모세를 주축으로 이루었으며, 신약의 시대는 나의 아들 예수로 이루었으니, 그 두 사람은 과연 무엇을 내놓을 것이 있더냐?

13 지금 제3의 시대의 문을 열어 나의 법전의 160권이라는 이 장서를 세상에 내려보내며 나의 선지자, 나의 아들이 죽을 때까지 나의 성령을 받아 세상에 전하니,

14 그보다 더 큰 역사의 기록이 어디 있으며 그보다 더 위대한 일이 어디 있는가?

15 모세는 내가 그에게 명하여 기적과 역사를 이루어 한 민족을 이끌어 간 그 역사로써 얼룩져 있으며, 그가 지도하는 그 백성이 또한 우상을 섬기며 광란의 짓을 하는 그와 같은 굴곡 있는 세상을 살아간 지도자였음이니라.

16 그리하면 예수는 무엇이었더냐?

17 나의 뜻에 따라 들에서 나의 피조물 만백성에게 나의 성령을 전하였음이니,

18 지금 제3의 시대를 엮어 나의 아들이요, 나의 선지자라 선택하여 책이라는 것에 기록하여 꼬박꼬박 너희들이 반박하고 따질 수 있으며, 영원히 기록되는 나의 법전을 만들어 내는 선지자의 위치는 과연 어떠하던가?

19 너희들이 또 몇천 년의 역사가 흐른 다음에 오늘에 선지자가 이룬 그 역사를 그들은 어찌 보겠는가? 그리고 그들은 어찌 평가하겠는가?

20 160권의 장서와 나의 음성을 적어 기록하는 그 성령의 뜻을 듣는 그 제자들 나의 선지자를 모세보다 못하다 평하겠는가,

21 나의 아들 예수만 못하다 그를 평하겠는가?

22 너희들은 그때 후세들이 평하는 그 시점을 봐야 될 것이지, 오늘의 나의 선지자를 봐서는 아니 될 것이니라.

23 오늘 너희들에게 내가 내린 나의 선지

자요, 진정한 나의 아들임을 너희들이
알아야 할 것이니,
24 너희들이 그를 믿지 아니하고 그리 따
르지 아니한다면 나의 성전에 와 새로
운 역사를 이루는 그 선택된 백성들
또한 그 마음에 간격이 있음이니라.
25 너희들이 선지자에게 99라는 점수를
줄 때 그들은 80이라는 점수를 줄 것
이며, 그리고 나의 법전을 읽고 깨우
친 백성들은 50이라는 점수 이상을
더 주겠는가?
26 그리고 이를 반대하는 자들은 뭐라 하
겠는가?
27 점수 1점을 주지 아니하고 사탄이요,
사악한 자라 그리하지 아니하겠는가?
28 그러니 선지자를 따르는 백성, 선택된
너희들의 그 마음의 자세가 얼마나 소
중한가를 너희들이 알아야 할 것이니
라.
29 감히 내가 선지자를 선택하여 내리는
그 묵상이요, 나의 성령이요, 나의 법
전에 기록되는 그 내용을 너희들이 반
박하며 그를 거역하려 한다면, 그것이
무엇이냐?
30 가장 큰 사탄이요, 사악한 자로 변하
게 됨이니 그리 알아야 될 것이니라.
31 너희들은 너희들이 잘못하여 선지자
를 사탄으로 만드는 것이 아니며 사악
한 자로 만드는 것이 아님을 알라.
32 너희들이 사악한 짓이요, 인간으로서
할 수 없는 그와 같은 행위로써 선지
자를 무너뜨림이 아니요, 그리하여 너
희들이 사탄이 되며 사악한 자가 되는
것이 아님이니라.
33 선지자가 마음속으로 너희들을 접었
을 때 그가 사탄이요, 사악한 자가 됨
을 알아야 될 것이니라.
34 선지자가 가슴속에 간직하고 있는 너
희들의 이름 석 자를, 그리고 너희들
의 모습을 지웠을 때, 그가 사탄이요,
사악한 자가 됨을 알라.
35 너희들이 아무리 사탄이요, 사악한 행
위를 하고자 하여도 선지자가 너희들
의 이름 석 자요, 너희 얼굴을 가슴에
안고 있는 한 너희들은 사탄이요, 사
악한 자가 될 수 없음이니라.
36 너희들의 행위와 행동이 아무리 사악
하고 간악하다 하더라도 그를 선지자
가 받아들이지 아니하며 그를 느끼지
아니하며 선지자가 그를 보고 마음의
파장을 이루지 아니할 때, 너희들은
어떠한 짓을 해도 사탄이 될 수 없는
것이니라.
37 가장 중요한 것은 너희들이 어떤 행위
를 했든, 선지자가 너희들을 마음속에
서 지우며, 너희들이 하는 행위에 선
지자가 타격을 받으며, 마음의 동요를
받으며, 파장을 이루는 그 문이 열릴
때,
38 바로 너희들은 사탄이요, 사악한 무리
가 된다는 것을 잊지 말라.
39 이와 같은 이치를 내가 오늘 선지자를
통하여 너희들에게 전함이니, 너희는
감히 선지자의 묵상 받아서 행함이요,
선지자가 하고자 하는 그 뜻을 거역하
는 자가 되어서는 아니 됨을 알아야
할 것이니라.
40 이는 곧 무엇이냐?
41 너희 마음을 다스리지 못함이니, 이는
선지자와 영원히 나의 품을 떠나고자

하는 것이 너희들의 그 마음이니라.
42 그와 같은 생각과 그와 같은 마음자리
가 아니면 선지자가 묵상으로 받아들
이며 나의 성령으로 기록되는 나의 법
전에 감히 너희들이 거역하는 고개를
들지 말아야 될 것이며,
43 순종하는 마음 외에 딴생각을 갖는다
하면 너희들이 그로 인하여 선지자의
마음에 파장을 이루니, 그것이 바로
사탄이요, 사악한 자이니라.
44 너희들이 살인을 하며 도적질을 하며
간음을 하며 어떠한 죄를 지었다 하여
도, 그 행위 자체는,
45 선지자가 그 마음을 버리지 아니하며
너희들의 모습을 지우지 아니하며 그
로 하여금 선지자가 파장을 이루지 아
니할 때, 그는 선지자와는 관계없는
그와 같은 이치를 너희들이 깨달아야
할 것이니,
46 이를 명심하여 행하며 나의 피조물 만
백성에게 너희들이 기록하여 전해야
할 것을 잊지 말라.

2,380 번째 하나님 말씀

2002년 5월 21일 16시 57분

1 사랑하는 선지자야!
2 "네, 여호와 하나님! 말씀하옵소서."
3 내가 너희들에게 지키라 내린 그 십계
명 중에서 아홉 개를 너희들이 지키지
아니한다 하여도,
4 너희들을 육신으로써 낳아 주고 길러
준 너희 부모에게 공경하라 하는 그
한 가지라도 너희들은 정녕 지킬 수
없는 것인가?
5 내가 내린 열 가지 계명 중에 아홉 가
지가 너희들에게 해당되지 아니한다
하며, 너희들이 살아가면서 그것을 지
킬 수 없다 그리 변명을 할 수 있다 하
자.
6 도적질하지 아니하고 살 수 없으며,
거짓 하지 아니하고 살 수 없으며, 간
음하지 아니하고 살 수 없으며, 다른
기복 신앙을 두지 않고 살 수 없다 그
리 말하자.
7 그러나 너희들을 낳아 주고 길러 주며
너희들이 이 세상에 살아갈 수 있도록
모두를 다 갖추어 준 너희 부모를 공
경하라는 그 한 구절만큼은 어떤 변명
으로 너희들이 지킬 수 없다 말할 수
있겠는가?
8 그리고 지킬 수 없는 것이라 너희들이
과연 그 대목에서도 말할 수 있겠는가?
9 '네 부모를 공경하라.'는 구절은 너희
들이 어떠한 이유든 거부할 수 없으
며, 그를 지킬 수 없으며 잘못되었다
말할 수 없을 것이니라.
10 너희들은 '네 부모를 공경하라.' 하는
그 말뜻을 그대로 흘려보내서는 아니
될 것이니라.
11 부모를 공경하고 사는 그 자식은 형제
지간에 우애 없는 자 없으며, 그 우애
가 돈독하며, 부모에게 효성을 다하는
자는 이웃과 돈독하지 아니한 자 없으
며,
12 스스로 살아나가는 모든 너희들의 일
터요, 또 너희들이 경영하는 집단이
요, 그 속에서 남에게 손가락질 받으
며 남에게 실추되며 질서를 파괴하는
행위를 하지 아니하는 것이니,

13 부모를 공경하는 너희들의 형제가 살
아가는 그 모습을 너희들은 과연 어찌
생각하겠는가?
14 그리하여 그 부모를 공경하라 함이 그
리 중요함이니라.
15 부모를 공경하는 자, 형제지간에 우애
있으며, 이웃 간에 우애가 있으며, 저
자신의 소중함을 알며, 저 자신이 유
한 자세를 취할 줄 알며, 남의 부모를
공경할 줄 알며, 너희들이 살아가는
그 일터에서도 남에게 존경받는 유한
사람으로서 살아가는 것이 제 부모를
공경하는 사람이 살아가는 그 모습인
것을 너희들은 어찌 모르는가?
16 저희 부모를 공경치 아니하는 자, 형
제지간에 우애가 없으며, 저희 형제지
간에 물고 싸우며, 재물 앞에 사생결
단을 할 것 같은 그와 같은 형국으로
살아가며, 저희 형제지간에 나눔이 없
으며, 이해관계 앞에 등을 돌리며 그
리 험악하게 살아가는 것이 부모를 공
경하지 않는 형제들이 살아가는 추한
그 모습이니라.
17 그리고 사회에 이웃과 더불어 그는 제
이익만을 위하며, 남을 돌아다보지 못
하며, 봉사할 줄 모르며, 윗사람을 공
경할 줄 모르며, 사악하기 끝이 없는
그와 같은 심성으로 살아가는 자가 부
모를 공경하지 않는 자의 살아가는 모
습이라 하면, 너희들은 어찌 생각하는
가?
18 그리하여 너희들에게 부모를 공경하
라 하는 그 계명을 십계명에 넣었으
며, 그가 소중함을 내가 너희들에게
강조함이니라.
19 '네 부모를 공경하라.'는 그 한 구절만
을 지키고 살아온 과정이라 하면 지금
같이 사악한 세상의 말세를 너희들은
만들지 아니하였을 것이니라.
20 그러니 '네 부모를 공경하라.' 그 뜻이
얼마나 소중하고 귀한 것인가를 너의
제자들에게 가슴 깊이 깨우쳐 주어야
할 것이며, 부모를 공경하는 그 마음
으로써 살아가라 그리 말하라.
21 그리고 나의 법전을 읽는 많은 백성들
은 부모를 공경하는 뜻이 거기에 있으
며,
22 또한 나의 피조물 만백성에게 부모를
공경하는 그것은 너희들이 거부할 길
이 없고, 너희들이 부인할 수 없으며,
너희들이 고개를 흔들어 그 대목을 지
울 이유가 하나도 없음이니,
23 부모를 공경하는 자만이 이 세상에 유
한 자로서 하늘에 오르는 축복을 받을
수 있으며, 나 여호와에게 기도하며
경배하며 나로부터 은혜를 받을 수 있
는 자들이라는 것을 너희들이 깨우쳐
주어야 될 것이니 그리 알라.

2,381 번째 하나님 말씀

2002년 5월 21일 17시 19분

1 사랑하는 선지자야!
2 "네, 여호와 하나님! 말씀하옵소서."
3 너희가 율법에서 읽지 아니하였느냐?
4 안식일에 제사장들이 성전 안에서 안
식일을 범하여도 죄가 없음을 너희가
율법에서 읽었을 것이니, 그러나 지금
너희들은 어찌 가고 있는가?
5 제사장들 또한 안식일을 지키지 아니

하였다 하여 그들이 죄가 되지 아니하
였거늘, 너희들은 지금 나의 피조물
만백성을 어찌 이끌어 오는 것이던가?
6 성서에서 대제사장이 안식일을 지키
지 아니하여도 나 여호와로부터 죄를
받지 아니하였다 하면, 나의 피조물
만백성 너희들은 어찌 가겠는가?
7 안식일을 지키지 않는 것이 죄라 가르
친다 하면, 이는 나의 뜻과 달리 어떠
한 상태에서 너희들이 지금 나의 피조
물 만백성을 가르치고 있는가?
8 너희들은 안식일이라 하여 정해 놓은
그 날짜에 너희 손으로 지은 그 성전
에 와 금화와 은화를 바치지 아니하
면, 그가 길거리에 가다 넘어진다 하
여도 그는 안식일을 지키지 아니하였
기 때문이며, 그 어떠한 작은 육신의
변화를 이룬다 해도 너희들은 안식일
을 지키지 아니하여 그와 같은 죄를
받았다 하여 그와 같이 겁을 줌이니,
9 이는 남의 집을 침입하여 남의 재산을
강탈하는 강도가 그 주인에게 겁주는
것보다도 더한 그와 같은 형국임을 너
희들이 알아야 될 것이니라.
10 조용히 남의 가정에 침투하여 흉기를
들이대며 힘들이지 않고 그 재물을 탈
취하기 위하여 위협하고 그들로부터
재물을 거둬들이는 그와 같은 것보다
도 더 사악한 형국의 자세임을 알아야
될 것임이라.
11 너희들이 안식일이라 하여 그날에 너
희 손으로 지은 그 성전에 오지 아니
하면 그 죄가 나 여호와로부터 무섭다
그리 가르침이니,
12 나의 뜻과는 전혀 관계가 없는 그와
같은 형태로써 너희들이 감이며,
13 너희들이 안식일에 나의 피조물 만백
성을 불러 모으며, 그들이 그날에 오
지 아니하며 어떠한 변고라도 생겼을
때 그는 나 여호와의 안식일을 지키지
아니하여 나로부터 벌을 받았다 그리
말함이니,
14 너희들이 그것이 얼마나 흉악한 방법
인가를 알고 있는가?
15 첫째는 너희들이 그 안식일을 지키라
강조하고, 그 안식일을 지켜야만 구원
을 받으며, 그 안식일을 지키지 아니
하면 그 죄로 너희들이 모든 재앙을
받는다 말함이니,
16 이는 너희들이 나의 피조물 만백성을
믿음으로 깨우치며 정녕 하늘에 오르
는 그 길을 인도하는 깨우침을 전하기
위한 것이 아니라,
17 재물을 거둬들이는 그와 같은 방법이
먼저 너희들 마음에, 머릿속에 자리잡
고 있음이니,
18 이는 바로 내가 무어라 말하였더냐?
19 나의 피조물 만백성을 너희들은 재물
로써 계산하며 금화와 은화로써 계산
한다 하였으니, 이는 곧 너희들이 안
식일에 나의 백성을 모으고자 하는 것
이 바로 재물과 관계되어 있기 때문에
그러하니라.
20 그러면서 너희들은 어떠한 죄를 짓고
있는가?
21 또한 너희들은 안식일을 지키지 아니
하는 자, 그들이 손톱 밑에 가시 하나
끼는 것도 나 여호와로부터 벌을 받아
서 그러하며 죄를 받았다 그리 겁을
주고 공포의 도가니로 몰아넣음이니,

너희들은 재물을 뺏는 강도보다도 더
사악하며,
22 그들이 구원의 길을 가고 못 가고, 구
원을 받고 못 받는, 영원히 사는 영혼
의 구원을 받고 못 받는 그를 걸어 놓
고 그들에게 공갈 협박을 하는 것이
니, 얼마나 이것이 무서운 너희들의
행위인가를 깨우쳐야 할 것이니라.
23 그리하여 살인을 하여 남의 재물을 탈
취하는 강도보다도 더 간악한 것이 너
희들이니라.
24 그는 백 년도 안 되는 그 육신을 살해
하며 재물을 빼앗으나, 너희들이 나의
피조물 만백성이 구원의 길로 오는 것
을 막는 것은 영원히 사는 그들의 그
길을 막음이니,
25 어떠한 죄가 더 무서운가를 너희 스스
로 알아야 될 것이니라.
26 그리고 너희들은 나의 이름을 빙자하
여 그들에게 협박과 공갈로써 그들을
공포의 분위기로 몰아넣음이니,
27 내가 나의 예수를 통하여 가르치기를,
대제사장도 또한 안식일을 참여하지
아니하고 지키지 아니하여도 죄가 되
지 아니한다 내가 너희들의 율법에 그
리 가르쳤건만,
28 너희들은 조그마한 그 안식일을 지키
지 아니한다 하여 나의 피조물 만백성
에게 내가 불호령을 내리며 시간을 다
퉈 그들에게 단죄하며 벌을 내리며 그
들에게 가혹한 형벌로써 내린다 그와
같이 나를 빙자하여 너희들이 공갈치
며 사기하는 그것이 얼마나 무서운 죄
이며,
29 이 죄 하나를 너희가 지고 가는 것을
너희들 자신조차도 모르고 있음이니,
30 오늘 내가 나의 선지자를 통하여 나의
성령이요, 나의 이 뜻을 법전에 기록
하여 지옥으로 가는 나의 피조물 만백
성을 구하고자 하여 지금 내려보냄이
니,
31 이와 같은 구절을 읽고 이 책의 내용
을 접한 후에도 깨닫지 못하는 너희들
은 영원히 구원을 받지 못할 것이며,
지옥 불로 가는 것을 잊지 말아야 할
것이니,
32 이를 깊이 깨우쳐 행하도록 그리 전하
라, 선지자야!

2,382 번째 하나님 말씀

2002년 5월 21일 16시 19분

1 사랑하는 선지자야!
2 "네, 여호와 하나님! 말씀하옵소서."
3 내가 너희들에게 무어라 일렀느냐?
4 몇천 년 동안 나에게 오르고자 믿음을
가르치며, 믿음을 배우며, 저희들이
웅장한 성전을 궁궐같이 그리 지어 놓
고 그곳에서 광란의 기도를 드리며 살
아가는 그들이 어떠한 형국이라 하였
느냐?
5 그들은 오로지 '사랑', '사랑'이요, 나
여호와의 사랑을 베풀며 산다 말하면
서,
6 그들은 저희들과 같은 믿음을 가는 자
는 구원을 받은 자요, 저희들과 같은
믿음을 갖지 않는 자는 죽은 자요, 사
악한 자라 그리 말하며,
7 그들은 믿지 않는 자를 이방인이라 말
하여 그들을 벌레만도 못하게 생각하

며,
8 어떠한 대화요, 타협이 필요 없으며
전쟁터에서 서로 죽고 살고 하는 그와
같은 형국으로써 그 마음을 가지고 살
아가는 것이 믿음을 가지고 가는 그들
이며 사랑을 베푼다는 자들이 가지고
가는 삶의 형태라 말하였음이니,
9 믿지 않는 자보다도, 사랑을 실천한다
부르짖지 아니하는 자보다도 더 사악
하고 악랄한 자들이 그들이라 내가 말
하였음이니라.
10 그러면 그들의 믿음의 종파는 어찌 가
는가?
11 같은 나의 성서를 가지고 같이 공부하
며 깨우치는 그들은 수천수만 가지 갈
래로 나누어졌음이니, 그들은 또한 서
로 저희들만이 하늘에 오르는 길이라
그리 싸움하고 있는 것이니라.
12 선지자야, 너는 여기서 그들에게 가르
쳐 줘야 될 것이며 너의 제자들에게
가르쳐야 될 것이니라.
13 네가 살아가는 이 지구상에 너희가 지
금 태어난 동양의 이 아름다운 나라는
두 조각으로 갈라져 있지 아니하더냐,
선지자야!
14 그를 보고, 나의 종파요, 나의 백성이
라 부르짖으며 하늘에 오르고자 말하
며 저희들이 갖고 있는 종파요, 제가
믿는 것만이 하늘에 오르는 길이라 부
르짖는 그들에게 네가 일깨워 주어야
됨을 잊지 말라.
15 남북이라 하여, 북과 남으로 갈라져
있는 것이 나의 선지자가 태어나고 지
금 나의 선택된 백성들이 살아가는 이
땅덩어리의 형국이니라.
16 그들은 너희들이 말하는 민주주의요,
공산주의라 하는 그와 같은 양분화된
속에서,
17 그 공산주의에 살면서 저희들이 가장
행복하고 위대한 줄 알며 그것이 최고
라 그리 살아가는 자들이 있는가 하면,
18 너희들이 말하는 자유 민주주의라 하
는 그 속에 또 위대하고 위대함이 있
다 그리 생각하고 살아가는 사람들이
있음이니,
19 서로 옳고 그르다 저희들은 그리 논쟁
하며 그리고 서로 하나로써 양보하지
아니하며 저희들이 살아가는 그 세상
의 삶이 가장 위대한 줄 알고 살아가
는 자들이 있으니,
20 이들이 서로의 그 형태에서 나가 살아
보는 그와 같은 삶을 살아갈 수 있다
하면 그들은 정녕 깨우칠 수 있지 않
겠는가?
21 지금 믿음을 가지고 있는, 사랑을 베
풀며 간다는 종교의 지도자요, 그를
이끌어 가는 너희 집단이 남의 것을
인정하지 아니하며 저희만이 나 여호
와로부터 구원받은 민족이며 하늘에
오를 수 있는 백성이라 그리 말하고
있지 아니하는가?
22 공산주의라 하는 그것이 저희들에게
최고의 명예요, 영광이라 그리 부르짖
고 그것만이 가장 행복한 삶이라 부르
짖는 그들과, 민주주의라는 그 속에
살아가면서 자유가 얼마나 위대한 것
인가를 그들에게 소리 질러 외치는 그
들과 똑같은 형국으로써 지금 가고 있
는 것이 종교 지도자요, 그를 이끌어
가고 있는 종파들의 우두머리가 하고

있는 작태가 아니던가?
23 여기서 선지자야, 정녕 민주주의에 사
는 사람 중에 공산주의가 좋다 하는
자들을 그 세계에 보내 봐 그 속에 살
고 그 속에 얽혀 있는 그 상황을 보게
할 수는 없는 것인가?
24 그들이 과연 보면 알 수 있는 것을 어
찌하여 그들은 그리 가려 하지 아니하
는가?
25 그리고 공산주의라는 곳에 사는 자,
민주주의가 얼마나 아름다운가 그곳
에 와서 체험하며 그를 깨우치며 그
세상을 보려 하지 아니함이니,
26 그들이 서로 넘나들어 그것을 본다 하
면 옳고 그름을 견주어 볼 수 있는 것
이 아니던가, 선지자야!
27 내 선지자가 태어난 이 땅이 남북으로
갈라진 것보다도 더 잔인하며 가혹하
게 연결되어 있으니,
28 한민족이요, 자유라는 세계에서 사는
사람들이 종파 때문에 그와 같이 넘나
들 수 없는 이와 같은 형국에 살았음
이니,
29 종파마다 서로 넘나들면서 보고 좋은
점 깨우치고 잘못된 것을 가르치며,
그리하여 나에게 나의 피조물 만백성
을 정녕 하늘에 오르는 길로 인도할
수 있는 그 종파들은 과연 없는가?
30 그들의 벽이 그와 같이 무서움을 알아
야 될 것이니라.
31 그러하니 내 선지자가 사는 이 땅덩어
리가 남북으로 갈라짐보다도 너희들
의 종파 수만큼 나의 피조물 만백성이
갈라져 살고 있음이니,
32 어찌 이리 화합하며, 이게 사랑이며,
하나로 갈 수 있다 말할 수 있는 것이
냐, 선지자야!
33 지금 그와 같은 형국에 도래하였음이
니라.
34 너희들은 그리하지 말라.
35 남들의 종파 속에 가 보며, 또한 그 속
에서 보고 느끼고 깨우치며 그들의 형
태를 파악하고 바라볼 수 있는 그와
같은 너의 제자들로서 그리 육성하며
가르치도록 하여야 될 것이니라.
36 내가 너희들에게 말하노니, 너의 제자
들을 묶지 말며, 나의 법전을 읽고 깨
우친 그들에게 오로지 이것만이 하늘
에 오르는 길이며 남들을 보지 말며
이웃을 돌아다보지 말라 하며, 남의
종파에 가서 배우고 무엇인가를 얻고
자 하는 그들을 막지 말라.
37 그 모두는 나 여호와의 똑같은 백성들
이며, 그 모두는 내가 존재하는 그 속
에서 이루어지기 때문이니,
38 너희들은 이와 같이 갈라 놓는, 그리
고 자기가 아니면 또 그를 이해하지
못하는 그와 같은 형국의 삶을 살아가
는 나의 피조물 만백성을 깨우치고 다
스려야 할 것을 잊지 말라.

2,383 번째 하나님 말씀

2002년 5월 21일 19시

1 사랑하는 선지자야!
2 "네, 여호와 하나님! 말씀하옵소서."
3 나는 나의 피조물 만백성에게 생명을
주어 세상에 내보냈으며, 내가 한 생
명을 세상에 내보내며 너희들을 세상
에 내보내면서 너희들 육이 먹고 쓰고

살아갈 수 있는 모든 것을 다 주었다
내가 너희에게 일러 주었느니라.
4 그리하여 너희들이 구원의 빛을 보며
내가 내린 계명을 지키고 구원의 길을
받으라 하였음이니라.
5 그리고 너희들은 나에게 구원의 기도
를 드리는 것이 나에게 제사를 드리는
그것보다도 더 소중하고 위대하다 하
였음이니라.
6 구약 시대에 너희들의 모든 정성을 들
여 나에게 제물을 바쳐 제사를 드렸으
며, 또한 신약 시대에 그와 같은 역사
가 흘렀음이니라.
7 그 제사의 제물을 나에게 바치며 나에
게 경배의 제사를 지내는 것보다 너희
들의 마음의 비움이요, 나의 뜻에 따
라 하늘에 오르는 그 길을 보는 것이
며, 천사로 변해지는 것이 내가 너희
들에게 가장 바라는 것이며 행복함이
라 말하였느니라.
8 그러나 지금 너희들은 어찌 가고 있는
가?
9 나에게 믿음의 경배요, 너희들이 하늘
에 오르는 나의 진리의 그 뜻을 나의
피조물 만백성에게 가르치는 것이 아
니니라.
10 또한 너희들이 지금에 드리는 그 제사
는 나에게 경배하며 너희들이 피보다
진한 땀으로써 나에게 드리는 그와 같
은 제사의 형국이 아니니,
11 지금은 사탄의 사악한 그 무리의 제사
의 형국으로 바뀌어져 가고 있음이니
이를 어찌하여야 하겠는가?
12 너희들은 너희들의 종교의 그 믿음이
아니고 남들이 무엇인가를 얻고자 기
도드리는 그 모두는 기복 신앙이라 하
며, 그 또한 제사를 지내는 형국을 그
는 이단이요, 사탄이라 말함이니라.
13 그러나 실제적으로 너희들은 어찌 행
하고 있는가?
14 너희들이야말로 나에게 제사를 드리
면서 믿음에는 관계없이 젯밥에만 관
심이 있는 것이 지금 너희들이니라.
15 너희들은 말하지 않는가?
16 머리 깎은 중이 법당에 가 나의 피조
물 만백성이 제를 올릴 때 힘들여 절
하는 그 고통은 고사하고, 또 저희들
이 구원을 받기 위하여 기도드리고 경
배하며 그를 위해 기도드려 주고 그들
의 인생의 기도를 드려 주는 것이 아
니라,
17 그 차려 놓은 젯밥에 관심이 가 있다
그리 말함이니,
18 그들보다도 지금 종교 지도자라는 너
희들이 가는 것이 그보다 더한 형국이
이루어졌음이니, 너희 자신을 돌아다
보아야 할 것이니라.
19 너희들은 수시로 시도 때도 없이 나에
게 바친다 하여 나의 피조물 만백성의
금화와 은화를 모두 거두어들임이니,
그것이 무엇이더냐?
20 너희들이 젯밥에만 관심이 있는 것이
니라.
21 너희들이 재물을 긁어모으기 위해 거
기에만 혈안이 되어 있음이니,
22 곧 너희들이 각종 명분과 각종 이름을
붙여 나의 피조물 만백성에게 거두어
들이며, 그들에게 복을 주며 축복을
주라 하나,
23 나와 아무런 관계도 없는 너희들의 세

치 혓바닥으로 나의 피조물 만백성을 지옥으로 이끌어 가는 그 형국이 아니더냐?
24 그게 바로 젯밥에만 관심이 있는 자들과 똑같이 너희들은 재물에만 관심이 있느니라.
25 너희들이 나의 피조물 만백성에게 무엇을 준다 하여 거두어들이는 그 형국이 제사의 형국이니 그리 알아야 할 것이니라.
26 정녕 음식을 차려 놓고 명복을 빌어 주는 자는 저희들이 열 냥을 받았을 때 그래도 반이라는 것을 음식이라도 차려 놓고 형식을 갖춰 저희들이 나머지를 챙기나,
27 너희들은 그와 같은 근거도 없이 그저 있는 그대로 거두어들이며 그저 챙겨 넣는 것이 너희들의 제사 방법이니 이를 알아야 할 것이니라.
28 내가 지금 나의 피조물 만백성 너희들에게 일깨워 깨우치고자 함이니, 내가 너희들에게 무어라 말하였더냐?
29 '나 외에 다른 신을 너희들에게 있게 하지 말지니라.' 하였음이니, 이는 내가 뭐라 말하였더냐?
30 너희들이 보석이요, 진주요, 모든 것을 나보다 더 소중히 생각하여 그것을 더 귀히 여기는 것이 바로 다른 신을 섬기는 것이며, 그와 같이 너희들이 나의 뜻을 거역함이라 말하였느니라.
31 너희들이 지금 나에게 기도하고 경배하는 거기에 피보다도 더 진한 땀으로써 나에게 기도하는 마음의 자세가 아니라, 거두어들이는 재물에만 관심이 있으니,
32 너희들은 믿음이 아니라 재물을 거두어들이는 그 제사에만 관심이 있느니라.
33 내가 오늘 나의 선지자를 통하여 너희들에게 명하니 이를 명심하여 들어야 할 것이니라.
34 너희들이 생명을 바치는 그 각오로 기도를 드릴 때 내가 너희들에게 역사를 해 줄 것이며,
35 너희들은 내가 내리는 그 형상이요, 내가 너희들의 길을 열어 주는 그와 같은 것을 볼 수 있음을 잊어서는 안 될 것이니라.
36 너희들은 당장 시험해 보라.
37 너희들이 생명을 바쳐서 남을 위해 기도를 드리며, 너희들의 모두의 가장 소중한 그 생명을 바쳐서 너희가 구원하며, 너희 자식을 구원하며, 너희 부모를 구원하며,
38 너희가 무엇인가를 이루고자 그리 너희들이 그와 같은 마음으로써 나에게 경배하는 마음으로써 기도드릴 때 너희들은 모든 걸 다 이룰 수 있으며, 모든 걸 다 들을 수 있으며, 너희 소원이 이루어질 수 있음을 알아야 될 것이니라.
39 그와 같은 마음으로 나에게 기도드려 보라.
40 그러면 너희들은 모든 형상이요, 꿈이요, 그리고 너희들의 현몽으로 나의 형상을 볼 수 있으며 나의 음성을 들을 수 있음이니라.
41 그러나 너희들이 기도드리는 그 자세가 어떠한 형태로 기도를 드리는가?
42 종교 지도자라 하여 나에게 수천수만

번 경배의 기도를 드리는 그들이 어떤
기도를 드리는가?
43 그것은 기도가 아니요, 젯밥에만 관심
을 두고 그 제사상을 차려 놓고 드리
는 제사보다도 더 가혹한 방법으로써
제사를 드리는 그와 같은 형국들이니
라.
44 그저 재물을 거두어들여 그 상에 그득
히 쌓는 방법만을 생각하는 그것이 너
희들의 제사 지내는 형국이니,
45 그런 더럽고 추한 제사를 나에게 드리
지 말라 함이니라.
46 이를 명심하여 나의 피조물 만백성에
게 전하도록 하라.
47 나는 너희들이 형식적인 그 제사를 지
내는 것은 나와는 관계가 없다 함이니
라.
48 오로지 너희들이 피보다도 더 진한 땀
으로, 너희들의 생명을 다 버려도 아
깝지 않은 그 마음으로, 너희들의 생
명이 당장 죽어 간다고 해도 너희들이
남을 위하여, 그리고 이웃을 위하여
기도드리는 그와 같은 마음으로 나에
게 경배할 때,
49 너희들은 하늘의 뜻을 볼 수 있으며,
나의 음성을 들을 수 있을 것이며, 내
가 너희들에게 모두를 다 증명하여 보
여 주는 영광을 너희들이 얻게 됨을
잊지 말라.
50 이것이 너희들이 드릴 수 있는 기도의
방법임을 나의 피조물 만백성에게 그
리 전하도록 하라.

2,384 번째 하나님 말씀

2002년 5월 21일 20시 25분

1 사랑하는 선지자야!
2 "네, 여호와 하나님! 말씀하옵소서."
3 지금 수천 년 동안에 나의 피조물 만
백성이 하늘에 오르는 길을 깨우치며,
저희가 정녕 진리요, 사랑을 베풀며
구원의 길을 오겠다며 그 수많은 나의
피조물 만백성이 기도하고 경배하였
으나,
4 나의 낙원에 온 자가 없다 내가 말하
였음이니,
5 너희들은 이를 과연 어찌 생각하는가?
6 내가 너를 통하여 말하였느니라.
7 지금의 믿음을 가지고 있는 그들이 백
사장 위에 땅콩이라 하는 곡식의 파란
보기 좋은 그 이파리들만을 보고 땅콩
이라 그리 부르짖으며 그게 곡식이라
소리 지르고 있음이니,
8 그러나 땅콩이라 하는 것은 그 이파리
의 파란 것이 아니라 흙 속에 묻혀 있
는 그 열매가 정녕 열매이며 양식인
것이니라.
9 그러나 그들은 지금까지 그 땅속에 있
는 양식을 모르고 이파리만 보고 그리
부르짖으며 왔다 하였음이니라.
10 지금 그들의 믿음이 어찌 가고 있는지
너는 알겠는가?
11 그들의 믿음은 정녕 구원받을 수 없으
며, 그리하여 그 밑에 있는 양식인 땅
콩을 모르며 이파리만 쫓다 저희들이
죽어 나에게 와 심판을 받으니,
12 그들은 심판의 가치도 모르며 심판을
받지도 못하며 지옥으로 가는 그와 같

은 삶의 믿음을 가져 왔다 내가 그리
말하였느니라.
13 지금 어찌하는 것이던가, 나의 피조물
만백성들은!
14 지금 너희들이 하늘에 오르는 길이라
하여 금화와 은화를 바치며, 너희 손
으로 지은 그 방대한 궁궐보다 더 화
려한 성전에 오는 순간에 너희들은 구
원을 받고 하늘에 오르는 축복을 받으
며,
15 나 여호와로부터 영광 속에 살다 죽어
나의 에덴동산에 올라올 수 있는 자격
을 다 받아 놨다 그리 말하며,
16 나의 아들 예수요, '주여, 주여!' 그리
부르고 광란의 춤을 추며 너희들은 다
구원을 받은 자라 그리 말하고 있음이
니,
17 너희들은 지금 나무의 뿌리가 썩어서
죽은 것을 보지 못하고 이파리의 파란
그 모습만을 보고 나무가 건장하고 웅
장한 숲을 이룰 것이라 생각하는 그와
같은 형국이니,
18 너희들의 믿음이 지금 그와 같은 형국
이니라.
19 나무가 밑이 단단해야 그 이파리가 살
며 가지가 사니, 뿌리가 죽은 그 나무
가 아무리 이파리가 파랗고 가지가 파
랗다 해도 시간이 가면 시들어 죽어
가게 됨이니라.
20 그러나 이파리가 죽어 있어도 뿌리가
살아 있는 그 나무는 땅속에 토양의
양분을 받아 소생하니 그는 잎과 가지
를 파랗게 가꿀 수 있으니,
21 너희들은 지금 이파리의 파란 것만 보
며 뿌리를 보지 못하는 그와 같은 믿
음의 형국에 있으니 이것이 지금 너희
들이 가고 있는 그 믿음이니,
22 결국 밑에 있는 뿌리가 죽었음이니,
그게 바로 파란 나무의 가지가 죽어
간 그 세월이 2천 년 동안 흘러와 이
제는 그 가지가 다 죽어 시들어 가는
그 형국이 되었음이니라.
23 이제는 그것은 소생할 수도 없으며 다
시 나무로서의 역할도 할 수 없음이니,
24 뿌리가 썩어졌으니 너희들이 뿌리를
보지 못하였으며, 그리하여 너희들이
하늘에 오르는 길이요, 나의 아들 예
수의 이름으로, 보혈로써 구원을 받았
다 하며,
25 그리고 너희들은 사악한 짓, 못된 짓
을 하며 너희 손으로 지은 그 성전에
와 기도하면 구원을 받는다는 그와 같
은 믿음으로,
26 너희들이 그 뿌리의 진정한 하늘에 오
르는 길을 모르고 십계명이요, 나의
율법이요, 성령의 양식인 그 자체도
모르고 살아왔으며 믿음을 향하여 왔
으니,
27 뿌리가 다 죽고 이파리만 무성했던 그
나무가 이제 뿌리와 잎이 다 썩어 죽
어 가는 그 형국이기에 지금에 와 내
가 나의 피조물 만백성을 구하고자 나
의 성령을 나의 선지자를 통하여 내려
보내고 있음이니라.
28 지금 내가 나의 성령을 태워, 나의 모
두를 태워 선지자를 통하여 법전이라
하여 세상에 160권의 장서를 내려보
냄이니,
29 너희들은 이것이 사탄이요, 이단이요,
사악한 자의 하는 짓이라 그리 말하니,

30 나의 선지자가 너희에게 무어라 말하였느냐?

31 '앞에 있는 수박을 쪼개서 그것이 익었나 안 익었나 보면 될 것이 아니냐, 그러니 쪼개서 속을 보자.' 나의 선지자가 너희들에게 그리 말하나,

32 너희들은 그 수박의 속을 알 수 없음이니라.

33 그리하여 너희들은 익지 않은 그 수박을 익었다며 억지를 쓰고 있으며, 나의 선지자는 그 수박이 익지 아니하였으니 더 익도록 기다려 줄 것이며 익혀서 먹어야 된다 그리 말함이니,

34 너희들은 그렇지 않다, 익었다, 그를 먹을 수 있다 그리 가르침이니라.

35 그리하여 선지자가 칼을 들고 너희들에게 '이 수박을 정녕 쪼개서 익었는지 안 익었는지 그것을 증명하는 그와 같은 심판을 받자.' 하니,

36 너희들은 이것이 익었는지 안 익었는지 너희 자신도 모르기에 쪼개서는 아니 된다 그리 말하느니라.

37 '수박은 쪼개서 먹을 수 없으면 버리니 그리하여 이는 쪼개서는 아니 됨이라, 그러나 이것은 익었다.' 그리 너희들은 소리 지르고 악을 쓰는 형국이니라.

38 그러나 너희들이 그 수박을 쪼개서 인간이 먹는 식품이라는 것을 알게 될 것이며, 그 수박은 쪼개질 것이니라.

39 쪼개졌을 때 그 수박은 속이 익지 않은 형태로 그리 보일 것이니, 너희들이 이와 같은 형국으로 얼마나 버티고 견딜 수 있다 말을 하는가?

40 나의 법전이 160권에 임하여 지금 3부의 법전에 돌입하고 있음이니,

41 4부, 5부가 나갈 때 나의 피조물 만백성이 칼을 들고 '수박을 정녕 쪼개 보자.' 하며 대들 때, 너희들은 더 이상 변명할 여지가 없으며, 그리고 이것을 쪼개서 먹는 음식이 아니라 거짓 할 수도 없으며, 그리고 이는 익었다 너희들이 그리 말할 수 없음이니라.

42 이는 나의 법전을 읽고 깨우친 만백성이 노도와 같이 밀려와 칼을 들고 그 수박을 쪼개는 것이 당연하다 하여 나의 선지자의 부르짖는 거기에 환호하며,

43 그들이 너희들과 선지자 앞에서 '그 수박을 쪼개 보는 것이 당연한 것이며, 이것은 먹는 음식이며, 익었나 안 익었나를 쪼개서 우리가 들여다보자.' 하고 칼을 들고 대드니,

44 너희들은 그를 막을 수도 없으며 그를 거부할 수도 없는 그와 같은 형국이, 나의 법전 4부, 5부가 세상에 나오면 그 형국이 이루어질 것이거늘,

45 너희들은 그것을 모르고 지금도 나의 법전이 마지막 오는 사탄의 장난이요, 사악한 자요, 사악한 자가 너희들을 현혹하기 위하여 지금 이것이 내려와서 여호와 하나님의 흉내를 내며 하나님의 말씀인 양 그리 내려보내니,

46 이는 하나님의 말씀과 한 치도 틀림없다 하여 틀림없다는 것은 사탄이기에 완벽하게 복제하여 하나님의 말씀처럼 그리 흉내 내는 자라 그리 말하느니라.

47 그리하면서 너희들은 한 자도 빼지도 더하지도 말라 한 이 성서만을 가지고

대화할 수 있으며, 이 성서만을 가지
고 모든 것을 가르치고 깨우쳐 하늘에
오르는 길이라 그리 말함이니,
48 이는 바로 무엇이더냐?
49 너희들이 바로 수박을 쪼개 볼 용기가
없음이니, 그저 쪼개 보지 아니하고
너희들은 익었다 그리 소리 지르고 있
는 형국이니, 과연 너희들이 얼마나
버티겠는가?
50 너희들은 나의 성서에 기록된 것도,
미래와 현재와 과거의 그 내용부터도
구분하지 못하고, 이는 한 자도 빼지
도 못하며 더하지도 못한다 하여 앵무
새처럼 너희들이 수천 년 역사가 흐르
는 동안 첫 쪽부터 마지막 쪽까지 읽
어 가며 가르치고 또 가르치니,
51 거기에서 너희들에게 가슴 아픈 이야
기요, 가슴에 찔리는 이야기요, 양심
에 부끄러운 그 대목을 너희들이 그냥
접어 두고 그대로 가르치고 넘어가니,
52 나의 피조물 만백성이 정녕 이 성서의
뜻을 알 수도 없는 것이며, 이 내용이
어찌 기록되었는지 그 자체도 모르니,
이들이 바로 무엇이더냐?
53 고삐에 꿰인 송아지처럼 그저 끌려가
지옥 불로 가는 그와 같은 형국이 되
어 있음이니라.
54 이것이 지금 믿음의 길을 가는 자요,
믿음을 인도하는 자요, 이와 같은 형
국으로써 너희들이 가고 있음이니,
55 내가 너희들을 불쌍히 여겨 나의 선지
자를 통하여 법전이라 하여 세상에 내
보내며,
56 수박을 쪼개서 그 속을 보아야 되는
것이며 땅콩은 그 밑에 있는 그 열매
를 보아 곡식으로 취하여야 될 것이라
하며,
57 이와 같은 현실적인 것을 하나하나 너
희 손에 쥐여 주며 머리에 심어 줌이
니,
58 이와 같은 나의 법전을 읽고 깨우쳐
너희들이 하늘에 오르도록 내가 너희
들에게 내린 마지막 은혜이며 은총임
을 잊어서는 아니 될 것이니 그리 알
라.
59 사랑하는 선지자야!
60 "네, 여호와 하나님! 말씀하옵소서."
61 네가 아무리 힘들고 어렵다 해도 이
길을 중단해서는 아니 됨이니라.
62 나의 피조물 만백성이 파랗게 자란 그
백사장의 땅콩의 이파리만을 보고 훌
륭하다, 그리고 이것으로써 저희에게
는 충분한 양식이며 저희는 대대손손
이것을 먹고 살 수 있다 그리 말하는
자들에게,
63 그 땅콩을 뽑아 그 속에 있는 것을 먹
어야 된다 그리 가르치며 그 열매를
까서 그에게 먹이는 그 역할을 하는
것이 너희들이니라.
64 정녕 그 이파리를 먹고 살 수는 없음
이니, 그 땅속에 있는 열매를 먹어야
만 양분이 되는 것이니, 이것을 너희
들이 그들에게 깨우쳐 주어야 될 것이
며,
65 지금 너희들이 믿음을 가지고 가는 것
이 이파리는 살아 있는 파란 나무나
그 밑의 뿌리가 썩었음이니,
66 너희들은 성령의 뜻도 모르고 하나님
의 뜻도 모르면서 그것이 하늘에 오르
는 길이라며 그리 너희들이 성전을 짓

고 호화스러운 궁전 같은 곳에서 나의
피조물 만백성의 금화와 은화를 거두
어들이는 그 형국이니,
67 이제는 나무의 뿌리가 상했는가 상하
지 않았는가, 이 나무가 정녕 지탱해
서 오래도록 살 수 있는가 없는가 이
것을 점검할 때며, 이를 그들에게 깨
우쳐 줄 때가 왔음을 알아야 할 것이
니,
68 이 일에 너희들이 가지고 있는 그 모
두를 다 투자하고 바쳐 나의 피조물
만백성, 너희 형제를 구원하는 데 모
든 역점을 두라.
69 내 사랑하는 선지자요, 선지자의 제자
요, 나에게 선택된 백성들아!
70 이게 너희들이 차별화되어 가야 할 길
임을 잊지 말라.

2,385 번째 하나님 말씀

2002년 5월 21일 21시 32분

1 사랑하는 선지자야!
2 "네, 여호와 하나님! 말씀하옵소서."
3 내가 성서에 기록하여 말했듯이, 광란
의 짓 하는 자 본받지 말며 그들을 따
라 믿음의 길을 가지 말라 하였음이니,
4 구약의 시대가 지나오면서 나의 아들
예수를 너희들에게 보내어 그리 목숨
을 버리도록 하여 너희들을 깨우치고
자 하였음이니,
5 그를 그곳에서 깨우쳐 하늘에 오르는
나의 피조물 만백성을 구하는 그 역사
를 맡았으며 지도자로서 그 책무를 맡
았다는 종교 지도자들과 그들을 이끌
어 가는 자들과 그곳에서 배우는 나의
피조물 만백성이 지금 어떤 형국으로
가고 있다 너는 생각하는가?
6 말로써는 세상 것을 다 주며, 말로써
는 세상에 그보다 더 사랑하는 자가
없으며, 그보다 더 인자한 자가 없으
며, 그보다 더 깨끗한 자가 없으며, 그
보다 더 위대한 자가 없으니,
7 세상 모든 진리를 지키며 모든 질서를
지키며 저희들만이 아름다운 삶이요,
저희들만이 인간다운 삶을 사는 것이
며,
8 저희 손으로 지은 그 성전에 와 기도
하지 아니하는 백성은 인간으로서 취
급하지 아니하는 그와 같은 마음으로
써 살아가는 것이 그들이라 내가 말하
였음이니라.
9 지금의 종교 지도자 너희들은 말로써
는 세상 것을 다 주며 세상을 다 이룬
다 그리 말하고 있으나, 정녕 나의 성
령이요, 나를 믿는 마음을 너희들은
과연 어찌 가지고 있는가?
10 너희들의 마음은 다른 곳에 가 있으며
너희들의 마음은 다른 짓을 하고 있지
않은가 돌이켜 생각해 봐야 할 것이니
라.
11 너희들이 말로써 나를 믿는 것은 세상
을 다 덮어 누구도 그를 따를 수 없으
며 그 흉내조차도 낼 수 없는 그와 같
은 믿음으로써 가나, 너희들의 마음은
다른 데 있음이니라.
12 너희들은 진정 나의 성령이요, 나의
뜻을 가르치는 것이 아니라, 나의 피
조물 만백성으로부터 수단과 방법을
가리지 아니하고 재물과 금화와 은화
를 거두어들여 너희들이 편안하고 호

의호식하며 살아가고자 하는 너희들
의 생활 수단으로써 그와 같이 지금
나의 피조물 만백성을 이끌어 가고 있
음이니,
13 과연 그 이끌어 가는 너희들이 잘못
가는 것은 당연한 것이지, 그것이 어
찌 하늘에 오르는 길이라 할 수 있겠
는가?
14 너희들 자신이 모르고 있으며, 너희들
스스로 어찌 인도해야 될 것이며, 너
희들 스스로 나 여호와가 미래에 무엇
을 이루고자 하며 어찌 내가 미래를
통하고자 하며 내가 이 지상에 어떤
역사를 이루고자 하는지 그 자체도 모
르고 있음이니,
15 그 자체도 모르는 자가 가르치는 그와
같은 형국이 되어 있음이니, 너희들이
과연 어떠한 마음으로 나를 향하여 믿
는가?
16 지금 너희들이 나를 향하여 믿는 그
마음 자체가 너희 스스로 감내할 수
없을 만큼 나에게 부끄러우며,
17 너희들 자신이 견딜 수 없는 고통과
시련 속에서 너희들이 하루하루 넘어
가며, 나의 피조물 만백성을 현혹하여
혀로 속이고 눈으로 속이고 귀로 속이
고 말로 속여서 끌어가고 있음이니,
18 너희들 스스로 그 불안과 공포에 정신
을 잃을 것 같은 그와 같은 형태에서
끌고 가나니,
19 너희들의 그와 같은 행동과 그와 같은
방법으로써 이제는 손을 들 때가 왔음
을 알아야 될 것이니라.
20 너희들이 마음을 다른 곳에 두며, 말
로써만 나 여호와에게 경배하며 믿음
의 길로 인도한다는 그와 같은 시대는
이제 끝났음을 알아야 할 것이니라.
21 나의 법전이 세상에 나가 그 모두를
하나하나 파헤치며, 가장 쉽고 간단한
그 진리의 이치요, 너희들이 기도하는
방법과, 살아가는 방법과, 구원을 받
는 방법과, 구원을 받지 못하는 그 방
법, 이 모두를 상세히 내가 나열하여
나의 선지자를 통하여 160권이라는
이 장서로써 세상에 내려보내니,
22 이가 이제는 다 밝혀낼 것이며, 이가
다 너희들이 하늘에 오르는 길을 비출
것이며 너희들의 안내자 역할을 할 것
이니,
23 이를 보고 깨우친 나의 피조물 만백성
이 지금까지 속고 억울하고 분한 그
믿음으로 왔으며,
24 저희들 조상들까지도 그 많은 잘못 가
르치는 종교 지도자들 앞에 세 치 혓
바닥에 현혹되어 일생을 다 헛되이 버
렸으며,
25 금화와 은화를 바쳤으며, 또한 저희들
도 그를 따라 오늘의 저희들이 그와
같은 모두를 다 바치고 억울하게 살아
온 그 믿음에 대하여 그들이 분개하고
따질 때가 되었음이니,
26 이제는 나의 법전을 읽고 깨우치는
자, 그 가슴 아픔을 달랠 길이 없을 것
이니 그리 알라.
27 그리하여 그들이 노도와 같이 일어나
너희들을 단죄할 것이며, 그들의 모든
열과 성의를 다 바쳐 이룬 그 성전에
대하여 그들이 돌팔매질을 할 날이 머
지않았음을 너희들은 알아야 할 것이
니라.

28 이것이 지금에 이루어지는 역사이며
변화되는 역사이니,
29 너희들이 일찍이 나의 성령을 받아들
여, 이를 이단이요, 사탄이라 그리 말
하지 아니하며, 나의 성령을 내려보낸
나의 성령의 법전을 받아들여 깨우쳐
돌아설 때, 너희 스스로 구원할 수 있
을 것이며,
30 너희들을 따라 한평생을 바쳐 지옥으
로 가는 너희 동료요, 형제요, 그리고
너희를 믿고 따르는 그 나의 백성들을
너희가 바로 인도할 수 있는 기회를
한 번 더 줌이니,
31 이를 잊지 말고 행하고 가야 할 것이
니, 이것이 바로 종교 지도자들이 가
야 할 길임을 알아야 할 것이니라.

2,386 번째 하나님 말씀

2002년 5월 21일 22시 51분

1 사랑하는 선지자야!
2 "네, 여호와 하나님! 말씀하옵소서."
3 지금의 너희들이 살아가는 이 지상의
낙원이 어찌 되었는지 네가 아는가?
4 너희들이 말세요, 종말이라 그리 말함
이니, 너희 말대로 지금이 바로 종말
의 시대이니라.
5 종말의 시대란 무엇을 의미하는가?
6 너희들이 더 이상 너희들의 가치요,
너희들의 자리요, 너희들 자신을 찾지
못하며,
7 내가 창조주로서 너희들에게 준 생명
만큼 아름답게 살다가 영원히 사는 나
의 나라에 와 살 수 있도록 그리하라
가르쳤으며, 그 길을 다 가르쳐 주었
으며, 또 행하고 사는 그 법칙인 계명
을 다 내려보냈음이니라.
8 그러한 너희들은 이를 따르지 아니하
며 지키지 아니하였음이니, 그게 바로
무엇이더냐?
9 나의 자식이 아니요, 나의 아들딸이
아니요, 사탄이요, 사악한 무리의 자
식으로 너희들이 가 있음이니, 이건
바로 무엇을 의미하는 것이더냐?
10 즉, 말하자면 이 세상의 모두를 다 사
탄들이 지배하고 관리해 온 그와 같은
형국임을 알아야 할 것이니라.
11 내가 너희에게 말하였으니, 나의 자식
이 아니면 사탄의 자식이요, 사탄의
자식이 아니면 나의 자식이라 그리 완
벽히 구분되었으며, 그것이 한계가 정
확히 그어져 있으며 너희들의 설 자리
가 정해져 있다 말하였음이니,
12 내가 원하는 것이요, 내가 바라는 그
길을 가지 아니하며 듣지 아니하는
자, 내가 뭐라 말하였더냐?
13 사탄의 자식이라 말하였느니라.
14 내가 너희들에게 일러 무엇을 알려 주
었던가?
15 너희들은 나로부터 육신과 영을 받아
세상에 나가 있음이니, 너희들이 너희
육신을 잘못 관리하며 너희 스스로 잘
못 가 너희 육신을 상처 내며 육신을
절단하며 육신의 관리를 잘못하는 것
은 너희들이 스스로 나에게 죄를 지음
이요, 나의 자식이 아님이니,
16 그와 같은 길로 가고자 하는 생각에서
그와 같은 형국이 이루어짐을 알아야
될 것이니라.
17 너희들이 일찍이 나로부터 받은 생명

이요, 그 육신이 얼마나 소중하며 값
진 것인지를 안다면 너희들이 몸을 함
부로 그리 다룰 수가 없음이니라.
18 내가 뭐라 말하였느냐?
19 너희들이 순결을 지키는 자는 나의 자
식이라 하였음이니, 순결을 지키지 아
니하는 자는 저희 스스로 저도 모르는
사이에 나 여호와의 자식이 아니요,
사탄의 자식으로 그가 갔음이며 사탄
의 자식이 되었다 말하였음이니,
20 너희들이 나의 소중함을 모른다 해도
너희 스스로 값지게 지키며 살아온 자
는 바로 나의 자식임이니라.
21 너희들이 얼마나 소중하며 값진 것인
지를 모르고 순결을 지키고 살아왔다
하더라도,
22 너희가 아무리 못나고 바보라 해도 그
와 같이 자신을 스스로 지킨 자는 나
의 자식이며,
23 내가 내려 준 그 육신에 감사하며 고
마움을 알고 살아온 나의 자식이요,
아들딸이니,
24 이와 같이 엄연히 구분되어 있음을 너
희들은 알아야 될 것이니라.
25 그리하여 너희들이 육신을 잘못 관리
하는 것도 내가 내려 준 그 육신에 대
해 감사함과 고마움을 모르기에 너희
들이 스스로 알면서 무너지고 모르면
서 무너져 나를 떠나는 그와 같은 형
국으로 살아간다 하였음이니,
26 내가 너희들에게 지키라 명하며 따르
라 명하여 그 길이 하늘에 오르는 길
이라 하였거늘,
27 그를 지키지 아니하고 따르지 아니하
는 너희들이야말로 그보다 더한 사악
한 무리니, 그게 바로 사탄의 자식이
요,
28 지금의 너희들이 사는 이 세상이 말세
요, 사탄이 지배하는 형국이 되어 있
음이니라.
29 정녕 사탄이 지배하고 있음이니라.
30 나의 법전을 읽고 깨우치는 백성, 너
희들은 알아야 될 것이니라.
31 짐승들도 저희 무리 속에 다른 무리가
들어왔을 때 그를 공격하여 죽이듯이,
32 지금 사탄의 무리가 이 세상을 다 지
배하며 다 덮고 있으며 나의 낙원을
다 짓밟아 사악하게 만들었으니,
33 그곳에 지금 나의 선지자를 통하여 나
의 성령을 내려보내 법전이라 기록하
여 너희들이 하얀 마음이요, 천사와
같은 마음으로 살아가도록 하여 이 세
상의 피조물 만백성을 바로잡고,
34 사탄들의 그 세계에서 그들이 잘못 감
을 깨우쳐 주며, 저희들이 정녕 하늘
에 오르는 길이요, 영광된 길이라 착
각하고 살아가는 그 사탄들에게 진정
한 하늘에 오르는 그 빛을 비춰 줌이
니,
35 그들이 저희들과 다른 이방인이라 생
각하여 받아들이는 것이 어떻겠는가?
36 짐승의 무리 속에 다른 하나의 짐승이
들어오면 그 짐승을 물어 공격하여 죽
이듯이, 그보다도 더 무섭고 더 사악
한 방법으로써 너희들을 무너뜨리려
할 것이며, 너희들을 이 지상에서 뿌
리내리지 못하게 할 것이니라.
37 이제 그 사탄들이 우글거리고 사탄들
이 나의 지상의 낙원을 덮고 있는 그
속에 하나의 작은 천사의 빛이요, 나

의 성령의 빛이 내려와 그들을 쓸어버
리려 하니,
38 그가 싹트기도 전에, 그가 자라기도
전에 그를 짓밟아 없애려 하는 것이
그들이니,
39 그들의 잔혹함과 그들의 가혹함은 너
희들이 생각할 수 없는 그와 같은 험
악한 현상이 일어남을 알아야 될 것이
니라.
40 이는 사탄들이 저희 자신을 지키고 보
호하며 저희들이 살아남기 위함이니,
41 그들이 생존해서 너희들을 공격하는
그것은 감내할 수 없는 무서운 형국으
로 이루어질 것이니라.
42 지금 그들이 하늘에 오르는 길이요,
나의 피조물 만백성을 하늘로 오르게
하는 지도자요, 인도자라 하여 나의
피조물 만백성을 이끌고 온 그것이 사
탄으로서 그리 만들어 놓았음이니,
43 그들이 발붙일 데가 없으며 뿌리를 내
릴 수가 없으며 저희들이 생존할 수
없음이니,
44 나의 법전이 4부, 5부가 나가면 그들
은 더 이상 하늘을 가리고 저희 스스
로 갑론을박을 할 수 없는 그런 처지
가 오니,
45 그들은 이를 받아 세상에 전하는 나의
선지자 너를 지상에서 사탄이요, 사악
한 자라 몰아붙여, 네가 숨을 쉬지 못
하도록 갈기갈기 찢어 죽이는 것이 저
희들의 살 길이라 말함이니,
46 이는 예수를 공격했던 그들보다도 열
배 백배 더 간악하고 사악한 방법으로
써 너를 공격할 것이니,
47 너희들은 이를 대비해야 될 것이니라.
48 그리고 내가 너에게 일찍이 말하였느
니라.
49 너는 살아서 생선이 요리사의 그 도마
위에 올라 갈기갈기 찢겨 부위별로 떠
나가듯이, 너의 머리끝에서부터 발끝
까지 그 모두를 다 그들은 바늘 끝으
로 찔러 내듯이 너의 아픔이요, 너의
상처를 찾아내어 도마 위에 올려놓고
너를 평가하며,
50 너에 대해 시시비비하며, 너의 어둡고
검은 점을 갖다가 그들이 만천하에 다
드러내어 네가 진정한 나의 선지자가
아니라 그리 비출 것이니,
51 너는 그때 그들에게 한 걸음이라도 걸
려 거기서 답할 수 없으며 그 잘못된
것이 진실이라는 것이 보여질 때,
52 네가 지금까지 쓴 160권의 법전이 물
거품이 되는 것이며, 나의 뜻이 무산
되며, 사탄들에게 힘과 용기를 실어
주는 그러한 형국이 되니,
53 네가 그 모습을 볼 때 네 가슴이 얼마
나 찢어질 것 같으며, 나에게 오르지
못하는 너의 그 아픔이 어떠할 것인가?
54 그를 막기 위하여 내가 오늘 너에게
정도를 가라 함이며, 바른길을 가라
함이니라.
55 그리고 너의 제자들 또한 그 길을 가
라 함이며 너희들 제자 또한 바르게
정도를 가야 될 것이니,
56 그 길만이 너희들이 존재할 수 있는
길이며, 나의 뜻을 세상에 전하며 너
희들이 하늘에 와 에덴동산에 걸려 있
는 영광의 그 이름 앞에 당당히 설 수
있는 그러한 길이니라.
57 지금 너의 제자들에게 물어보라.

58 너희들이 이와 같이 대명을 들어 선지
자의 가는 그 앞길을 쓸고 닦아 앞에
서 가며 뒤에서 밀며 가야 할 너희들
의 마음 자세가 지금 어디에 있는가?
59 너희들은 육에 의한 부귀영화의 그곳
에 마음이 현혹되어 움직이는 자들은
아닌가?
60 이와 같은 이치를 깨우쳐야 될 것이니
라.
61 너희들이 진정 목숨을 다 바쳐 나 여
호와에게 기도하듯이, 너희들의 하나
밖에 없는 그 생명을 바쳐 선지자를
보호하고 따르는 그와 같은 마음 자세
요, 그와 같은 형국이 되지 않은 자가
있다 하면 이는 절대로 이룰 수 없음
이니라.
62 너희들의 마음자리를 다시 굳게 점검
하고 굳은 각오를 하지 않는 이상 너
희들은 선지자를 따라갈 수 없음을 알
아야 할 것이니라.
63 그리하여 내가 너희들에게 육의 사랑
이요, 영혼의 사랑을 내릴 자에게 내
리며, 선지자를 따라서 같이 갈 자와
안 갈 자를 지금 내가 선별하여 그를
선지자 앞에 세워 놓음이니,
64 이와 같이 나에게 선택되지 못함을 너
희들이 나에게 원망하지 말아야 할 것
이니라.
65 이는 곧 무엇이더냐?
66 너희들이 선지자 앞에 존재할 수 없음
은 에덴동산에 있는 너희들의 그 이름
이 지옥 불로 들어감이니,
67 그 불속에 들어가야 되는 것이 너희들
임을 알라.
68 이 무서운 나의 하늘의 뜻이요, 하늘
의 이치요, 천기요, 나의 성령의 모든
비밀을 나의 선지자를 통하여 너희들
에게 전함이니, 이를 소홀히 들어서는
안 될 것이니라.
69 내가 선지자를 통하여 너희들에게 명
하여 일렀느니라.
70 선지자가 흘리는 가장 작은 말도 너희
들의 운명을 바꾸며 너희들의 생사를
바꾸며, 너희들이 하늘의 구원을 받고
못 받는 그 무서운 뜻이 거기에 있음
이니,
71 그리하여 작은 것도 소홀히 듣지 말라
너희들에게 일렀음이니 나의 뜻을 명
심하여 들어야 할 것이니라.

2,387 번째 하나님 말씀

2002년 5월 21일 23시 17분

1 사랑하는 선지자야!
2 "네, 여호와 하나님! 말씀하옵소서."
3 너의 제자들에게 일러 일깨워 주라.
4 너희들은 살아가면서 '나'는 존재하지
아니하며 '너'만 있으니, '너를 사랑한
다.' 그리 부르짖으며 살라 내가 말하
였음이니라.
5 이와 같은 뜻을 너희들이 깊이 깨우쳐
행하여야 될 것이니라.
6 너희들은 세상에 나갈 때 나 여호와로
부터 생명을 받았으며, 너희들이 살아
갈 수 있는 모든 은혜와 은총 속에서
너희들이 거두어들이는 만큼 변하고
변할 수 있는 그 생활의 터전이요, 그
모두를 다 주지 아니하였던가?
7 그러나 너희들은 그 모든 육의 삶에서
과연 얼마나 나의 뜻에 따라 지키고

살았는가?
8 내가 너희들에게 뭐라 말하는가?
9 내가 너희들에게 그 많은 은혜를 주었
으나 내가 너희들에게 받고자 무엇을
거두어들여 바치라 함이 있는가?
10 다만 나의 뜻에 따라 곱게 살라 그리
너희들에게 명한 것뿐이니라.
11 그러니 나로부터 받은 그 영광 하나만
갖고 생각하더라도 너를 따르는 제자
들과 나의 법전을 읽고 깨우친 백성
너희들은 가장 유하고 부드러운 그와
같은 인생의 삶을 살아야 되며,
12 너희를 찾는 자에게 항상 낮은 자요,
고개를 낮추고 겸손한 자세로 살아가
는 그것이 너희들이 나에게 감사의 은
혜를 표시하는 길이라 그리 깨우칠 것
이며, 그리 살라 이르라.
13 너의 제자들에게 다시 한 번 일깨워
줘야 될 것이니라.
14 나로부터 은혜를 받아 세상에 나간 그
은혜에 감사도 하지 못한 너희들이,
너희 육신의 백 년도 안 되는 그 세월
을 살면서 오른손과 왼손을 펴 놓고
하나하나 한번 따져 보라.
15 착한 일을 한 것은 오른손에 기록하며
잘못된 것은 왼손에 기록하여 너희들
이 한번 계산을 해 보라.
16 너희들은 살아오는 동안에 선하고 아
름답고 착한 일을 한 것보다 너희들의
왼손에 얹히는 잘못 살며 남들에게 부
끄러운 삶을 산 그 숫자가 오른손의
숫자의 몇 배를 넘을 것이니,
17 그 또한 얼마나 부끄럽고 너희들이 고
개 들지 못할 형국이던가?
18 너희들이 나로부터 받은 그 은혜를 갚
지 못하는 너희들의 자세이며, 거기에
다 너희들이 아름답게 살라 명한 대로
삶이 아니라,
19 그를 지키지 못하고 사악하고 간교한
방법으로써 살아온 그 기억의 숫자가
더 많다 하면 나 여호와에게 얼마나
부끄러운 일이며, 너희들이 하늘을 향
하여 고개를 들 수 있으며 나를 아버
지라 부를 자격이 있는가?
20 너의 제자들은 이것 하나를 깨우치라
하라.
21 그 죄 또한 너희들이 무거움이니, 그
죄로 하여금 너희들이 나 여호와에게
고개를 들 수 없으며, 나에게 축복을
달라 말할 수 없으며, 나에게 영광을
달라 그리 기도할 수 없는 것이 너희
들이 아니던가?
22 이를 너의 제자들에게 일깨워 주라.
23 내가 뭐라 가르쳤느냐?
24 너희들은 나에게 무엇을 달라 하며 원
하는 기도를 하지 말라 하였음이니라.
25 그 기도는 나와는 아무런 연관도 없으
며 관계도 없다 하였음이니, 너희들은
나에게 받은 그 은혜에 대한 것도 갚
지 못하는 너희 형편에서 또 나에게
너희들이 잘못 살아온 그 인생을 덮고
즐거운 인생으로 변하여질 수 있는 금
화와 은화의 그 축복을 달라고 기도를
함이니,
26 이는 너희들이 게으른 탓이거늘 너희
들이 잘못 살아온 그 인생을 나에게
또 한 번 물질로써 보상해 달라 그리
기도하니,
27 이것은 너희들이 얼마나 예의범절도
모르는 백성이던가?

28 그리고 내가 착하게 살라 하는 것을,
착하고 선한 것보다는 악하고 사악한
숫자가 더 많은 너희들이 또 나에게
무슨 은혜요, 복을 달라 그리 소리치
며 광란의 짓을 하고 있으니,
29 너희들은 기본적인 양심도 없는 사악
한 인간들이 아닌가?
30 한번 너희 가슴에 손을 얹고 너희들
자신을 짚어 보도록 그리 깨우쳐 주
라, 선지자야!
31 이와 같이 깨달음을 알고 너희 자신을
파악하며 너희 위치를 파악하는 것이
나로부터 선택된 제자들이요, 내가 선
택한 백성임을 알아야 할 것이니라.
32 그와 같은 순리의 그 부끄러움을 알며
너희 자신을 알며 그리 생각하면, 너
희들이 어찌 감히 하늘을 향하여 너희
나름대로 이 세상에 나왔으니 당당하
게 살아갈 수 있는 사람이며 한 점의
부끄럼이 없는 사람이라 하며, 그리고
너희가 남 앞에 높이 나서며, 남 앞에
아는 체하며, 남들 앞에 군림하고자
하는 그런 생활을 하고 감히 살 수 있
는가 하는 것을 한번 물어보라.
33 너희들은 그리 살아서는 아니 되느니
라.
34 너희들은 나에게 선택된 백성이요, 나
의 선지자요, 나의 아들의 제자들이
니, 누구를 통하여 내가 이 세상에 새
로운 역사를 이루고, 이룰 수 있다 생
각하는가?
35 이는 오로지 육을 가진 인간을 통하지
아니하면 그 역사를 이룰 수 없음이니
라.
36 즉, 이것은 무엇이더냐?
37 에덴동산에서 살아가고 이를 지배하
는 것은 육을 가진 너희들의 삶에 너
희들과 똑같은 육을 가진 나의 아들이
요, 나의 선지자를 통해야만 너희들에
게 모두를 전할 수 있으며 깨우쳐 줄
수 있음이니라.
38 그리하여 너희들로 하여금 미래의 낙
원을 이루고자 하는 그 뜻을, 나의 선
지자를 통하여 천기를 너희들 가슴에
하나하나 심어 주니, 이를 내가 직접
너희들에게 가르치는 그와 같은 뜻으
로써 받아들여 행하여야 할 것이니,
39 이 기도요, 내가 내리는 이 성령을 읽
고 나의 법전에 기록된 이 내용을 읽
은 너희들은 스스로 너희 자신의 부끄
러움을 알고, 항상 겸손하며,
40 그리고 하늘을 향하여 고개를 쳐드는
것이 아니요, 항상 고개를 숙이고 남
에게 겸손하고, 미덕과 유한 마음과
'너를 사랑한다.' 하는 마음으로 살아
가도록 너희들이 그리 다스려져야 할
것이니,
41 이를 잊지 말고 기억하여 깨우쳐 주도
록 하라, 선지자야!

2,388 번째 하나님 말씀

2002년 5월 22일 0시 03분

1 사랑하는 선지자야!
2 "네, 여호와 하나님! 말씀하옵소서."
3 너의 제자들에게 일러 일깨워 주어야
될 것이니라.
4 '누구든지 하늘에 계신 내 아버지의
뜻대로 하는 자가 내 형제요, 자매요,
모친이니라 하시더라.' 하여 나의 뜻

을 예수가 기록하여 너희에게 전하였
음이니라.
5 그러나 너희들은 지금 어찌 살아가고
있는가?
6 나의 아들 예수를 통하여 너희들에게
전하였음이니라.
7 나 여호와의 뜻에 따라 사는 자는 예
수와 같은 형제요, 자매요, 모친이라
그리 말하였음이니,
8 너희들은 정녕 '주여, 주여!' 부르며
살아가는 것이 너희들이 예수의 그 가
르침의 뜻에 따라 구원의 길을 가는
것인가,
9 그렇지 않으면 나 여호와가 직접 불로
써 내려 너희들에게 지키고 살라 한
그 계명이요, 율법을 지키고 사는 것
이 나의 뜻에 따라 순응하고 지키는
것인가?
10 너희들은 오늘 여기서 짚고 넘어가야
할 부분이 있음을 알아야 될 것이며,
11 나의 피조물 만백성을 하늘로 이끈다
하여 저희들이 정녕 선택된 자요, 저
희 손으로 지은 성전에 와 헌금을 내
며 눈물로 기도하는 자만이 구원을 받
을 수 있으며, 나의 아들 예수요, '주
여, 주여!' 찾는 자만이 구원을 받는다
그리 가르치는 자들에게 너희들은 이
대목을 일깨워 주어야 될 것이니라.
12 나 여호와의 뜻에 따라 사는 자만이
예수의 형제요, 자매요, 모친이라 하
였으니, 그는 즉, 나의 아들이요, 딸임
이니라.
13 나의 뜻을 따르지 아니하는 자는 나의
아들과 딸이 아님을, 너희들은 어찌하
여 이 이치 하나를 깨우치지 못하는가?
14 즉, 이는 나의 자식이 아니라는 뜻이
아니던가?
15 그러면 무엇을 말하는 것이냐?
16 나의 아들이요, 나의 딸이 아니라면
나와는 아무런 관계도 없는 사람들이
니,
17 지금 수천 년 동안 수많은 나의 피조
물 만백성에게 하늘에 오르는 길을 가
르친다는 종교 지도자들의 그 가르침
이 과연 무엇이던가?
18 그들은 반박하여 말하느니라.
19 감히 그들은 하늘의 두려움과 나 여호
와의 무서움을 모르며, 너희들은 인간
이기 때문에 내가 내린 율법이요, 그
계명을 지키고 살 수 없다 하며 나에
게 도전하며 나에게 그리 대고 부르짖
음이니,
20 이게 어디 나와 관계있는 백성이요,
나의 자식들이 하는 짓이던가?
21 내가 예수를 통하여 전하였음이니라.
22 나의 뜻에 따르는 자가 예수의 형제니
그는 즉, 예수가 나의 아들이니 너희
들은 나의 아들과 딸이니라.
23 그러나 그것을 거역하는 자는 나의 아
들이 아니요, 나의 딸이 아님을, 너희
들은 여기서 이것을 알아야 될 것이니
라.
24 우선 너희들이 나의 아들이요, 딸로서
선택된 자가 되어야만 나의 아들과 딸
로서 어찌 살며 어찌 행하느냐에 따라
서 내가 그를 선별하여 구원하고 구원
하지 아니하는 그 하늘의 문을 연다
하였음이니라.
25 너희들은 어떠한 것이 나의 아들과 딸
들인가?

26 너희들이 그리 지킬 수 없다 말하는
것은 나의 딸과 아들이 아닌 것을 너
희들이 먼저 말함이니, 그러고도 너희
들은 나에게 구원을 받는다 그리 말하
며 나를 아버지라 부르는가?
27 그리고 너희들에게 내가 나의 계명을
지키는 것만이 구원의 길이라 그리 말
하였거늘,
28 너희들은 나의 계명을 지키기가 너무
나 힘들고 어렵다 하여, 나의 피조물
만백성 중에 그걸 지키고 순응하며 하
늘의 구원을 받을 수 있는 자들까지도
지키지 못하도록 너희들은 인간으로
서 이것을 지킬 수 없다 그리 말함이
니,
29 이것이 얼마나 나를 거역하는 것이며
무서운 죄를 짓는 것인가를 알아야 될
것이니라.
30 그리하여 너희들에게 내가 지키라는
그 뜻을 지키는 것이 구원의 길이며
나의 아들딸이라 말하였거늘,
31 너희들은 이는 지킬 수 없다며 나의
아들 예수를 보고 '주여, 주여!' 하는
그 표현으로써 너희가 구원을 받았다
울부짖고 있는 이 형태가 어디서 나온
것이며, 어떤 자의 소행으로써 이것이
나왔던 것인가?
32 이는 사악한 자들의 가르침이니라.
33 이를 오늘 너는 바로잡아, 나의 피조
물 만백성이 하늘에 오르는 길을 바로
볼 수 있도록 하라.
34 예수가 나 여호와의 아들이며, 너희들
이 나의 아들 예수와 형제라 내가 선
지자를 통하여 미리 기록하였음이니
라.
35 예수는 특별한 사람이 아니요, 너희들
이 생각하는 신비의 사람이 아니요,
다만 너희들과 같이 세상에 영으로써
나와 육신 속에서 나의 뜻을 전한 사
람이며, 너희들은 육신 속에서 내가
영으로 너희들에게 임한다 하였으니,
36 너희들은 똑같은 형제라 내가 말하였
느니라.
37 다만 예수는 나 여호와가 명하는 것을
순종하였으며 그를 거역하지 않고 시
행하여 지켰기 때문에 그가 나에게 소
중한 아들이 되듯이,
38 너희들 또한 그와 같이 지키고 가는
자는 예수와 똑같은 자라 내가 말하였
으며 나의 자식이라 말하였느니라.
39 그러나 너희들은 여기에 명시되어 있
는 그 구절을 버렸음이니라.
40 나의 뜻대로 행하는 것이 나의 아들딸
이요, 예수의 형제라 예수가 그리 전
하였거늘,
41 너희들은 이를 지키지 아니하고 나의
뜻은 접어 둔 채 '예수, 예수여!' 하며
나의 아들의 이름만을 부르며, 그로
하여금 그를 찾으면 구원을 받는다 그
리 가르침이니,
42 이게 바로 무엇이더냐?
43 나와는 아무런 관계도 없는 사악한 자
들의 뿌리며 자손이니라.
44 그리하여 내가 너희들에게 2천 년의
세월이 죽음의 세계요, 암흑의 세계라
선지자를 통하여 전하였음이니라.
45 그러면 여기서 너희들이 깨우쳐 짚고
넘어가야 할 것이니라.
46 너희들의 종교 집단이라는 그 힘과 너
희들의 조직의 그것만을 믿고 나의 선

지자가 지금 전하는 나의 성령인 열여
섯 권의 법전과 그를 기초로 하여 160
권까지 나오는 나의 법전을 사탄의 장
난이라 찢고 불태움이니,
47 그가 어찌 행하며 어찌 가라 그 제자
들에게 가르치는가?
48 오로지 나 여호와 하나님의 말씀을 직
접 시행하고 지키는 것만이 하늘에 오
를 수 있는 길이며, 내가 불로 직접 쓰
며 너희들에게 지키고 살아오라는 그
계명이 너희 영혼을 구원하는 양식이
며 기본이라 그리 가르치니,
49 그는 무엇을 원하는가?
50 그는 바로 나 여호와의 뜻대로 살아가
도록 나의 피조물 만백성에게 선창하
고 그가 울부짖고 있으니, 그가 누구
더냐?
51 바로 나의 아들이니라.
52 그리고 나의 이 뜻을, 대명을 지키기
위한 나의 선지자며, 예수와 형제라
너희들은 그리 깨닫고 보아야 되지 않
는가?
53 어찌하여 이 구절 하나도 너희들은 깨
우치지 못하는가?
54 그리하여 나의 선지자요, 나의 아들
이, 나의 피조물 만백성 너희들에게
나의 뜻을 지키며 나의 계명을 지켜
나의 아들과 딸로서 다시 태어나라 하
여 그가 그와 같이 부르짖으며 밤낮의
시간을 가리지 아니하고 나의 성령을
받아 이 법전에 기록하여 기초의 열여
섯 권 위에 160권이라는 10부의 그
장정의 나의 뜻을 전하며,
55 그가 죽을 때까지 나의 성령을 받아
너희들을 구원하고 가르치고자 목에
서 피가 나도록 부르짖어 법전이라는
책을 만들 것이며,
56 그리고 그가 죽을 때까지 가르치며 기
초의 기본이요, 하늘에 오르는 뜻이라
하여 또 너희들에게 전할 것이니, 그
가 과연 무엇을 부르짖는가?
57 그는 바로 나 여호와의 뜻을 그대로
실천하고 사는 것이 하늘에 오르는 길
이라 그리 부르짖고 있음이니라.
58 그리하여 그가 나의 아들이요, 나의
선지자이며 나에게 선택되어 나의 피
조물 만백성을 구하는 대임을 맡은 자
라는 것을 너희들은 알아야 될 것이니,
59 오늘 내가 하늘의 뜻을 상세히 설명하
며 성서에 기록된 내가 전하고자 한
그 뜻을 선지자를 통하여, 나의 아들
을 통하여 너희들에게 손에 쥐어 주듯
이 깨우쳐 줌이니,
60 이를 보고도 너희들이 깨우치지 못하
는 것은 너희 손에 들고 있는 그 물건
을 그 자체도 모르며, 너희들이 무엇
을 쥐고 있는지도 모르며, 그게 너희
들에게 해가 되는지 독이 되는지 그
자체도 모르는 그와 같은 어리석은 너
희들의 자세임을 알라 그리 전하라,
선지자야!

부 록

【하나님께서 가르쳐 주신 운동】

천재지변이 일어날 때, 동물이나 미물들은 미리 알고 대피하지만, 인간은 알지 못하고 큰 화를 당합니다. 하나님께서 인간에게 가장 높은 지혜를 주시고 완벽하게 창조해 주셨기에 동물들보다 더 잘 알 수 있지만, 욕심으로 마음이 혼탁해져서 한 치 앞을 보지 못하는 것입니다.

마찬가지로, 인간은 누구나 스스로 필요한 운동을 해서 건강을 지킬 수 있도록 하나님께서 만들어 주셨습니다. 우리의 머리에서 우리 몸에 필요한 동작을 해 달라고 끊임없이 신호를 보내지만, 인간이 혼탁하게 살아서 그 신호를 알아채지 못합니다. 그러니 자연스럽게 자기 몸이 원하는 그 신호를 따라서 운동하는 것이 하나님께서 가르쳐 주신 운동 방법입니다. 바로, 우리의 영이 육을 이끄는 운동입니다.

▶ 하나님 운동법

1. 눈을 감고, 발을 어깨너비로 벌리고 바르게 선다.
2. 몸에 힘을 풀고, 허리를 숙이면서 손과 머리를 아래로 내린다.
3. 허리를 펴고 싶을 때, 천천히 펴면서 하고 싶은 동작을 하면 운동이 시작된다. (사람마다 다르다.)
4. 멈추지 말고, 어떤 동작이든지 자기 몸의 느낌대로 계속 이어서 한다.

▶ 참고 사항

① 눈을 감은 상태로 아무 생각 하지 않고, 자기 몸의 느낌대로 움직입니다.
② 마음을 비우고, 욕심을 버리고, 지난날의 잘못을 반성하면서 몇 차례 시도하다 보면, 자기도 모르게 하고 싶은 동작이 끊임없이 생깁니다.
③ 운동 장소는 방 안이든 운동장이든 관계없으며, 걷거나 달리고 싶을 때는 눈을 떠도 됩니다.
④ 매일 40분 이상, 주 4회 이상, 3개월 이상 하면 음식 조절에 들어갑니다.
  - 음식으로 생긴 병은 음식으로 치료하게 되며, 어떤 음식을 먹어야 하는지 스스로 알게 됩니다.
  (자기 몸에 필요한 음식만 먹고 싶어집니다.)
⑤ 사랑하는 사람과 함께 운동하면 서로 치료해 주기도 합니다.
⑥ 운동을 하다가 몸의 어느 한 부분을 계속 손으로 자극한다면 그쪽에 이상이 있는 것이니, 의사에게 상담을 받고 적절한 치료를 받으면 됩니다.
⑦ 다이어트 및 기타 건강관리에 효과적입니다.
⑧ 꾸준히 운동하여 영이 맑아지면, 자신의 과거와 미래를 스스로 보게 됩니다.

누구나 스스로 하실 수 있습니다.

간 행 사

《새로운 성경》은:

· 새로운 성경은, 하나님께서 선량하고 선한 자를 선택하여 십계명을 암송하도록 하시고, 십계명을 암송한 다음에 음성으로써 들려주시는 말씀을 듣고 그대로 카세트테이프에 녹음해서 받아쓴 책입니다.

· 90분짜리 녹음테이프 700여 개에 달하는 말씀으로, 1999년 8월부터 2004년 7월까지 총 160권(권당 288쪽)을 완성하였으며, 그 이후에도 현재까지 계속 말씀을 내려 주고 계십니다.

· 새로운 성경은 "하늘을 두루마리 삼고 바닷물을 먹물 삼아 쓰고 써도 다 못 쓴다"는, 끝없이 방대한 하나님의 말씀이 두루마리로 직접 내려오는 것입니다. 이러한 새로운 성경은 구약과 신약을 폐하려는 것이 아니라 "인봉된 성서의 비유의 뜻"을 상세히 설명하여 완성하고자 하나님께서 직접 내려 주신 말씀입니다.

《새로운 성경》의 구성:

· 제 목: 2013년, 160권 모음집을 발간하면서, 본 도서의 제목을 "하나님! 말씀하옵소서"에서 《새로운 성경》으로 명해 주셨습니다.

· 단행본: 각 권당 288쪽(신국판) 책이 160권까지 시리즈로 출판됩니다.
(모음집은 단행본을 16권씩 묶어서, 총 10부로 구성됩니다.)

《새로운 성경》의 성경적 근거:

· 신약 성경 [요한복음] 16장 13절에 "진리의 성령이 오시면 그가 너희를 모든 진리 가운데로 인도하시리니 그가 자의로 말하지 않고, 오직 듣는 것만을 말하며" 하신 말씀처럼 하나님의 음성을 들은 것만 기록하였으며,

· "장래 일을 너희에게 알리시리라" 하신 말씀과 같이 개인, 나라, 인류의 "장래"일을 하나님께서 알려 주시는 것만 기록하여 책으로 만들었습니다.

《새로운 성경》의 기록 방법:

· 1999년 8월부터 하나님께서 저에게 들려주시는 음성을 기록하였습니다. 처음에는 제가 들은 말씀을 불러 주면 저의 아내가 기록하여, 2000년 1월 29일에 1권 초판이 세상에 나왔습니다. 2000년 4월부터는 주시는 말씀을 받아 녹음기에 기록하기 시작하였습니다.

· 녹음을 시작하면서 하나님의 말씀을 받는 데 가속도가 붙었고, 2001년 5월 3일에 1부(1~16권까지)를 인쇄하여 출판하였으며, 2004년 7월까지 총 160권 분량의 말씀을 받아 기록하였습니다.

하나님께서 저에게 주신 것은:

· 첫째, 만백성을 상대로 내려 주시는 "기도", 둘째, 수시로 내려 주시는 "묵상", 셋째, 개인의 과거, 현재, 미래를 알려 주시는 "개인 기도", 넷째, 개인의 건강을 위해서 내려 주시는 "음식 처방", 다섯째, 하나님께서 가르쳐 주신 "운동"등이 있습니다. 이 중에 첫 번째, "기도"를 책으로 편찬하였습니다. 사람의 생사, 개인의 미래에 관한 천기는 수록하지 말라 하셨습니다.

강론 안내:

· 하나님께서는 지금도 매일 저에게 새로운 하늘의 비밀의 말씀을 내려 주고 계십니다. 수시로 내려 주시는 말씀을 정리해서 제자를 육성하라는 말씀에 따라 매주 강론을 하고 있습니다. 누구나 무료로 들으실 수 있습니다. (book160.com)

《새로운 성경》을 읽는 분들에게 드리는 선물:

· 개인 기도: 개인의 과거, 현재, 미래에 관하여 말씀을 내려 주십니다.

· 음식 처방: 사람은 음식을 먹고살다가 건강을 잃으니, 음식과 운동으로 건강을 되찾는 방법을 알려 드립니다. 단, 하나님이 계심을 믿고, 십계명을 지키겠다고 진실로 서약하는 분들께 알려드립니다.

《새로운 성경》의 은혜와 기적:

· 새로운 성경 전160권은 16권씩 묶어서 총 10부의 모음집으로 구성됩니다. 모음집 한 부를 읽고 깨우치는 자에게 하나님께서 다음과 같은 기적이 있다고 하셨습니다.

· "첫째, 그가 죽어 하늘에 갔을 때 그의 죄를 묻지 아니하며, 구원을 받는 위대한 은혜가 있으며, 둘째, 그의 소원과 소망이 이루어지고, 셋째, 죽은 자(부모, 형제, 자식, 사랑하고 은혜 입은 분)의 이름으로 구입한 책을 읽고 누군가 한 사람이 깨우칠 때, 그 죽은 자가 지옥에서 천국으로 구원을 받게 되며, 넷째, 유산, 중절 수술 등으로 태어나지 못한 아이를 위하여 구입한 책을 보고 한 명이 깨우쳤을 때, 그 아이가 사람으로 다시 한 번 태어나는 은혜를 받는다."

· "새로운 성경"을 3회 이상 정성을 다해 정독하는 자, 성서의 비밀을 알게 되고, 세상의 이치를 알게 되며, 세상을 지배하고 통제할 수 있는 지혜를 다 얻게 된다고 하셨습니다. 이 책은 만백성이 정독하고 이웃에게 전하여, 평생 가슴에 묻은 슬픔과 고통의 짐을 벗고 미래를 위한 힘찬 삶을 살아가도록 하는 책입니다.

끝으로

· 하나님께서는 흰 눈이 세상을 덮듯이 새로운 성경을 온 세상에 전하라고 하셨습니다. 《새로운 성경》을 각국어로 번역해서 온 인류에게 구원의 길을 깨우쳐 주고, 그 수익으로 가난하고 어려운 백성을 구제하여, 만백성의 영과 육을 함께 구원하는 선지자의 임무를 수행하라고 저에게 명하셨습니다.

· 하늘에서 내려 주신 말씀의 보화를 만백성에게 나누어 주는 것이 선지자의 임무라고 하셨습니다. 새로운 성경을 통해서 얻는 재물을 사용할 곳도 하나님께서 일일이 명해 주십니다. 모든 재물은 저의 자의로 쓸 수 없고, 하나님께서 명하시는 대로만 쓰여집니다.

· 어떤 명분으로든 십일조나 각종 헌금을 거두어들이지 말라 하셨으며, 국내뿐 아니라 각국에 성전과 단독 서점을 운영하며, 한국의 많은 젊은이들을 전 세계에 지도자로 내보내라고 하셨습니다.

· 우리는 세계적으로 새로운 성경을 보급하며 어려운 이들을 돕는 역사를 해 나갈 것입니다. 지금까지 비록 몇 명 안 되는 제자들과 함께 이러한 일을 역사했지만, 앞으로도 계속 하나님께서 기뻐하시는 일들을 해 나갈 것입니다. 부족한 저희에게 여러분들의 지혜와 성원을 보내 주시기를 바랍니다. 많은 분들의 참여와 도움을 간절히 기다립니다. 감사합니다.

한국어로 내려온 《새로운 성경》 단행본을 출간하며
2016년 4월 10일

발행인 **김 용 철**

한국어로 내려온

새로운 **성 경** · 2부 · 제31권

지은이 하나님 말씀
대역자 김용철

초판인쇄 1쇄 2006년 12월 12일
재판인쇄 1쇄 2017년 4월 3일

펴낸 곳 도서출판 하얀마음
등록번호 제 10-2107호 (2001년 2월 14일)
주소 서울시 노원구 덕릉로86길 5, 2층
전화번호 02) 313-1114
팩스 02) 393-5554
전자우편 book160@hanmail.net
편집위원 조나영 김미향 이석교
제작지원 민평기 양영아 민대웅 민영주 김도윤 민지영 이현종

도서상담 1600-7527
ISBN 978-89-5875-131-1 (04230)
978-89-5875-100-7 (세 트)

값 10,000원
잘못된 책은 구입하신 곳에서 바꾸어 드립니다.

※이 책은 10부로 제작되며, 각 부 16권씩 총160권으로 구성됩니다.※

1부	**2부**	3부	4부	5부	6부	7부	8부	9부	10부
1권	17권	33권	49권	65권	81권	97권	113권	129권	145권
2권	18권	34권	50권	66권	82권	98권	114권	130권	146권
3권	19권	35권	51권	67권	83권	99권	115권	131권	147권
4권	20권	36권	52권	68권	84권	100권	116권	132권	148권
5권	21권	37권	53권	69권	85권	101권	117권	133권	149권
6권	22권	38권	54권	70권	86권	102권	118권	134권	150권
7권	23권	39권	55권	71권	87권	103권	119권	135권	151권
8권	24권	40권	56권	72권	88권	104권	120권	136권	152권
9권	25권	41권	57권	73권	89권	105권	121권	137권	153권
10권	26권	42권	58권	74권	90권	106권	122권	138권	154권
11권	27권	43권	59권	75권	91권	107권	123권	139권	155권
12권	28권	44권	60권	76권	92권	108권	124권	140권	156권
13권	29권	45권	61권	77권	93권	109권	125권	141권	157권
14권	30권	46권	62권	78권	94권	110권	126권	142권	158권
15권	31권	47권	63권	79권	95권	111권	127권	143권	159권
16권	32권	48권	64권	80권	96권	112권	128권	144권	160권